Kexue Rencaiguan
lilun duben

科学人才观丛书

科学人才观

理论读本

中共中央组织部人才工作局　编

人民出版社
党建读物出版社

做好人才工作，落实好人才强国战略，必须以马克思主义为指导，从当代世界和中国深刻变化着的实际出发，根据党和国家事业发展的迫切需要，解放思想、实事求是、与时俱进，树立适应新形势新任务要求的科学人才观。

中国特色社会主义道路能不能越走越宽广，中华民族能不能实现伟大复兴，要看能不能不断培养造就大批优秀人才，更要看能不能让各方面优秀人才脱颖而出、施展才华。

——胡锦涛

积极宣传和普及科学人才观 更好发挥人才第一资源作用[*]

（代　序）

李源潮

  2003 年 10 月，胡锦涛总书记在党的十六届三中全会上，提出了以人为本、全面协调可持续发展的科学发展观。2003 年 12 月，胡锦涛总书记在全国人才工作会议上，提出了科学人才观的理念，这是我们党对马克思主义人才理论的重要创新。

  科学人才观是在科学发展观指导下提出的，是科学发展观在人才发展领域的集中体现和具体应用。首先，科学人才观继承和发展了党中央三代领导集体关于人才发展的重要思想。从毛泽东同志强调中国革命和建设需要培养造就大批德才兼备的各类人才；邓小平同志提出科学技术是第一生产力、知识分子是工人阶级的一部分的重要论断，强调要尊重知识、尊重人才；江泽民同志提出人才是第一资源的思想，强调要尊重劳动、尊重知识、尊重人才、尊重创造；到胡锦涛总书记提出科学人才观，强调人人可以成才的理念，强调在科学发展整体布局中人才要优先发展的战略，等等。这一系列重要思想一脉相承、与时俱进，构成了中国特色社会主义人才理论，指导着国家确立并实施科教兴国和人才强国战略。其次，科学人才观凝结了我们党

---

  * 本文摘自中共中央政治局委员、中央书记处书记、中央组织部部长李源潮在科学人才观讨论会上的讲话。

90多年来特别是改革开放以来创新人才发展的实践经验。人才是最活跃的先进生产力，人才是科学发展的第一资源，人才工作要围绕中心、服务大局，人才发展要以用为本，以及高端引领、整体开发，等等，都是我们党长期人才工作实践的经验总结。其三，科学人才观按照科学发展观的要求，全面回答了新形势下我国人才发展的一系列重大理论和实践问题，涵盖了育才、引才、用才、聚才等各个方面，为提高人才工作科学化水平、推动人才科学发展提供了新理念和方法论。我们要深刻认识科学人才观的理论价值和实践意义，积极宣传和普及科学人才观。

科学人才观是落实国家中长期人才发展规划的实践指南。2010年颁布的国家中长期人才发展规划，是我国第一次对实施人才强国战略作出的顶层设计。科学人才观是制订国家中长期人才发展规划的灵魂。人才发展规划提出的我国人才发展的指导方针、战略目标、总体部署、人才队伍建设主要任务、10项重要人才政策和12项重大人才工程等，都是科学人才观的具体展开和生动体现。人才发展规划颁布实施已经两年多，成效初显；但这是10年规划，目前还只能说是开局良好。我们要以科学人才观为指导大力推进规划的实施。一是要把宣传和普及科学人才观贯穿于实施人才发展规划的全过程，让人才是科学发展第一资源、人才要优先发展、人才发展以用为本、人人皆可成才等核心价值理念真正深入人心，为深入实施人才发展规划提供思想动力。二是要抓好人才发展规划提出的各项重大任务的落实。在继续抓好"千人计划"的同时，启动实施对国内高层次人才的"国家特殊支持计划"，努力为人才提供更多的创新空间、创新机遇、创新支持。三是要运用科学人才观解决人才发展中遇到的新矛盾新问题，推动人才发展规划顺利实施，更好地发挥人才对科学发展的引领和支撑作用。

科学人才观是推动人才发展体制机制创新的重要武器。人才发展的关键在体制机制，体制机制的活力来自解放思想、改革创新。科学人才观的提出，有力推动了人才思想的解放和体制机制的创新，对如何建立符合中国国情的人才培养开发、评价发现、选拔任用、流动配置、激励保障机制是基本的指导。现在制约人才成长和发挥作用的保守思想和体制机制障碍仍然不少。比如，嫉才妒才、轻才贬才、"枪打出头鸟"等落后观念还很有市场；人才评价标准不够科学，项目申请、经费管理、激励保障等方面有的制度规定不利于人才潜心研究和创新创业；人才市场化配置机制不够完善，制约了人才的合理流动和价值实现，等等。这些情况说明，解放思想、解放人才、解放科技生产力是一项重要而长期的任务。我们要大力宣传和普及科学人才观，开阔眼界、开阔思路、开阔胸襟，更好地认识人才、集聚人才、使用人才，推动人才政策和体制机制创新，营造有利于各类人才脱颖而出、各尽其才的制度环境。

科学人才观是一个开放的、发展的体系，实践没有止境，理论创新也没有止境。随着我国社会主义现代化建设的不断发展，建设人才强国的实践也会更加深入和丰富。我们要坚持以邓小平理论和"三个代表"重要思想为指导，深入贯彻落实科学发展观，不断丰富和发展科学人才观。要总结基层的实践创造和探索，把行之有效的经验与做法上升为规律性认识。要深入研究和回答实践中提出的新问题，让人才理论来自实践、用于实践，在实践中接受检验和发展。要充分吸收国际人才发展的先进思想理念，特别是培养创新人才、支持人才创业、保护知识产权等方面的经验，为完善我国人才发展体制机制、提高人才国际竞争力提供更好的思想和理论指导。

希望更多的人才理论和实践工作者，进一步加强对科学人才观的研究和宣传，使科学人才观在全社会得到更好的普及应用，为人才的涌现、集聚、发展和成功创造更好的社会氛围，为推动建设创新型国家和人才强国作出积极贡献！

目 录

一 导 言 /1

1. 人才发展的科学理论 3
  ◎ 科学人才观内涵特征 3
  ◎ 科学人才观核心理念 5
  ◎ 科学人才观基本内容 8

2. 科学人才观理论渊源 12
  ◎ 马克思、恩格斯、列宁人才思想 12
  ◎ 党的三代中央领导集体人才思想 15
  ◎ 马克思主义人才思想的丰富和发展 19

3. 科学人才观形成背景 22
  ◎ 科学发展需要宏大人才队伍支撑 22
  ◎ 综合国力竞争需要提升人才的战略地位 26
  ◎ 实施人才强国战略需要科学理论指导 28

4. 科学人才观的重大意义 ·······················30
　　◎ 科学发展观的具体运用 ···················30
　　◎ 人才发展创新实践的科学总结 ···········32
　　◎ 人才工作科学化的行动指南 ·············34

二　**最活跃的先进生产力**　/37

1. 生产力中最活跃的因素 ·····················39
　　◎ 人是生产力要素中的能动因素 ···········39
　　◎ 人才是高素质的创造性劳动者 ···········41
　　◎ 人才推动先进生产力发展 ···············45

2. 科技创新的决定性因素 ·····················50
　　◎ 科学技术是第一生产力 ·················51
　　◎ 人才是知识、技术和技能的有机载体 ·····53
　　◎ 人才是科技创新主导力量 ···············55

3. 创新型经济的第一推动力 ···················61
　　◎ 世界经济增长的强大引擎 ···············62
　　◎ 赢得竞争优势的战略选择 ···············64
　　◎ 创新驱动发展以人才为本 ···············68

三　**科学发展第一资源**　/73

1. 国家发展的战略性资源 ·····················75
　　◎ 人才是最重要的战略性资源 ·············75
　　◎ 人才资源是现代经济增长的核心资源 ·····78
　　◎ 人才资本是科学发展第一资本 ···········81

2.转变经济发展方式的动力源泉 ·········· 83

◎ 从以物为中心向以人为中心转变 ········ 84

◎ 创新发展、可持续发展依赖人才 ········ 85

◎ 转变经济发展方式关键在人才 ········· 86

3.人才资源优势转化为科学发展优势 ········· 88

◎ 人口红利转向人才红利 ············ 89

◎ 人才资源向人才资本提升 ·········· 92

◎ 人才生产力转化为现实生产力 ········· 94

四　人人皆可成才　/99

1.人民群众主体地位的体现 ············ 101

◎ 人民群众是历史创造者 ············ 101

◎ 人才存在于人民群众之中 ·········· 102

◎ 人的全面发展的本质要求 ·········· 104

2.人人皆可成才的现实条件 ············ 105

◎ 民族复兴提供广阔舞台 ············ 106

◎ 组织优势提升人才素质 ············ 107

◎ 深化改革创造成才条件 ············ 108

3.不拘一格识才选才用才 ············· 110

◎ 衡量人才的主要标准 ············· 110

◎ 拓宽识才选才用才视野 ············ 112

◎ 鼓励人人成才作贡献 ············· 113

五　服务科学发展 /117

1. 人才工作的根本出发点和落脚点 119
◎ 人才发展的战略方向 119
◎ 人才工作的核心价值取向 121
◎ 在服务科学发展中发展人才 122

2. 围绕科学发展制定人才工作目标任务 124
◎ 制定人才发展战略规划 124
◎ 确立人才工作重点任务 125

3. 根据科学发展需要制定人才政策 128
◎ 制定人才培养、吸引、使用政策 129
◎ 推进人才政策创新 130

4. 以服务科学发展成效检验人才工作 132
◎ 健全人才发展评价指标体系 132
◎ 定期开展人才工作检查评估 135

六　人才优先发展 /137

1. 科学发展的有效途径 139
◎ 人才是科学发展的第一要素 139
◎ 落实科学发展观的根本要求 141
◎ 实现科学发展的必由之路 142

2. 当代中国发展的必然选择 144
◎ 现代经济社会发展的共同规律 145

◎ 经济全球化竞争的战略抉择 ……………………………… 147
◎ 东中部地区跨越发展的成功实践 ………………………… 149

3. 加快构建人才优先发展的战略布局 …………………………… 151
◎ 人才资源优先开发 ………………………………………… 151
◎ 人才结构优先调整 ………………………………………… 152
◎ 人才投资优先保证 ………………………………………… 155
◎ 人才制度优先创新 ………………………………………… 156

七　人才投资效益最大　/161

1. 人力资本是现代经济增长的源泉 ……………………………… 163
◎ 人力资本理论揭示现代经济增长规律 …………………… 163
◎ 人才投资是效益最大的投资 ……………………………… 166
◎ 实现现代化追赶需要加大人才投入 ……………………… 167
◎ 人才投入是当代中国崛起的强大推力 …………………… 169

2. 人才投入是赢得未来的战略性投入 …………………………… 173
◎ 后危机时代各国人力资本投入战略 ……………………… 173
◎ 加大人才投入是可持续发展的必然选择 ………………… 175

3. 构建多元化人才投入机制 ……………………………………… 178
◎ 充分发挥人才投入主体作用 ……………………………… 178
◎ 健全多元化投入机制 ……………………………………… 181
◎ 加大重大人才工程投入 …………………………………… 184
◎ 提高人才投资效益 ………………………………………… 185

八　人才发展以用为本　/187

1. 人才发展的核心价值 ……………………………………189
   ◎ "用"是人才成长的关键 ……………………………190
   ◎ "用"是人才价值实现的根本 ………………………193
   ◎ "用"是影响人才发展的核心因素 …………………194

2. 人才发展的重要方针 ……………………………………198
   ◎ 贯彻落实以用为本方针 ……………………………199
   ◎ 丰富发展以用为本内涵 ……………………………201

3. 把用好用活人才放在首位 ………………………………204
   ◎ 用当其长促使人人成才 ……………………………205
   ◎ 用当其时促使人尽其才 ……………………………206
   ◎ 用当其位促使才尽其用 ……………………………208

九　坚持高端引领　/211

1. 人才队伍建设的战略重点 ………………………………213
   ◎ 推动科学发展的稀缺资源 …………………………214
   ◎ 提高国际竞争力的关键因素 ………………………215
   ◎ 引领人才队伍建设的标杆 …………………………217

2. 突出培养吸引高端人才 …………………………………220
   ◎ 培养造就高层次科技领军人才 ……………………220
   ◎ 大力引进和用好海外高端人才 ……………………224
   ◎ 发挥重大人才工程引领作用 ………………………227

3. 以高层次人才带动人才资源整体开发 228
　◎ 构建高端引领的人才队伍建设布局 228
　◎ 坚持突出重点统筹推进人才队伍建设 229
　◎ 统筹城乡、区域、产业人才资源开发 230

十　遵循人才系统开发规律　/233

1. 正确认识和把握人才开发规律 235
　◎ 系统培养开发规律 235
　◎ 实践成才规律 238
　◎ 人才共生规律 239
　◎ 扬长避短规律 240
　◎ 价值认可规律 242
　◎ 优势集成规律 243

2. 系统培养开发人才 245
　◎ 发挥政府主导作用和市场配置基础性作用 245
　◎ 以团队建设系统培养开发人才 247
　◎ 注重人才能级结构和梯次配备 248
　◎ 形成人才培养开发整体合力 249

3. 重视青年人才培养 250
　◎ 青年人才是祖国的未来、事业的希望 251
　◎ 完善和优化青年人才培养开发机制 253
　◎ 大胆提拔和放手使用青年人才 255

4. 加强人才开发分类指导 257
　◎ 加强人才开发的宏观指导 258
　◎ 典型引路推进人才开发 260

◎ 注重激发基层人才开发活力 261

十一　推进改革创新　/263

1. 改革创新是人才发展的根本动力 265
　◎ 人才发展关键在体制机制 265
　◎ 体制机制活力来自改革创新 267

2. 推进人才工作理论、实践和制度创新 271
　◎ 以思想解放引领人才理论创新 271
　◎ 以政策创新带动体制机制创新 274
　◎ 以人才特区建设推进人才制度优先创新 275
　◎ 推进人才工作法制化建设 278

3. 培育全社会创新文化 280
　◎ 培育改革创新精神动力 281
　◎ 完善改革创新文化环境 285

十二　走向人才强国　/289

1. 拉开人才强国的帷幕 291

2. 实施人才强国战略规划 294
　◎ 走向人才强国的路线图 294
　◎ 落实人才发展规划重点任务 300
　◎ 完善监测、评估和考核机制 303

3. 构建开放的人才工作体系 304

　◎ 树立与人才国际化相适应的新观念 305

　◎ 实施更加开放的人才政策 308

　◎ 加大吸引国际化人才工作力度 311

4. 坚持党管人才原则 314

　◎ 建设人才强国的组织保证 314

　◎ 完善党管人才领导体制和工作格局 316

　◎ 健全党管人才工作运行机制 319

　◎ 创新党管人才方式方法 321

主要参考文献　/325

后　　记　/330

一 导 言

迈入新世纪，我国进入全面建设小康社会、实现中华民族伟大复兴新的发展阶段。以胡锦涛同志为总书记的党中央高瞻远瞩、审时度势，提出了科学发展观这一重大战略思想，作出了加快建设人才强国的重大战略部署，我国人才工作和人才队伍建设呈现出千帆竞发、百舸争流的崭新局面。

1. 人才发展的科学理论

伟大实践离不开科学理论的指导。我们党是一个由科学理论孕育催生、用科学理论武装发展的马克思主义政党。善于从生动实践中进行科学理论总结，用科学理论指导新的实践，是我们党始终站在时代前列、保持创造力凝聚力战斗力的根本优势。

科学人才观内涵特征

经典语录

理论只要说服人，就能掌握群众；而理论只要彻底，就能说服人。所谓彻底，就是抓住事物的根本。

——马克思

2003年12月，胡锦涛同志在全国人才工作会议上，首次提出以人才资源是第一资源、人人都可以成才、以人为本为核心理念的科学人才观。2011年12月

相关链接

毛泽东在 1956 年 9 月党的八大预备会议第二次会议上提出，那时（指 1968 年）党的中央委员会的成分也会改变，中央委员会中应该有许多工程师，许多科学家。将来的中央委员会不仅是一个政治中央委员会，还是一个科学中央委员会。①

召开的全国人才工作座谈会，对科学人才观的重要理念作了全面系统的阐述。科学人才观是关于人才发展的理论，是对什么是人才、如何选才育才用才等所形成的科学认识。科学人才观是科学发展观的重要组成部分，是科学发展观在人才发展工作中的集中体现和具体运用，是近年来我国人才发展创新实践的科学总结，是人才工作科学化的行动指南。它全面回答了新形势下我国人才发展的一系列重大理论和实践问题，涵盖育才、引才、用才、聚才等各个方面，赋予人才发展新的时代内涵，为推动人才发展提供了新理念，为人才理论研究提供了新方法，为更好实施人才强国战略提供了重要指导。

科学人才观坚持马克思主义基本原理，紧密结合中国特色社会主义建设实践，形成了鲜明的中国特色和时代特征。

一是科学性。科学人才观揭示了人才发展的规律，深刻阐述了人才是科学发展的第一资源，是科技创新的主导力量，对经济社会发展具有"第一推动力"作用；鲜明提出科学的人才评价标准，突破了传统偏见和僵化的人才评判标准，为选才育才用才提供了科学依据。

二是先进性。科学人才观强调人才是人力资源中的先进部分，是最活跃的先进生产力，人才的先进性决定着生产力发展的先进性；强调高端人才对事业发展具有关键支撑作用，对人才队伍建设具有引领带动作用。

三是发展性。科学人才观坚持发展是党执政兴国的第一要务，把促进发展、服务发展作为人才工作的根本出发点和落脚点；坚持以人

---

① 《毛泽东文集》第七卷，人民出版社 1999 年版，第 102 页。

为本的科学发展理念，把促进人的全面发展作为人才工作的着力点和终极目标。

四是创新性。科学人才观强调改革创新是人才发展的根本动力，坚持把解放思想、解放人才、解放科技生产力作为人才工作的根本着力点，以开阔的眼界、开阔的思路、开阔的胸襟，广泛汲取借鉴古今中外人才发展的理论成果和实践经验，不断推动人才理论创新、政策创新和体制机制创新，体现了与时俱进的理论品格和勇于创新的时代精神。

五是实践性。科学人才观坚持人才发展以用为本的理念，把用好用活人才、提高人才效能作为人才发展的根本要求，注重在实践中发现人才、培养人才和使用人才，把实践作为检验和评判人才的根本标准。

六是群众性。科学人才观摒弃了西方狭隘的精英化人才观，坚持马克思主义大众化、人本化观点，强调人民群众是历史的创造者，是社会发展的最终决定力量，人人皆可成才；强调人才来自于人民群众，是人民群众中的优秀分子，人民群众是各类人才源源不断涌现的不竭源泉。

科学人才观核心理念

牢固树立科学人才观，必须深刻理解、准确把握"人才资源是第一资源"、"人人都可以成才"、"以人为本"三大核心理念的丰富内涵。

人才资源是第一资源的理念，是科学人才观的逻辑起点和立论基础。这一核心理念强调人才资源是国家发展的战略资源，是经济社会发展最重要的推动力量。人类社会发展依赖于四大类资源，即自然资源、物质资源、人力资源、信息资源。但最重要的是人力资源，其中最宝贵的是人力资源中的人才资源，它是其他资源的开发主体，是可持续发展和可再生资源，是开发价值最高、潜力最大的资源。随着人类社会的发展，人口、环境与

相关链接

科学人才观的核心理念
- 人才资源是第一资源
- 人人都可以成才
- 以人为本

相关链接

人类社会发展依赖资源

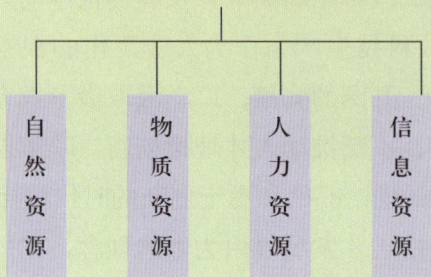

自然资源　物质资源　人力资源　信息资源

经济增长之间的矛盾日益尖锐，依靠消耗自然资源、物质资源的传统发展模式已越来越难以为继，人类社会正在走向依靠科技革命和人才创新实现发展的新经济时代，人才资源替代自然资源、物质资源，成为最重要的战略性资源。

牢固树立人才资源是第一资源的科学理念，就是要把人才资源放在优先开发的战略位置，大力培养人才、引进人才、用好人才，把人才资源优势转化为科学发展优势，充分发挥人才资源开发对经济社会发展的基础性、战略性、决定性作用。

人人都可以成才的社会理念，是科学人才观的重要价值导向。这个理念体现了人民群众创造历史，人才蕴藏于人民群众之中的马克思主义唯物史观，彰显了科学发展观以人为本、促进人的全面发展的核心价值，凸显了区别于西方精英化人才观的中国特色大人才观的鲜明

知识连线

什么是新经济？

所谓"新经济"，是建立在信息技术革命和制度创新基础上的经济持续增长与低通货膨胀率、低失业率并存，经济周期的阶段性特征明显淡化的一种新的经济现象。"新经济"一词最早出现于美国《商业周刊》1996年12月30日发表的一组文章中。新经济是指在经济全球化背景下，信息技术（IT）革命以及由信息技术革命带动的、以高新科技产业为龙头的经济，是信息化带来的经济文化成果，具有低失业、低通货膨胀、低财政赤字、高增长等特点。通俗地讲，新经济就是我们一直追求的"持续、快速、健康"发展的经济。

经典语录

> 以人为本，就是要以实现人的全面发展为目标，让发展的成果惠及全体人民。
>
> ——胡锦涛

特征。人人都可以成才的理念要求把品德、知识、能力和业绩作为衡量人才的主要标准，不唯学历、不唯职称、不唯资历、不唯身份，不拘一格选才育才用才。强调要树立"有较高知识水平、创新能力"的拔尖人才和"有丰富实践经验与一技之长"的实用人才都是人才的观念，努力形成谁勤于学习、勇于投身建设中国特色社会主义伟大实践，谁就能获得发挥聪明才智的机会，谁就能成为对国家、对人民、对社会有用之才的社会氛围，创造人人成才、人尽其才、人才辈出的生动局面。

以人为本理念是科学人才观的核心价值和理论归宿。科学人才观强调以人为本，就是把促进人才健康成长和充分发挥人才作用放在首要位置，努力营造鼓励人才干事业、支持人才干成事业、帮助人才干好事业的社会环境。在人才工作中坚持以人为本，就是要立足于理解人才、尊重人才、关心人才、保护人才、用好人才，科学地开发和利用人才资源，促进人的全面发展；坚持把是否有利于促进人才成长、是否有利于促进人才的创新活动、是否有利于促进人才发展与经济社会发展相协调作为做好人才工作的重要标准，放手让一切劳动、知识、技术、管理和人力资本的活力竞相迸发，让一切创造社会财富的源泉充分涌流，以造福于人民。要着眼于充分调动各类人才的积极性、主动性和创造性，既切实抓好

典型案例

共产党爱才、厚才早有传统

延安时期，八路军战士每天的伙食费是5分钱，一个月才1元5角钱；聂荣臻司令员当时每个月也只有5元钱的伙食费。然而毛主席却特别批准给国际共产主义战士白求恩每个月100元伙食费，比一个司令员高出整整20倍。可见共产党很早就有爱才、厚才的优良传统。

教育、培养、引导人才的各项工作，又切实抓好使用、关心、激励人才的各项工作，最大程度满足人才多方面发展的需要。要充分尊重人才的特殊禀赋和个性，挖掘和发挥每一个人才的潜能和价值，从而实现社会发展与人的发展的有机统一，使人才充分享有实现自身价值的满足感，贡献社会的成就感，得到社会承认和尊重的荣誉感；要充分体现人才作为"第一资源"的价值，使人才的贡献得到相应的物质回报和精神激励。

科学人才观基本内容

全国人才工作座谈会提出的 10 个方面的重要理念，进一步深化和拓展了科学人才观的思想内涵。它包括：人才是最活跃的先进生产力；人才是科学发展第一资源；人才工作要为经济社会发展中心任务服务；人才优先发展是科学发展的有效路径；树立人人皆可成才的社会理念；以用为本是人才发展的重要方针；人才投资是效益最大的投资；高端引领是人才队伍建设的战略重点；遵循系统培养的人才开发规律；坚持把改革创新作为人才发展的根本动力。

相关链接

科学人才观 10 个重要理念

2011 年全国人才工作座谈会全面系统地阐述了科学人才观 10 个重要理念："人才是最活跃的先进生产力；人才是科学发展第一资源；人才工作要为经济社会发展中心任务服务；人才优先发展是科学发展的有效路径；树立人人皆可成才的社会理念；以用为本是人才发展的重要方针；人才投资是效益最大的投资；高端引领是人才队伍建设的战略重点；遵循系统培养的人才开发规律；坚持把改革创新作为人才发展的根本动力。"[1]

---

[1] 李源潮在 2011 年 12 月全国人才工作座谈会上的讲话，载《求是》2012 年第 3 期。

从逻辑上看，"人才是第一资源"、"人才是最活跃的先进生产力"是核心价值，服务科学发展是根本任务，人才优先发展是战略路径，人人皆可成才是基本要求，以用为本是重要方针，人才投资是关键举措，高端引领是战略重点，系统培养开发是重要方法，改革创新是根本动力。

牢固树立人才是第一资源、人才是最活跃的先进生产力的核心理念。人才是人类社会发展中最具根本性的战略资源，更是经济社会发展最活跃的先进生产力。人才资源开发对科学发展具有核心推动作用。要坚持人才是科学发展第一资源的理念，大力培养人才、引进人才、用好人才，充分发挥人才在发展先进生产力中的引领支撑作用，把人力资源优势转化为人才资本优势，把人才资本优势转化为科学发展优势。

始终把服务科学发展作为人才工作的根本任务。坚持围绕中心、服务大局，把促进经济社会和人的全面发展作为人才工作的根本出发点和落脚点，紧紧围绕经济社会发展中心任务制定战略规划，创新工作政策，做好培养、吸引、用好人才工作，以服务科

知识连线

什么是人才资本？

人才资本就是体现在人才本身和社会经济效益上，以人才的数量、质量和知识水平、创新能力特别是创造性劳动成果及对人类较大贡献所表现出来的价值。人才资本蕴含在人力资本之中，是人力资本中具有较高创新价值、较大社会贡献的那一部分。相对于人力资本，人才资本具有如下特征：

1. 人才资本需要持续投资形成，而非一次性投资形成，创造性教育、终身学习、持续开发是人才资本的显著特征；

2. 人才资本具有潜在的创新能力和突出的创造性成果，而非依靠一般性知识技能进行重复性劳动，能够持续不断释放创新创造活力是人才资本又一突出特征；

3. 人才资本不仅能创造远高于一般人力资本的自身价值，而且能促使物质资本和其他投入要素的收益递增，创造更大的经济价值和社会价值。

典型案例

中国科大：科研与创新型人才培养良性互动

2009年以来，中国科技大学先后与研究院所联合承担了一批"973计划"、"863计划"、国家自然科学基金和知识创新工程等重大课题和重点科研项目，联合项目经费到款额达1.1亿元，年增长率达15%。同时，与研究院所共建了12个联合实验室，为进一步协同创新提供了长期稳定的科研合作平台。研究院所的专家学者为中国科大人才培养作出了直接贡献，高水平科学研究的不断开展，以及由此带来的前沿领域最新科技进展在学生课堂上的传授，使得科大的学生掌握的学科知识始终站在尖端知识的前沿。目前，全校每年有40%的本科生进入院所进行毕业实践或完成大学生研究计划，直接接触最前沿的研究领域和课题，每年学生平均发表论文的比例约为15%。

学发展的实际成效检验人才工作成效。

坚持人才优先发展的战略路径。确立人才发展在经济社会发展中的优先地位，构建人才优先发展的战略布局，推动人才优先发展具体化、政策化、项目化，切实做到人才资源优先开发、人才结构优先调整、人才投资优先保证、人才制度优先创新，把人才优先发展体现到推动经济社会发展的全过程和各领域，落实到地方和部门工作的各方面各环节，以人才优先发展引领和支撑科学发展。

全面落实人人皆可成才的基本要求。坚持尊重劳动、尊重知识、尊重人才、尊重创造的重大方针，不唯学历、不唯职称、不唯资历、不唯身份，不拘一格选才育才用才，让每个人都有成才的机会，让每个有志成才的人都有发展的空间，让每个为国家和人民作出贡献的人都能得到社会尊重，推动人人皆可成才的科学理念转化为人人竞相成才的生动实践。

坚持人才发展以用为本的重要方针。把用好用活人才、提高人才效能作为人才工作的核心环节，在使用中培养，为使用而引进，以使用来激励，充分调动各类人才的积极性、主动性和创造性。要着力解决人才不适用、不够用、不能充分使用的问题，让各类人才各得其所、用当其时、才尽其用。

确立人才投资是效益最大投资的战略思想。坚定不移地走人才资本优先积累的现代化发展之路，进一步树立人才资本是高效资本、人才投入效益最大的理念，在加大政府投入的同时，鼓励和引导社会、用人单位、个人投资人才资源开发，建立起多元化的人才发展投入机制。

坚持把高端引领作为人才队伍建设的战略重点。坚持以高层次人才和高技能人才为重点，统筹推进各类人才队伍建设。突出高端人才的引领带动作用，大力培养世界一流水平的科学家和科技领军人才，具有国际化视野、精通国际化规则的国际化人才，具有全球战略眼光、市场开发意识、管理创新能力和社会责任感的优秀企业家，技艺精湛、掌握绝技绝活的高技能人才。

遵循人才资源开发规律，更加注重系统培养开发人才。着眼经济社会发展的现实需要和长远需要，统筹实施人才发展规划与科技规划、教育规划，全面规划、系统培养各类人才，更好地发挥人才对科学发展的引领和支撑作用。要进一步完善全社会的终身教育体系，教育与实践相结合的培养体系，科研与生产相结合的创新体系，形成人才资源整体开发的系统工程。要加强各类各层次人才开发的衔接配套，统筹区域人才开发。

坚持把改革创新作为人才发展的根本动力。坚持解放思想、解放人才、解放科技生产力，不断破除束缚人才成长和发挥作用的思想观念和制度障碍，坚定不移地推进识人选人用人制度的改革，把成熟的改革经验上升为制度规范，把普遍有效的重要政策纳入国家法律法规。①

---

① 参见李源潮在 2011 年 12 月全国人才工作座谈会上的讲话，载《求是》2012 年第 3 期。

2.科学人才观 理论渊源

科学人才观凝结了我们党90多年来特别是改革开放以来人才发展的创新实践成果，是对马克思主义人才思想的继承和发展，与毛泽东、邓小平和江泽民关于人才发展的重要思想一脉相承，是科学发展观在人才工作中的集中体现和具体运用，是我们党在人才发展上解放思想、理论创新的重要成果。

马克思、恩格斯、列宁人才思想

马克思、恩格斯以社会历史发展中的现实个人为出发点，以人的解放和人的自由全面发展为目标，提出了关于人的发展的一系列重要论述，形成了马克思主义人才思想。

在关于人的本质论述中，提出人才来自社会实践的思想。马克思、恩格斯认为，人的本质是自然性、社会性和实践性的有机统一。人的自然性是人存在的基础，人的社会性是人存在的表现形式，人的实践性是人发展的方式，三者集中体现了人的本质。"人的本质不是单个人所固有的抽象物，在其现实性上，它是一切社会关系的总和"①。"只有在社会中，人的自然的存在对他来说才是人的合乎人性的存在，并且自然界对他来说才成为人"②。也就是说，只有那些参与

---

① 《马克思恩格斯文集》第一卷，人民出版社2009年版，第505页。
② 《马克思恩格斯文集》第一卷，人民出版社2009年版，第187页。

社会实践、创造劳动成果的人，才是现实的人。

在关于人的自由全面发展论述中，提出以人为本、人人都要成才的思想。人的自由全面发展主要包括人的需要的全面发展、人的素质的全面发展和人的本质的全面发展。马克思、恩格斯认为，在"自由人的联合体"中，"每个人的自由发展是一切人的自由发展的条件"①。马克思强调"只有在共同体中，个人才能获得全面发展其才能的手段"②。马克思指出，人的能力是人的本质力量的公开展示，"社会的每一个成员都能完全自由地发展和发挥他的全部才能和力量"。恩格斯也指出，人的全面发展就是要使社会全体成员的才能得到全面发展，使"每个人都无可争辩地有权全面发展自己的才能"，③ 也就是说，每个人都有权利得到自由而全面的发展而成为人才，也要促进每个人自由地发展和发挥自己的全部才能。

在关于人力资本的论述中，提出人才是生产力中最活跃的因素，以及人才优先发展的理念。马克思、恩格斯认为，人是社会经济管理活动的唯一主体，人是生产力中最活跃的因素，在生产过程中起主导和主体的作用。马克思认为，"固定资本的发展表明，一般社会知识，已经在多么大的程度上受到一般智力的控制并按照这种智力得到改造"④，"把有报酬的生产劳动、智育、体育和综合技术培训结合起来，

相关链接

马恩著作中最早在哪里使用"人才"一词

"人才"一词在马克思恩格斯著作中，最早出现在《1848年至1850年的法兰西阶级斗争》一文中，指出，"置身于官方反对派的行列或者完全处于选举权享有者的范围之外的有上述阶级的意识形态代表和代言人，即它们的学者、律师、医生，等等，简言之，就是它们的那些所谓'专门人才'"。

---

① 《马克思恩格斯文集》第二卷，人民出版社 2009 年版，第 53 页。
② 《马克思恩格斯文集》第一卷，人民出版社 2009 年版，第 571 页。
③ 《马克思恩格斯全集》第三卷，人民出版社 2002 年版，第 11 页。
④ 《马克思恩格斯文集》第八卷，人民出版社 2009 年版，第 198 页。

就会把工人阶级提高到比贵族和资产阶级高得多的水平"①。马克思恩格斯在《共产党宣言》中明确指出，"教育要与物质生产结合起来"。也就是说，要重视人的作用，通过与教育的结合，优先发展智力，从而实现对固定资本即生产资料、生产过程的控制、改造。

在关于对人才需要的论述中，提出重视人才、开发人才的思想。

恩格斯认为，只有在培养出大批的合格的专业技术人才的情况下，人民管理国家才成为可能。"为了占有和使用生产资料，我们需要有技术素养的人才，而且数量很大"②。恩格斯把无产阶级自己的专业技术人才称作"脑力劳动无产阶级"，认为"他们负有使命同自己从事体

> **经典语录**
>
> 任何人的职责、使命、任务就是全面地发展自己的一切能力，其中包括思维能力。
>
> ——马克思

力劳动的工人兄弟在一个队伍里肩并肩地在即将来临的革命中发挥重要作用"③，"过去的资产阶级革命向大学要求的仅仅是律师，作为培养他们的政治家的最好的原料；而工人阶级的解放，除此之外还需要医生、工程师、化学家、农艺师及其他专门人材，因为问题在于不仅要掌管政治机器，而且要掌管全部社会生产，而在这里需要的决不是响亮的词句，而是扎实的知识"④。

列宁在带领俄国人民建立第一个社会主义国家、建设社会主义的伟大实践中，继承、应用并发展了马克思、恩格斯人才思想，特别在关于从实践中培养、选拔和使用人才方面，形成了一系列富有实践指导意义的人才思想。列宁认为，人民群众是最大的人才资源库，"我们能够从这个大储备库中吸收力量，因为它能在建设社会主义的事业中向我们提供最忠诚、受苦难生活锻炼最多、最接近工

---

① 《马克思恩格斯全集》第二十一卷，人民出版社 2003 年版，第 271 页。
② 《马克思恩格斯全集》第三十八卷，人民出版社 1972 年版，第 187 页。
③ 《马克思恩格斯选集》第四卷，人民出版社 1995 年版，第 435 页。
④ 《马克思恩格斯文集》第四卷，人民出版社 2009 年版，第 446 页。

农的工农领袖"①。人才是社会实践造就的，是人所生活的时代赋予的。在悼念雅·米·斯维尔德洛夫的会议上列宁指出："如果我们看看这位无产阶级革命领袖一生走过的道路，马上就能发现，他的卓越的组织才能是在长期斗争中锻炼出来的"②。实践能力

是选拔和使用人才的重要标准，"发现人才——精明强干的人，把我们的法令由肮脏的废纸变为生动的实践——关键就在这里"③。要造就千百万能够独立进行管理国家和建设国家的各种人才，"假如我们能尽快抛弃多半是徒劳无益的争论而切实有效地去做工作，那就会好得多。这样我们才能真正尽到先进阶级组织者的责任，才能发掘出成千上万有组织才能的新人。我们必须提拔他们，考验他们，给他们任务，再逐渐委以重任"④。

马克思、恩格斯、列宁用辩证唯物主义和历史唯物主义的观点，深刻阐述了人才在经济社会发展中的本质、地位、作用和成长规律，提出了人民群众是历史的创造者、人才存在于人民群众、人才来自于实践等一系列重要人才观点，形成了马克思主义人才思想的基石和核心。

◀ 党的三代中央领导集体人才思想

中国共产党自诞生特别是新中国成立以来，以毛泽东、邓小平、

① 《列宁专题文集 论无产阶级政党》，人民出版社2009年版，第229页。

② 《列宁选集》第三卷，人民出版社1995年版，第710页。

③ 《列宁全集》第五十二卷，人民出版社1988年版，第301页。

④ 《列宁全集》第三十八卷，人民出版社1986年版，第86页。

经典语录

> 十七年来，我们党已经培养了不少的领导人才，军事、政治、文化、党务、民运各方面，都有了我们的骨干，这是党的光荣，也是全民族的光荣。但是，现有的骨干还不足以支撑斗争的大厦，还必须广大地培养人才。在中国人民的伟大斗争中，已经涌出并正在继续涌出很多的积极分子，我们的责任，就在于组织他们，培养他们，爱护他们，并善于使用他们。
>
> ——毛泽东

江泽民为核心的党的三代中央领导集体，以马克思主义为指导，结合中国革命、建设和改革的实践，形成了具有中国特色的马克思主义人才思想。

毛泽东把马克思主义的基本原理同中国革命与建设的具体实践结合起来，以全心全意为人民服务为核心，形成了一整套指导中国革命和建设的行之有效的人才思想体系。他非常重视人才，认为包括党的干部和知识分子在内的各类人才，是革命和建设胜

相关链接

新中国成立初期大力吸引海外留学人员回国效力

新中国成立伊始，党中央就积极争取吸引海外学子和力邀留学人员回国效力。截至20世纪60年代中期，钱学森、钱三强、李四光、邓稼先、华罗庚等2500多名旅居海外的专家、学者和优秀留学人员回归祖国的怀抱，缓解了国内当时人才极度匮乏的问题。这些在新中国成立前出国的专家、学者和留学人员历经重重阻碍，放弃了优越的工作生活条件，回国定居工作。其中许多人成为了我国高科技领域一些学科的开创者和奠基人，为当时我国教育和科技事业、经济建设和国防建设的发展作出了重大贡献。党中央、国务院表彰的"两弹一星"的23名功臣中，有21名是回国工作的留学人员。曾经留学海外的名师大家更是成为中国众多现代科学的奠基人：竺可桢——中国气象科学奠基人；胡明复——中国现代数学奠基人；赵元任——中国现代"汉语言学之父"……

利的重要保证。早在革命战争年代，毛泽东就提出了"政治路线确定之后，干部就是决定的因素"的著名论断。新中国成立后，他又进一步指出："无产阶级没有自己的庞大的技术队伍和理论队伍，社会主义是不能建成的"①。为此，党中央制定了一系列方针政策吸纳人才，成立大学和科研机构培养专门人才，大量吸引海外学子和力邀留学人员回国，改变了新中国成立初期人才严重匮乏的局面。他强调人的才能来自实践，实践是人才成长的基本途径，实践是检验人才的重要标准。他在《实践论》中指出："你要知识，你就得参加变革的现实实践"。"又红又专"是毛泽东人才思想的核心内容，就是既懂政治又懂业务，既要有坚定正确的

经典语录

> 中国的事情能不能办好，社会主义和改革开放能不能坚持，经济能不能快一点发展起来，国家能不能长治久安，从一定意义上说，关键在人。
>
> ——邓小平

政治方向，又要有专业能力。"政治和业务是对立统一的，政治是主要的，是第一位的，一定要反对不问政治的倾向；但是，专搞政治，不懂技术，不懂业务，也不行。我们的同志，无论搞工业的，搞农业的，搞商业的，搞文教的，都要学一点的技术和业务……我们各行各业的干部都要努力精通技术和业务，使自己成为内行，又红又专"②。

邓小平是党的第二代中央领导集体的核心和改革开放的总设计师，他总结了我们党革命和建设时期人才工作正反两方面的经验和教训，在改革开放的实践中发展和创新，形成了邓小平人才思想。他始终把人才问题当做我们党和国家建设有中国特色社会主义现代化事业的战略问题和关键问题。"尊重知识、尊重人才"是邓小平人才思想的核心。早在 1977 年，邓小平在深刻总结我们党对待知识分子问题的经验教训的基础上，就鲜明提出："一定要在党内造成一种空气：尊

---

① 《毛泽东文集》第七卷，人民出版社 1999 年版，第 309 页。
② 《毛泽东文集》第七卷，人民出版社 1999 年版，第 309 页。

重知识、尊重人才。要反对不尊重知识分子的错误思想"①。为贯彻邓小平关于"尊重知识、尊重人才"的思想，党中央确定了以"政治上一视同仁，工作上放手使用，生活上关心照顾"为主要内容的一系列新时期知识分子方针和政策，鼓励广大知识分子以极大的热情投身经济建设主战场。邓小平创造性地提出了"科学技术是第一生产力"重要思想，揭示了当代科技与经济发展的辩证关系，突出了科技人才的作用，丰富和发展了马克思主义关于科学技术是生产力的学说。邓小平提出了干部队伍的"四化"标准，"要按照'革命化、年轻化、知识化、专业化'的标准，选拔德才兼备的人进班子"。邓小平在人才的发现和使用问题上历来反对"论资排辈"，提出："在人才的问题上，要特别强调一下，必须打破常规去发现、选拔和培养杰出的人才"②，"要创造一种环境，使拔尖人才能够脱颖而出。改革就是要创造这种环境"③。

> **相关链接**
>
> ### 科学技术是第一生产力
>
> 邓小平在 1988 年 9 月最早提出科学技术是第一生产力。他说："马克思说过，科学技术是生产力，事实证明这话讲得很对。依我看，科学技术是第一生产力。"同时又指出，要把"文化大革命"时的"老九"提到第一，科学技术是第一生产力嘛，知识分子是工人阶级一部分嘛。

江泽民作为党的第三代中央领导集体的核心，在领导党的建设和社会主义现代化建设的伟大事业中，立足中国实际，放眼世界发展趋势，更加重视人才的作用，提出了一系列富有远见卓识的人才思想。"人才资源是第一资源"是江泽民人才思想的核心。从建党 80 周年"七一"讲话到党的十六大期间，江泽民多次在党的重要会议上谈到"人才资源是第一资源"这个问题。江泽民关于"人才资源是第一资源"的战略思想，是对邓小平"科学技术是第一生产力"战略思

---

① 《邓小平文选》第二卷，人民出版社 1994 年版，第 41 页。
② 《邓小平文选》第二卷，人民出版社 1994 年版，第 95 页。
③ 《邓小平文选》第三卷，人民出版社 1993 年版，第 109 页。

想的发展，是对马克思主义人才思想发展的重要贡献。"实施科教兴国战略，关键是人才"。在党的十六大报告中江泽民提出，"要把'尊重劳动、尊重知识、尊重人才、尊重创造'作为党和国家的一项重大方针在全社会认真贯彻"。"四

人才资源是第一资源

江泽民 2001 年 8 月 7 日在北戴河同国防科技和社会科学专家座谈时强调"做好人才工作，首先要确立人才资源是第一资源的思想，克服'见物不见人'和'重使用，轻培养'的倾向。"

个尊重"的方针，就是要在全社会形成一个支持人们干事业、鼓励人们干成事业、保护人们干好事业的社会氛围，"放手让一切劳动、知识、技术、管理和资本的活力竞相迸发，让一切创造社会财富的源泉充分涌流，以造福于人民"①。他提出了全面的人才观和人才全面发展的思想。"要树立全面的人才观，克服人才单位、部门所有的狭隘观念。要广纳贤才，知人善任，既重视有所成就的人才，也关注具有潜能的人才；既重视国内人才，也积极吸引海外人才；既重视国有企事业单位的人才，也要把民营科技企业、受聘于外资企业的专门人才纳入视野。要按照全面发展的要求，提高人才自身的思想道德素养和科学文化素质，充分发挥人才的主观能动性和创造精神"。②

马克思主义人才思想的丰富和发展

党的十六大以来，以胡锦涛同志为总书记的党中央，站在全面建设小康社会和实现中华民族伟大复兴的战略高度，把人才工作摆在党和国家各项事业发展的重要位置，大力实施人才强国战略，在实践中

---

① 《江泽民文选》第三卷，人民出版社 2006 年版，第 540 页。
② 《江泽民文选》第三卷，人民出版社 2006 年版，第 319 页。

相关链接

我国历史上第一个使用"人才"概念的人

东汉杰出的唯物主义思想家王充，是历史上第一个使用"人才"概念的人。他所著的《论衡》85篇中，有大量关于人才问题的论述。《论衡》开卷篇就强调，"人才高下，不能钧同"，"操行有常贤，仕宦无常遇。贤不贤，才也；遇不遇，时也"。

不断创新和发展马克思主义人才思想，形成了科学人才观。

科学人才观丰富和发展了马克思主义人才思想。胡锦涛在第一次全国人才工作会议上明确提出了科学人才观的重要论断，强调"要牢固树立人才资源是第一资源的观念，充分发挥人才资源开发在经济社会发展中的基础性、战略性、决定性作用。要牢固树立人人都可以成才的观念，坚持德才兼备原则，把品德、知识、能力和业绩作为衡量人才的主要标准，不唯学历，不唯职称，不唯资历，不唯身份，努力形成谁勤于学习、勇于投身时代创业的伟大实践，谁就能获得发挥聪明才智的机遇，就能成为对国家、对人民、对民族有用之才的社会氛围，创造人才辈出的生动局面。要牢固树立以人为本的观念，把促进人才健康成长和充分发挥人才作用放在首要位置，努力营造鼓励人才干事业、支持人才干成事业、帮助人才干好事业的社会环境，放手让一切劳动、知识、技术、管理和资本的活力竞相迸发，让一切创造社会财富的源泉充分涌流，以造福于人民"。"人才资源是第一资源"、"人人都可以成才"、"以人为本"是科学人才观的核心理念。这三个核心理念也写进了《国家中长期人才发展规划纲要（2010—2020年）》。胡锦涛提出的科学人才观，是在认真分析国际国内形势和我

相关链接

科学发展观

- 发展是第一要义
- 以人为本是核心
- 全面协调可持续是基本要求
- 统筹兼顾是根本方法

国人才工作实际情况以后作出的重大战略判断，是科学发展观在人才工作中的具体体现，为我们解决人才发展问题提供了新的视角和方法，是我们推进人才工作有力的思想理论武器。

科学人才观对"人才"概念和人才标准作了新的阐释，赋予了新的时代内涵。《国家中长期人才发展规划纲要（2010—2020年)》明确提出，"人才是指具有一定的专业知识或专门技能，能够进行创造性劳动并对社会作出贡献的人，是人力资源中能力和素质较高的劳动者"。

科学人才观强调，"要坚持德才兼备的原则，把品德、知识、能力和业绩作为衡量人才的主要标准，不唯学历、不唯职称、不唯资历、不唯身份，不拘一格选用人才"。这种全新的人才评价标准改变了把学历和职称作为人才衡量标准，乃至作为人才评价、选拔标准的狭隘人才观，有利于从源头上扭转片面追求学历和

知识连线

人才概念的新内涵

具有一定的专业知识或专门技能。这是成为人才的最基本条件，是进行一切创造性劳动的前提，也是衡量人才的能力和素质标准。专业知识反映的是人们接受专业化教育的程度，专门技能反映的是人们的技能水平。

进行创造性劳动。创造性是人才的本质特征，是人才区别于一般劳动者的显著特点。"进行创造性劳动"更突出了人才的实践性，鼓励人才不仅要培养创造能力，更要进行创造性实践，取得创造性成果。进行创造性劳动是衡量人才的实践标准，取得创造性成果是人才获得社会承认的关键。

对社会作出贡献。这是对人才价值属性的界定，是对人才德才素质的核心要求。只有通过创造性劳动为人类社会发展进步作出贡献的人，才能成为社会需要的人才。

是人力资源中能力和素质较高的劳动者。这是对人才概念外延的界定，明确了人才与人力资源的内在关系，即人才包含在人力资源之中。这一界定体现了人才蕴藏于广大人民群众之中、人人可以成才的科学人才观思想。

论资排辈的倾向，对于鼓励人们勤于学习，勇于实践，竞相成才，开创人才辈出、人尽其用的生动局面产生了重大而深远的影响。

科学人才观是一个开放的、发展的体系，在深入汲取中国古代人才智慧、借鉴西方现代人力资本理论、认真总结当代中国人才发展创新实践的基础上不断丰富和发展，具有鲜明的中国特色。实践没有止境，理论创新也没有止境。随着我国社会主义现代化建设的不断发展，建设人才强国的实践也会更加深入和丰富。要认真总结基层的实践创造和探索，深入研究和回答实践中提出的新问题，充分吸收国际人才发展的先进思想理念和成功做法，不断丰富和发展科学人才观，逐步形成具有中国特色的人才发展理论体系。

3. 科学人才观形成背景

理论来自实践。科学人才观是伴随着我国全面建设小康社会，实现中华民族复兴伟大进程，深入贯彻落实科学发展观，加快经济发展方式转变，实施人才强国战略，逐步形成发展起来的。

科学发展需要宏大人才队伍支撑

科学发展是当代中国发展的主题，人才强国战略是推进科学发展的基础战略、核心战略。建设规模宏大、结构合理、素质优良的人才队伍，是加快转变经济发展方式，提高自主创新能力，实现科学发展的迫切需要。

转变经济发展方式，需要宏大的人才队伍支撑。改革开放30多年，我国现代化建设取得举世瞩目的成就。从 1978 年到 2011 年，我国国内生产总值（GDP）由 3645 亿元人民币增长到 47.2 万亿元人民币（约合 7.9 万亿美元），年均增长速度为 9.9%，成为世界第二大经济体、贸易体和第一大外汇储备国，创造了世界经济增长史的新奇迹。但必须看到，长期以来，我国国民经济的高速增长主要是建立在投资增长、规模扩大和对资源巨大消耗基础上的，依赖的是出口拉动和劳动力低成本优势。随着我国经济发展进入工业化中期，日益面临着发展空间制约、资源要素制约和环境承载力制约等难题。2010年我国 GDP 为世界总量的 9.5%，但能源消费总量已占世界总能耗的 19.5%。如果不改变这种粗放式、外延式的增长方式，那么伴随着人均 GDP 到 2020 年比 2000 年增长 4 倍、到 2030 年增长 10 倍的扩张，各项消耗也将相应地扩大 4 倍到 10 倍，到那时全球的资源都不足以支持中国的增长。因此，必须尽快调整产业结构，加快转变经济发展方式。这就需要加快培育一大批发展现代产业体系急需的产业领军人才，数以千万计的专业技术人才和高技能人才，数以亿计的各类人才，以推动我国经济走上一条科技含量高、经济效益好、资源消耗低、环境污染少、人力资源优势得到充分发挥的新型工业化之路，突破能源、资源和环境对经济社会发展的"瓶颈"制约，从过去依赖

相关链接

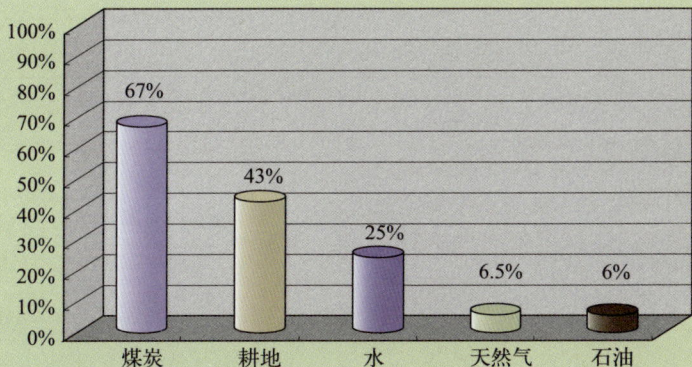

我国人均资源储量占世界平均水平的比重

物质消耗、资金拉动的增长模式转向更多地依靠科技进步、劳动者素质提高和管理创新的增长模式。

提高自主创新能力，需要宏大的创新型科技人才队伍支撑。我国产业竞争力、科技竞争力与发达国家相比差距较大，根源在于自主创

新能力不高，实质是缺乏高层次创新型人才。我国有200多种工业产品的产量居全球第一，但我国制造业仍处于全球产业链的低端，核心技术受制于人。目前，我国对外技术依存度高达50%，美国、日本仅为5%左右，我国设备投资有60%以上用于进口。由于不掌握核心技术，我们不得不将每部国产手机售价的20%、数控机床售价的20%—40%拿出来向国外支付专利费。目前，发达国家的经济增长，有80%主要依靠科技进步，我国还不到40%，科技成果转化率大约为25%，真正实现产业化的不足5%。提高自主创新能力，核心是人才。要避免依赖于人、受制于人，提高国际竞争力，就必须走人才强国之路，加快建设宏大的创新型科技人才队伍，抢占国际竞争的人才

相关链接

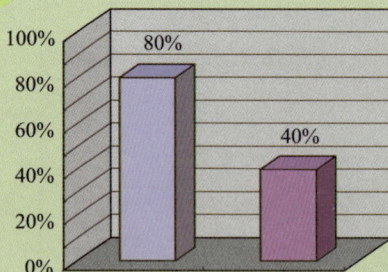

科技对经济增长贡献率

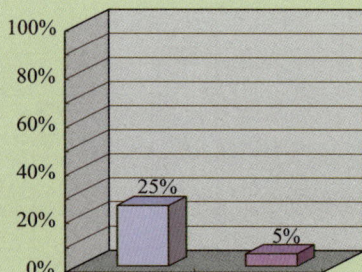

中国科技成果转化效果

制高点，确立以科技创新和人才为基础的新竞争优势。

建设社会主义和谐社会，需要宏大的社会事业专门人才队伍支撑。从当前的现实看，我国社会事业领域的现有人才队伍与发展需要还存在很大差距，突出表现为教育、医疗卫生和社会工作等领域的人才队伍无论是数量还是素质，还不能满足建设覆盖城乡居民基本公共服务体系的要求；宣传文化、防灾减灾、安全生产、维护国家安全和社会稳定等领域也急需大批高素质专门人才。如在社会工作领域，接受过系统专业教育的社工人才比例很低，社工队伍建设情况较好的上海市也只有 2‰ ①。

未来十几年，是我国社会结构、社会组织形式、社会利益格局发生深刻变化的关键时期，加快推进以改善民生为重点的社会建设，扩大公共服务，完善社会管理，促进社会公平正义，迫切需要培养造就一大批具有专业素养的社会管理人才、公共服务人才。

发展是第一要务，人才是第一资源。未来十几年，是我国经济社会发

知识连线

创新型国家的标准

创新型国家是指以技术创新为经济社会发展核心驱动力的国家。主要表现为：整个社会对创新活动的投入较高，重要产业的国际技术竞争力较强，投入产出的绩效较高，科技进步和技术创新在产业发展和国家的财富增长中起重要作用。作为创新型国家，应具备以下 4 个特征：

（1）创新投入高，国家的研发投入即 R&D 支出占 GDP 的比例一般在 2% 以上；

（2）科技进步贡献率达 70% 以上；

（3）自主创新能力强，国家的对外技术依存度指标通常在 30% 以下；

（4）创新产出高，目前世界上公认的 20 个左右的创新型国家所拥有的发明专利数量占全世界总数的 99%。

是否拥有高效的国家创新体系是区分创新型国家与非创新型国家的主要标志。

---

① 《〈国家中长期人才发展规划纲要（2010—2020 年）〉学习辅导百问》，党建读物出版社 2010 年版，第 115 页。

展的重要战略机遇期，也是人才事业发展的重要战略机遇期。要适应转变经济发展方式、推动产业结构优化升级对人才的紧迫需要，大力开发先进制造业、现代服务业和战略性新兴产业发展急需紧缺的各类创新型科技人才和应用型人才；要围绕建设创新型国家，把培养造就创新型科技人才尤其是世界一流的科学家和科技领军人才摆在更加突出的位置；要适应经济建设、政治建设、文化建设、社会建设以及生态文明建设的需要，统筹推进党政人才、企业经营管理人才、专业技术人才、高技能人才、社会工作人才等人才队伍建设，形成以创新型人才培养为先导，以应用型人才开发为主体，各类人才队伍建设统筹推进的总体布局。

综合国力竞争需要提升人才的战略地位

当今世界正处在大发展大变革大调整时期。世界多极化、经济全球化深入发展，世界经济格局发生新变化，综合国力竞争更趋激烈。

知识连线

何谓综合国力？

第二次世界大战后，基于强权政治角度，在国力这个大概念上，集大成的国际关系学家汉斯·摩根索（Hans Joachim Morgenthau）在他 1948 年出版的《国际政治：权力与和平》一书中列举了构成国力的九个要素，分别为：地理条件、自然资源、工业实力、军备、人口、民族性格、国民士气、外交质量以及政治质量。

在中国科学院发布的《中国可持续发展报告2003》一书中，将综合国力定义为，一个主权国家赖以生存和发展所拥有的所有的全部实力及国际影响力的合力。

胡鞍钢认为，综合国力是一个国家有目的地追求自身战略目标的综合能力，即"为了实现国家的战略目标而在全球范围内利用人力资源、自然资源、资本、知识技术、政府、军事实力等所谓国家战略资源的能力"（《中国经济时报》2002 年 12 月 7 日）。

特别是创新成为经济社会发展的主要驱动力，知识创新、科技创新、产业创新成为国家竞争力的核心要素。在这种大背景下，各国为掌握国际竞争主动权，纷纷把深度开发人力资源、实现创新驱动发展作为重大战略选择。

世界各国为谋取长期发展优势，抢占未来发展战略制高点，都在加紧制定实施人才战略，推进人才资源的开发，特别是都把引进人才作为解决人才短缺问题的有力手段。美国、加拿大、澳大利亚等国，通过进一步放宽移民与入境工作条件吸引世界各地的优秀人才，努力保持国际人才竞争优势。加拿大设立"卓越首席科学家计划"，2010年从美、英、德等国成功引入19名卓越首席科学家，政府将在7年间每年向每位科学家提供140万加元的资助。德国、英国、日本、

相关链接

2011年3月，欧盟公布了"欧洲2020战略"，计划投入750亿欧元用于低碳经济、绿色经济等新兴产业研发，努力把欧洲变成"更能吸引世界顶尖人才的欧洲"，把欧盟变成"世界上最具活力和竞争力的知识经济体"。

相关链接

美国把人才列为建设创新美国的第一要素

美国竞争力委员会2004年12月发布的《创新美国：在竞争与变化的世界中繁荣》，提出了80余项强化创新的政策建议，其中人才、投资、组织与机制是政策建议的三个重点。人才在三个创新关键行动中列为第一。该报告提出人才是国家重要的创新资本，国家创新人才议程聚焦三个目标：一是夯实科学家和工程师队伍的根基；二是催化和激活下一代创新者；三是确保就业者成功应对经济全球化的挑战。

2009年，美国总统奥巴马提出设立180亿美元的教育资助计划和移民改革的配套政策，从全球吸引更多的优秀人才。

相关链接

世界主要大国的综合国力

	技术实力	人力资本	资本实力	信息实力	自然资源	军事实力	GDP	外交实力	政府的执政能力
美国	97.42	73.38	99.59	87.06	79.34	91.85	100.00	98.64	76.11
英国	73.75	71.77	65.63	79.29	60.36	54.26	56.87	78.52	63.61
俄罗斯	56.33	67.50	52.44	56.77	89.84	84.79	50.00	87.46	52.14
法国	73.50	68.12	62.33	74.81	56.39	56.29	56.42	82.12	58.61
德国	77.35	66.46	59.71	80.02	53.66	54.03	59.49	72.25	59.93
中国	61.42	76.36	59.29	56.20	73.62	54.69	54.76	78.24	63.40
日本	86.31	71.93	66.13	81.15	50.78	52.34	68.30	66.57	54.79
加拿大	65.51	71.15	59.58	76.66	83.84	50.00	51.82	61.14	96.90
韩国	69.19	65.02	52.80	80.88	50.02	50.72	50.41	54.35	57.18
印度	50.00	65.09	50.59	51.40	61.80	51.13	50.19	50.42	53.59

资料来源：中国社会科学院世界经济政治研究所 2006 年 1 月发表的数据。

新加坡等国，通过开放国内人才市场，提供国民待遇，积极提升吸引国际人才竞争力。德国联邦内阁于 2012 年 2 月通过《授权法案》，正式向非欧盟国家专业人才发放"欧盟蓝卡"，其用意就是在全世界范围内网罗人才，加强德国在全球化时代的竞争力。一些追赶型的发展中国家，如印度、巴西等国，主动参与国际人才竞争，以市场开放和发展机遇优势积极吸引海外高层次人才来本国工作和服务，减少人才外流。世界范围愈演愈烈的国际人才竞争进一步凸显了人才的战略地位，我们必须审时度势，把握机遇，更加积极主动地参与国际人才竞争，用先进的理念、科学的理论推动人才强国战略的有效实施，赢得未来发展的主动权。

实施人才强国战略需要科学理论指导

人才强国战略是在改革开放和现代化建设实践中，随着科技和人才的重要作用日益凸显逐步确立的。党的十七大提出要更好实施人才强国战略，将科教兴国、人才强国、可持续发展战略，列为我国经济社会发展的三大基本战略，并将人才强国战略写入党章。实施人才强国战略，就是把人才作为强国之本、竞争之基、转型之要，通过加大人才资源开发力度，创新人才体制机制，充分发挥人才作用，加快建设人才强国，依靠人才力量实现国家富强、人民富裕、民族复兴。

实施人才强国战略是中国特色社会主义建设新的实践，在实践中还有一系列重大问题，迫切需要从理论与实际的结合上予以科学回答。比如，如何准确把握人才结构调整与经济结构调整的关系，围绕加快转变经济发展方式培养、引进和用好各类创新创业人才；如何加快形成政府引导促进、社会多元投入、各方广泛参与的人才资源开发机制，充分发挥市场配置人才资源的基础性作用；如何处理好积极引进人才与用好现有人才的关系，调动各类人才创新创业的积极性；如何实现人才发展和教育、科技发展的紧密结合，形成有机衔接、相互促进、协调发展的一体化格局；如何建立科学的人才发展指标体系，使之成为评估和推动人才工作的有力杠杆；如何更好地参与国际人才合作与交流，积极推进人才国际化；等等。

经典语录

理论在一个国家实现的程度，总是决定于理论满足这个国家的需要的程度。

——马克思

把人才强国战略提出的一系列重大部署落到实处，取得实效，迫切需要科学理论的指导。比如实行人才投资优先，加强人才资源能力建设，推动人才结构战略性调整，造就宏大的高素质人才队伍，改革人才发展体制机制，大力吸引海外高层次人才和急需紧缺人才，加快人才工作法制建设，加强和改进党对人才工作的领导等人才发展规划作出的 8 个重大部署，从国家层面落实到各个部门、各个省市区，最后落实到各个基层单位，是一项艰巨而又复杂的系统工程，如果没有系统、全面、科学的人才理论予以指导，人才强国战略的重大部署就难以落实。

实施人才强国战略的改革创新实践更加迫切需要人才理论的创新和发展。没有人才理论创新，就不能很好地把握人才发展规律，增强人才工作的科学性、系统性、预见性和创造性，解决人才强国战略实施中的深层次矛盾和问题。科学人才观是在实践和理论创新中形成的，它的创新和发展也离不开丰富的实践和各种先进理论的吸收、创新。要解放思想，深入实践，及时发现和总结各地实施人才强省、人才强市、人才强县、人才强企、人才强校、人才强院的成功经验，研究人才发展中迫切需要解决的实际问题。要放眼世界研究人才问题，引进西方发达国家比较成熟的人力资本理论和人力资源管理理论，密切关注国际人才发展新动向新趋势，充分吸收和借鉴国外人才培养、引进和使用的先进理念和有益经验，不断丰富和发展以科学人才观为核心的、具有中国特色的人才理论。

4. 科学人才观的重大意义

科学人才观是我们党人才工作解放思想、理论创新的重要成果，对于服务科学发展、推进人才工作科学化，具有重要指导意义。

科学发展观的具体运用

科学人才观是科学发展观在人才工作中的集中体现和具体运用。从本质上说，"牢固树立和坚持科学的人才观，同树立和落实科学的发展观、正确的政绩观是内在统一的，归根到底统一于以人为本、

促进人的全面发
展。"①

科学人才观强
调服务发展是人才
工作的根本任务，
体现了科学发展观
第一要义是发展的
根本要求。科学发
展观第一要义是实
现经济社会又好又
快发展。科学人才
观则强调，要把服
务经济社会发展中
心任务作为人才工
作的根本出发点和

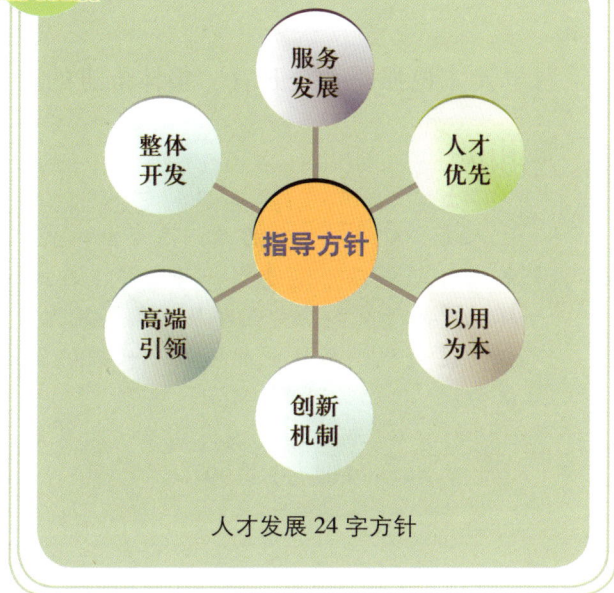

人才发展24字方针

落脚点，紧扣发展这一中心任务确定人才工作思路、部署工作重点、创
新重大政策，切实把人才优势转化为经济、科技、教育、文化等综合优
势，以人才发展引领经济社会发展，用经济社会发展成果检验人才工
作成效。这就从人才发展的战略方向、工作重点、检验标准上体现和
落实了科学发展观的第一要义。

科学人才观强调人才发展以用为本的根本方针，体现了科学发展
观以人为本的核心价值。科学发展观的本质和核心是坚持以人为本，
把人民的利益作为一切工作的出发点和落脚点，一切为了人民，一切
依靠人民，不断满足人们的多方面需求和实现人的全面发展。科学人
才观突出强调人才发展以用为本，把用好用活人才、提高人才效能作
为人才工作的中心环节，这就使得以人为本的核心价值在人才工作中
进一步具体化、实践化。因为人才发展是科学发展的前提条件和主

---

① 曾庆红：《牢固树立和认真落实科学发展观人才观和正确政绩观——在出席中央党
校2004年春季开学典礼上的讲话》，载《人民日报》2004年3月2日。

导因素，人才作用的充分发挥不仅促进科学发展，而且是实现人的全面发展的内在要求和根本途径，促进人才发展就是推动科学发展。

科学人才观强调系统开发、整体推进的工作理念，体现了科学发展观全面协调可持续和统筹兼顾的基本要求。科学发展观的基本要求是全面协调可持续发展，实现经济发展和社会全面进步，实现经济发展和人口、资源、环境

> **相关链接**
>
> 人类带着潜在的能力来到这个世界上。发展的目的就在于创造出一种环境，在这一环境中，所有的人都能施展他们的能力，不仅为这一代，而且也能为下一代提供发展机会。
>
> ——联合国开发计划署《人类发展报告》(1994 年)

相协调。科学人才观认为，解决我国经济社会发展面临的能源资源、生态环境、人口健康、公共安全等"瓶颈"制约和深层次问题，实现经济发展方式从资源依赖型、投资驱动型向创新驱动型为主转变，科技创新和人才是最重要的支撑力量。科学人才观强调，促进人才发展与经济社会发展相协调，必须遵循系统培养的人才开发规律，统筹协调区域、行业、产业人才开发，整体推进各类人才队伍建设，这些都充分体现了科学发展观全面协调可持续的基本要求，运用了统筹兼顾的根本方法。

人才发展创新实践的科学总结

我们党在领导中国革命、建设和改革的长期实践中，从"建立无产阶级知识分子队伍"到"建设宏大的创新型科技人才队伍"；从"两个尊重"到"四个尊重"；从"人才资源是第一资源"到"建设人才强国"；从"党管干部"到"党管人才"，形成了一整套符合中国实际的人才发展思想。科学人才观对这些创新实践从理论上进行了科学总

结，初步形成了较为完整的人才发展理论体系。

"人才是最活跃的先进生产力"，深刻总结了一些东、中部地区坚持解放思想、解放人才、解放科技生产力的创新实践。华为从一家早期靠产品代理为生的贸易企业，成长为年销售额突破2000亿元，拥有中国专利3.6万件、国际PCT（《专利合作条约》）专利1万余件的全球知名高科技企业，靠的是创始人艰苦卓绝的开拓创新，靠的是一大批高端研发人才的有力支撑。

"人才优先发展是科学发展的有效路径"，是对我国部分地区人才优先发展的成功实践的科学总结。20世纪80年代伴随着深圳、珠海等地设立经济特区和苏南乡镇企业的异军突起，全国各地的人才尤其是知识分子从体制内向体制外流动，形成了百万大军下广东、赴苏南的"人才热潮"，支撑了东部沿海的快速崛起。20世纪90年代中期上海率先提出建设人才高地，有力地支持了浦东的开发开放和

典型案例

广西建设"人才小高地"

广西自治区从2004年开始，依托重点产业、重大项目、重要科研创新平台和优势企事业单位，集中有限的财力、物力，采取特殊政策措施建设42个自治区级"人才小高地"，吸引、集聚和培养了2400多名海内外高层次人才，新增科研项目409项，形成了有色金属、食品等7大千亿元支柱产业，创造了良好的经济效益、科技效益、社会效益和人才效益。

上海的现代化国际大都市建设。新世纪以来，东部发达地区不断强化人才工作，加大人才投资力度，从注重招商引资转向招才引智，形成了各具特色的人才优先开发模式。我国西部地区这些年来后发崛起的成就也证明了人才优先发展的成功经验。西部地区一些城市学习借鉴东部地区的经验，更加重视人才培养和引进，纷纷加大人才投入力度，充分发挥人才第一资源的作用，实现了跨越发展。

典型案例

包头：打造产业人才高地

内蒙古自治区包头市稀土高新区围绕国家产业政策和自治区"草原英才"工程，充分发挥稀土资源和产业优势，加大资金保障力度，培养和集聚稀土科研人员，打造全国稀土产业人才高地。区财政每年安排 100 万元高层次人才生活保障专项资金。开通 26 项"绿色通道"服务措施，财政累计投入 1000 多万元，社会多元化筹资 2994 万元，支持高层次人才创新创业。规划建设占地 1000 亩的大学科技园，新建 5.8 万平方米的"自治区高层次人才创新创业基地"。高新区初步形成了稀土材料及其应用、铝铜深加工、高端装备制造等八大特色产业发展格局。现有国家级高新技术企业 52 家，国家"特聘专家"3 人，自治区"草原英才"6 人；累计引进海外高层次人才 284 名，孵化、培养留学人员创办企业 263 家。2011 年高新区被中央人才工作协调小组批准为"海外高层次人才创新创业基地"。

人才工作科学化的行动指南

习近平在 2010 年 5 月全国人才工作会议上的讲话中强调："要深刻认识、自觉遵循人才成长规律，切实提高人才工作的科学化水平。"推进人才工作科学化，就是要牢固树立科学人才观的十大理念，把人才发展的新思想、新理念贯彻落实到人才工作的方方面面，运用这些新思想、新理念去研究人才发展中的新情况、新问题，破解人才发展的"瓶颈"问题，推进战略规划科学化、运行机制科学化、方式方法科学化，不断提高人才工作科学化水平。

推进战略规划科学化，就是要用科学人才观的理论全面指导人才战略规划的制定和实施，提高其科学化水平。科学人才观是对人才发展规律的深刻总结，人才发展战略规划是关于人才发展的顶层设计，是人才工作的行动纲领。科学的战略规划必须以科学把握和自觉运用人才发展规律为前提，只有遵循人才发展规律，才能保证人才战略规划的科学性、先进性和实践性。人才结构的战略性调整、人才资源的系统开发、人才投资的优先保证、人才队伍建设的高端引领，等等，都与经济社会发展紧密关联，每个地方、每个部门都要更加重视人才战略规划的作用，按照人才强国战略和《国家中长期人才发展规划纲要（2010—2020年）》的总体部署，科学制定本地方、本部门的人才战略规划，用规划科学地指导和推动人才工作。

推进运行机制科学化，就是要用科学人才观提出的原理、原则指导体制机制创新和制度建设，建立健全高效、规范的科学化运行机制，为人才工作科学化提供制度保障。一是决策科学。以科学的理念为指导，以规范的程序为保障，以专家的参与为支持，增强政策制度设计和人才项目决策的科学性和权威性。二是协调高效。坚持落实人才工作日常协调制度，加强人才工作部门与各个经济社会工作部门的有效互动，不断提高人才工作效能，形成人才工作合力。三是执行有力。科学分解责任目标，完善考评体系，切实增强人才工作目标责任制考核的刚性约束；以推进人才工程和人才载体建设为有力抓手，切实落实人才工作的各项重大举措。四是督查常态。建立成员单位工作任务报告制度、重点工作专项督查制度，定期督查，确保重点工作任务的落实。

推进方式方法科学化，就是要用科学人才观提出的方法论、实践论指导人才工作实践，善于总结、善于借鉴、善于运用，不断提高人才工作实效性。科学总结各地各部门人才工作创新实践中的有益探索，及时推行那些行之有效的成功方法。充分吸收和借鉴国外人才培养、引进和使用的有益经验，特别要认真学习西方发达国家比较成熟的人力资源管理理论、人力资本理论和能力建设理论等，为提高我国人才工作的科学化提供借鉴。积极探索运用现代科学技术手段开展人才工作的新方法，积极发挥互联网的作用，提高人才工作的信息化水平。

二　最活跃的先进生产力

马克思主义认为，科学技术是推动经济发展和社会进步的生产力，是第一生产力，人是生产力中最活跃的因素。而人才是人力资源中的先进部分，是知识、技术、技能的有机载体，是科技创新的

经典语录

> 历史上的生产资料，都是同一定的科学技术相结合的；同样，历史上的劳动力，也都是掌握了一定的科学技术知识的劳动力。我们常说，人是生产力中最活跃的因素。这里讲的人，是指有一定的科学知识、生产经验和劳动技能来使用生产工具、实现物质资料生产的人。
>
> ——邓小平

主导力量，人才对经济社会发展的创造性贡献，决定了人才是最活跃的先进生产力。

1. 生产力中最活跃的因素

人是生产力要素中的能动因素

马克思主义认为，生产力包含着三个基本因素：劳动者、劳动资料、劳动对象。马克思在《资本论》中谈到："劳动过程的简单要素

是：有目的的活动或劳动本身，劳动对象和劳动资料。"① 劳动者是从事物质生产的人，是生产活动的主体，具体包括直接从事生产活动的工人、农民、技术人员，也包括从事生产活动的组织与管理的企业家、管理人员。劳动对象是生产活动的客体，是各种原材料，而劳动资料是劳动者作用于劳动对象的工具，包括机器、技术、工艺等。

经典语录

各项事业发展需要的各种知识、科技、资金、资源、信息、体制、环境、政策等要素和条件，只有为人所掌握、所运用，才能充分发挥作用。

——胡锦涛

在这三个基本要素中，人是能动的因素。这种能动性首先表现为主体性。劳动资料和劳动对象是物质的东西，是被动的因素，它们不能自动变成各种产品，而人是生产劳动的主体性因素，根据一定的目的、意识对劳动资料（工具）进行控制、操作和生产加工，劳动对象才能转化为产品，才能生产出人们生活所需要的物质财富。马克思说："最蹩脚的建筑师从一开始就比最灵巧的蜜蜂高明的地方，是他

典型案例

比亚迪：员工是公司最宝贵的资源

比亚迪由一个20人的作坊式电池企业，成长为在全球拥有20万员工，横跨IT、汽车、新能源三大产业的跨国公司。掌门人王传福常把"员工是公司最宝贵的资源"挂在嘴边，放在心上。先后投巨资兴建综合文体中心，创办比亚迪学校，兴建规模庞大的比亚迪村，为员工提供舒适、便利的生活环境。员工全员培训是比亚迪的显著企业文化，大学毕业生不仅要经历相关基础、就职、事业部种种培训，而且每年必须制定和完成相关的培训计划。同时，放手让年青技术人员通过大量拆解名车开阔视野，尽可能多地掌握先进的技术和工艺信息，锻炼敢想、敢做、敢拼的心理素质，为企业长久发展需要储备技术生力军。

---

① 《马克思恩格斯文集》第五卷，人民出版社2009年版，第208页。

在用蜂蜡建筑蜂房以前，已经在自己的头脑中把它建成了。劳动过程结束时得到的结果，在这个过程开始时就已经在劳动者的表象中存在着，即已经观念地存在着。他不仅使自然物发生形式变化，同时他还在自然物中实现自己的目的，这个目的是他所知道的，是作为规律决定着他的活动的方式和方法的，他必须使他的意志服从这个目的。"①

人作为能动性主体，其素质有高低、能动性有大小。这种能动性表现在劳动者的劳动态度是否积极负责认真，生产知识和经验是否丰富，生产技能是否熟练，劳动所需要的身体素质是否健康强壮，与其他劳动者之间能否协作配合。能动性的大小影响劳动生产率，高素质的劳动者能够在单位时间里生产更多更好的产品，劳动生产率高；反之，低素质的劳动者在单位时间里往往生产产品的数量少、质量差，劳动生产率低。

人的能动性还表现为创造性。人通过劳动能够创造出自然界没有的东西，创造出自己想要的东西。马克思说："自然界没有制造出任何机器……它们是人类劳动的产物……是物化的知识力量。"②根据马克思的概括，社会生产力的发展来源于三个方面："来源于发挥着作用的劳动的社会性质，来源于社会内部的分工，来源于智力劳动特别是自然科学的发展。"③人类赖以生存发展的物质资料都是劳动者辛勤劳作的结果，是劳动特别是智力劳动创造了物质的和精神的财富，推动了物质文明、精神文明的进步和历史的发展。

人才是高素质的创造性劳动者

把人的概念细化，可分为人口、人力、人才几个层次。人口、人力、人才是三个既有联系又有区别的概念。联系在于它们都是有生命的人，区别在于它们的素质规定性不同，范围大小也不同。简单地说，人口是生活在一定区域内的人的总和。人力是一定年龄阶段内

① 《马克思恩格斯文集》第五卷，人民出版社 2009 年版，第 208 页。
② 《马克思恩格斯全集》第四十六卷下册，人民出版社 1980 年版，第 219 页。
③ 《马克思恩格斯选集》第二卷，人民出版社 1995 年版，第 411 页。

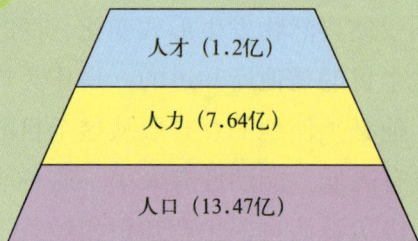

相关链接

人才（1.2亿）

人力（7.64亿）

人口（13.47亿）

人口、人力、人才三者关系图

具有劳动能力并从事社会活动的人的总和。我国规定的人力资源的年龄男性是16—60岁，女性是16—55岁。人才则是人力资源中素质较高的创造性劳动者。我国2011年有13.47亿人口，人力资源总量是7.64亿，占总人口比重的56.7%；而人才资源总量2010年底是1.2亿，占总人口比重的8.9%，占人力资源总量比重的15.7%。它们之间呈现宝塔形结构关系。

人口指有生命的人的集合。人口是"通过生育而生产他人的生命"①的结果，是人类自身生产的结果。这种生产是物质资料生产的前提，没有人，物质资料的生产就无法实现。人口的数量与人口的出生率、死亡率、自然增长率相关，保持一定的人口数量是发展生产力的基础。近些年来我国的人口出生率和自然增长率持续下降，出

相关链接

总人口、人力资源、大学文化程度人口年平均增长率（1990—2010 年）

	1990—2000	2000—2010
总人口	1.07%	0.57%
人力资源（15—59 岁人口）	1.54%	0.56%
大学文化程度人口	11.07%	10.12%

资料来源：麦迪森：《世界经济千年史》。

① 《马克思恩格斯文集》第一卷，人民出版社 2009 年版，第 532 页。

生率从 1996 年的 16.98‰下降到 2005 年的 12.4‰，2010 年第六次人口普查的自然增长率为 5.84%，年均增长 0.57%，比第五次人口普查（1990—2000 年）年均增长 1.07%下降了 0.5%。

低龄人口要经过较长时间的抚养和教育，才能获得从事生产劳动所需要的体力和知识、智力，才能成为人力资源。人力资源的核心是人力资本。人力资本就是劳动者的素质，是存在于劳动者身上的知识、技能、经验、体力之和。人力资本是通过投资形成的，具体包括教育投资、培训投资、健康投资和人员流动的投资。这其中，教育投资是最主要的方面，计算人力资本在经济增长中的贡献时，多以教育投资作为主要参数。

人力资源是经济发展中的重要资源，又可以分为一般人力资源和专业人力资源。人才是人力资源中的先进

相关链接

中国的教育水平

2009 年，中国 15 岁以上人口和新增劳动力平均受教育年限分别超过了 8.5 年和 11 年，均处于发展中国家的前列。2010 年全国高中阶段教育学校（包括普通高中、成人高中、中等职业学校）共有 28584 所，比上年减少 1177 所；招生 1706.66 万人，比上年增加 7.80 万人；在校学生 4677.34 万人，比上年增加 36.43 万人。高中阶段毛入学率 82.5%，比上年提高 3.3 个百分点。

全国各类高等教育总规模达到 3105 万人，高等教育毛入学率达到 26.5%。全国共有普通高等学校和成人高等学校 2723 所，比上年增加 34 所。其中，普通高等学校 2358 所（含独立学院 323 所），比上年增加 53 所，成人高等学校 365 所，比上年减少 19 所。普通高校中本科院校 1112 所，比上年增加 22 所；高职（专科）院校 1246 所，比上年增加 31 所。全国共有培养研究生单位 797 个，其中高等学校 481 个，科研机构 316 个。全国 2856 个县（市、区）全部实现"两基"（基本实施九年义务教育和基本扫除青壮年文盲），全国"两基"人口覆盖率达到 100%。

——《2010 年全国教育事业发展统计公报》

知识连线

人力资本的概念

人力资本是指存在于人体之中的具有经济价值的知识、技能、资历、经验和体力（健康状况）等能力素质之和。20世纪60年代，美国经济学家舒尔茨和贝克尔首先创立了比较完整的人力资本理论。这一理论有两个核心观点：一是在经济增长中，人力资本的作用大于物质资本的作用；二是人力资本的核心是提高人口质量，教育投资是人力资本投资的主要部分。人力资本投资对 GDP 的增长具有更高的贡献率。

部分，相当于专业人力资源。与基础人力资源（一般人力资源）比，人才由于接受了更长时间的教育，或自己投入了更多的学习时间，由于在实践中刻苦锻炼和深入钻研，掌握了更为扎实系统的专业知识、技能，具有较高的素质和较强的创造性。高素质、创造性是人才的本质特征。高素质也叫"杰出性"，体现于知识、技能的水平和专业化程度上。而创造性，是生产新颖、独特、有社会价值的产品的特性。创造性首先是新颖独特、前所未有的；其次创造的产品必须是有社会价值的，有益于社会和他人的，而不是危害别人

知识连线

什么是创造性？

创造性包含两个基本层次，一是原始创造（create），即"无中生有"、"人无我有"；二是革新（innovate），是在他人基础上的发展和更新，即"人有我新"、"人有我优"。创造性还包括两种基本类型，一种是发现，即通过研究揭示事物发展的客观规律，形成新思想和新理论的成果；另一种是发明，即通过实践与制作，形成新技术、新方法、新实践的成果。创造性表现在各个领域，其形式是多样化的，如思想理论创新、科技创新、管理创新等。此外，创造性在形式上还分为原始创造性、综合集成创造性和消化吸收引进的创造性。

的。社会中也有极少数人，他们有才无德，"挟才以为恶"（司马光语），这就不是先进部分而是有害成分了。诸如目前许多利用计算机和网络进行金融犯罪的就是典型例子。所以，人才也内含着道德素质和先进性的要求。

人才推动先进生产力发展

人才的高素质和创造性有助于提高劳动生产率，有助于各领域的改革创新发展，有助于运用最先进技术于生产中，因而是最活跃的先进生产力。

相关链接

中国总人口、GDP、出口额占世界总量的比重（1820—2010）

单位：%

年份	1820	1870	1913	1950	1973	2000	2010
总人口	36.6	28.2	24.4	21.7	22.5	20.8	19.7
GDP	32.9	17.2	8.9	4.5	4.6	11.8	17.5（2008）
出口额	—	2.49	1.78	1.69	0.65	3.96	10.34

资料来源：Angus Maddison Historical Statistics of the World Economy:1-2008 AD.

纵观历史，每个时代都有先进生产力和落后生产力。先进生产力一般都来自于人才的创新创造，特别是科学技术创新。正是新的科学技术的出现及其在生产上的应用，才把生产力水平推向前所未有的高度。正如马克思、恩格斯在《共产党宣言》中所讲的那样："资产阶级在它的不到一百年的阶级统治中所创造的生产力，比过去一切世代创造的全部生产力还要多，还要大。自然力的征服，机器的采用，化学在工业和农业中的应用，轮船的行驶，铁路的通行，电报的使用，整个大陆的开垦，河川的通航，仿佛用法术从地下呼唤出来的大量人口，——过去哪一个世纪料想到在社会劳动里蕴藏有这样的生产力呢?"① 历史上若干次的科技革命、产业革命与先进生产力的出现和发展,都证明了人才在推进先进生产力发展中的关键作用。

最早是农业经济和农业文明的发展,相对于采集、捕猎的技术和生产力水平而言是先进的。中国从秦汉到唐宋元明,一直是农业经济以及文化发达的封建帝国,特别是在唐宋时期达到顶点。这主要是由于中国古代众多科学技术专家创造的丰富的科技成果促成的,特别是与农耕相关的科学技术。诸如数学计算、天文历法、农学、陶器制造、铁器生产、造纸印刷等。

中国古代四大发明传入欧洲,对欧洲文艺复兴运动起到了催生作

相关链接

中国古代的科学技术人才及其创造成果

领域	杰出科技人才代表及其创造成果				
农学	西汉氾胜之《氾胜之书》	北魏贾思勰《齐民要术》	元朝王祯《王祯农书》	明朝徐光启《农政全书》	明朝宋应星《天工开物》
数学	魏晋刘徽《九章算术》	南北朝祖冲之精确计算"圆周率"	南宋秦九韶《数书九章》	南宋杨辉《详解九章算法》、《杨辉算法》	元朝朱世杰《算学启蒙》、《四元玉鉴》
天文地理	战国石申著《石氏星经》,战国时期制作指南针	东汉张衡提出浑天说,发明地动仪	北宋沈括《梦溪笔谈》	元朝郭守敬创制简仪,编制《授时历》	明朝郑和下西洋,推进航海技术
水利工程	战国李冰修建都江堰	战国修建郑国渠	北魏郦道元《水经注》	隋朝修建大运河	隋朝李春修建赵州桥
工艺制造	商代制造瓷器	西汉用煤冶铁	东晋葛洪《抱朴子》	唐朝郑潘应用火药	南宋黄道婆创建纺织术
医药	东汉张仲景《伤寒杂病论》	东汉华佗发明麻醉、针灸和五禽戏	唐朝孙思邈《千金要方》、《千金翼方》	北宋王惟一《铜人腧穴针灸图经》	明朝李时珍《本草纲目》
文化	东汉蔡伦发明造纸术	北宋毕昇发明泥活字印刷术	元朝王祯发明木活字印刷术	—	—

① 《马克思恩格斯文集》第二卷,人民出版社 2009 年版,第 36 页。

相关链接

三次科技革命及其产业革命

内容	第一次科技与产业革命	第二次科技与产业革命	第三次科技与产业革命
开始时间	18世纪60年代（18世纪下半叶）	19世纪70年代（19世纪下半叶）	20世纪40年代
完成时间	19世纪上半期	20世纪初	仍在进行
主要标志	蒸汽机的发明及使用	电机和内燃机的广泛使用	电子计算机、原子能、空间技术和生物工程的发明和应用
理论基础	牛顿的力学	法拉第的电磁学、热力学、化学	爱因斯坦的相对论、现代物理学
领先国家	英国	德国和美国	美国
主要技术成就	珍妮机、改良蒸汽机、汽船、火车	发电机、电动机、电灯泡、电话、电报、内燃机、汽车、飞机等	原子能、计算机、航天技术、生物工程等。
发明家	瓦特、斯蒂芬森、科尔特	本茨、戴姆勒、爱迪生、莱特兄弟	巴丁、莫希莱、冯·诺依曼
进入时代	蒸汽时代	电气时代	电子时代、信息时代
交通工具	汽船（轮船）、火车（蒸汽机车）	电车、汽车、飞机	宇宙飞船
产生的新兴产业部门	棉纺织业、金属冶炼业、机器制造业、交通运输业	电力工业、钢铁工业、化学工业、汽车制造业、造船工业	电子工业、核工业、航天工业、激光工业、信息产业等

注：此表参考以下著作编制：段炳麟主编：《当代世界史》，北京师范大学出版社1994年版；《九十年代科技发展与中国现代化》，湖南科技出版社1991年版；申漳：《简明科学技术史话》，中国青年出版社1981年版。

用。马克思说："火药、指南针、印刷术——这是预告资产阶级社会到来的三大发明。火药把骑士阶层炸得粉碎，指南针打开了世界市场并建立了殖民地，而印刷术则变成新教的工具，总的来说变成科学复兴的手段。"①13—16世纪，世界科技的中心从东方转移到意大利，伴随着文艺复兴运动，达·芬奇的多方面研究，哥白尼发表《天体运行

---

① 《马克思恩格斯文集》第八卷，人民出版社2009年版，第338页。

知识连线

什么是先进生产力?

先进生产力,是指一定时代中那些能够代表生产力进一步发展的方向,具有强大生命力和发展前景的生产力。先进生产力是一个相对概念,在各个国家、各个行业、各个地区、各个企业,都有相对先进生产力和相对落后生产力。当前,世界先进生产力是以信息科学、生命科学、新能源、新材料等为核心的高新技术生产力。在我国,由于机械化与信息化同时并存、工业经济与知识经济同时发展,所以我国的先进生产力,既包括那些反映出当前世界科技革命与现代生产力发展的特点和趋势的生产力,也包括那些在当前能够有效地推动我国实现工业化和经济的市场化、现代化、国际化任务的生产力。

论》,维萨留斯发表《人体结构》,伽利略开展自由落体、天文观测等一系列科学实验,促进了意大利的文化和经济繁荣,为资本主义的发展奠定了基础。

17世纪到1830年,世界科技中心和经济中心转移到英国,人类从农业文明进入工业文明。英国皇家学会等科学群体的发展,牛顿科学巨著《自然哲学的数学原理》发表,以万有引力为核心的力学体系的建立,纺纱机、工具机、瓦特蒸汽机的发明,带动了工厂的建立,使火车、轮船的速度大大提高。第一次科技革命的主要标志——瓦特蒸汽机比以往的蒸汽机提高工效5倍,节约燃料75%,与任何工具都能连接而便于应用。科技的发展推动了英国的工业革命,促进了资本主义经济的发展。

19世纪中叶到20世纪初,世界科技与经济中心又经过法国逐渐转移到德国。李比希发展了农业的化肥技术和有机化学,创造了肥料业,他们还通过煤化学的研究建立了德国的煤化学工业。霍夫曼在柏林大学建立有机化学实验室,进行染料、香料、医药合成的研究,这些研究成果的运用给德国带来巨大经济效益。1871年德国的煤化学工业技术占世界首位,1873年德国染料工业的产量和质量都超过英国，1913 年德国生产的染料占世界染料产量的 80%。1830 年德国出现科技革命高潮，涌现一批世界著名的科学家，如生物学家施来登、施旺，化学家李比希、霍夫曼、柏琴、拜耳，物理学家伦琴等。1880年德国工业的发展速度超过英国，1895 年德国各行业产品产量均压倒了英国。根据汤浅光朝的研究，1851—1900 年的重大科技成果：德国 202 项，英国 106 项，法国 75 项，美国 33 项。

20 世纪科技革命中心逐渐转移到美国，美国在二战后吸引了大批世界各国的人才，逐渐成为世界科技和经济中心。1901—2011年的 110 年间，美国获得诺贝尔自然科学奖的人数占全部获奖者的46.4%，这 250 多位获奖者和更多的科学技术专家为美国的发展作出了巨大贡献。美国在南北战争后发展一批先导产业，1869 年建成横贯东西的大铁路，使西部资源与东部工业相结合；在大西洋铺设海底电缆，保证了欧美之间的信息通畅；惠特尼发明轧棉机，使清除棉籽

相关链接

人类社会三种主要经济形态的比较

经济形态	发展生产的动力	主导产业	劳动力主要成分	主要的生产要素	科技进步对经济增长贡献率	科研经费占GDP比例	教育经费占GDP比例
农业经济	劳动工具的改进	种(养)殖业	从事农业劳动的劳动力占80%	土地	–	–	–
工业经济	蒸汽技术革命及电力技术革命	制造业	直接从事生产的工人占劳动力的80%	资本	40%以上	1%—2%	2%—4%
知识经济	新技术革命特别是以信息技术为主的高技术革命	高技术产业	从事知识生产、传播、应用的知识劳动者占劳动力的80%	知识	80%以上	3%以上	6%—8%

典型案例

一个人才带来美国的工业革命

在美国独立之初，为抑制美国的工业发展，英国禁止向美国出售生产设备，也不准技术人才向美国移民。1790年，英国建筑师和机械工程师、纺织业的先驱人物塞缪尔·斯莱特在两位美国富商的资助下，以"农民"的身份来到美国，实现创业梦想。他的到来，使美国拥有了第一个具有先进技术的纺织厂，开启了美国的工业革命。

的效率提高 1000 倍，使美国成为世界最大棉花出口国。

1866 年西门子发明电机，1876 年贝尔发明电话，1879 年爱迪生发明电灯，三大发明促进电力技术革命，迎来电气化时代。二战后至今的电子技术、信息通讯技术的革命，计算机与网络的发展，改变了社会生产与生活的形态和方式，使人类进入电子时代和信息时代。还有核能、基因研究、生物工程、航天技术、纳米技术等突飞猛进，正在产生许多高新技术产业。

由此可见，每个历史时期，由于一大批科学家和其他类型的人才在科学上、技术上、思想上等多方面的创新和革命，从而引起新的产业革命，提高了生产率，带来巨大的经济发展。这些充分说明：人才在发展先进生产力中起着关键作用。

2. 科技创新的决定性因素

科学人才观的一个重要内容就是阐明了人才的先进生产力属性，鲜明提出人才是最活跃的先进生产力，深化了对科学技术是第一生产力的认识，突出了人才在科技进步和经济社会发展中的决定性地位和作用。

科学技术是第一生产力

科学技术是经济社会发展中最活跃、最具革命性的因素。人类文明每一次重大进步都与科学技术的革命性突破密切相关。科学技术作为人类智慧的伟大结晶，推动创造了巨大的物质财富和精神财富。马克思认为，生产力中包含着科学，科学技术是生产力。马克思在《资本论》中说："劳动生产力是由多种情况决定的，其中包括：工人的平均熟练程度，科学的发展水平和它在工艺上应用的程度，生产过程的社会结合，生产资料的规模和效能，以及自然条件。"①科学技术并不直接变成生产力，而是通过对生产力各因素的影响和渗透而发挥作用的。首先，生产工具中渗透着科学技术，特别是现代机器化大生产中，机器就是科学技术的运用，机械运动的原理运用于工具制造，形成动力机械、制造机械、交通工具。电力的原理运用于工具制造，形成了电动机器等。目前信息技术运用于工具制造，形成了工业机器人、电脑操作系统、信息管理系统、信息控制的运输工具等。所以，生产工具的进步是随着科学技术进步而发展的。其次，劳动对象中也渗透着科学技术，早期人类劳动的对象是未经人类加工的原始的自然材料，随着科学技术的发展，出现了许多的人工材料，诸如塑料、新型材料等。世界上各种材料已有几十万种，新材料以每年5%的速度增长，世界上有800多万种化合物，每年还以25万种的速

> 科学技术是第一生产力。近一二十年来，世界科学技术发展得多快啊！高科技领域的一个突破，带动一批产业的发展。
> ——邓小平

经典语录

---

① 《马克思恩格斯文集》第五卷，人民出版社2009年版，第53页。

世界代表性国家科技进步对经济增长的贡献率

	时期（年）	贡献率（％）
美国	1964—1976	71.9
日本	1980—2000	70.6
德国	1950—1962	55.7
瑞典	1995—2003	54.9
法国	1950—1962	53.4
澳大利亚	1983—1993	52.0
韩国	1990—1994	50.3
中国	1980—2007	45.6
英国	1995—2003	45.3
印度	1980—2000	40.8

资料来源：Noriyoshi Oguchi：Productivity Trends in Asia Since 1980.International Productivity Monitor.2005；高峰：《国外转变经济发展方式体制机制经验借鉴》，载《世界经济与政治论坛》2008年第3期。

度增长，大大拓宽了劳动对象。最后是劳动者中渗透着科学技术，这就是劳动者掌握科学技术知识，掌握工具操作的原理和技术。所以，提高劳动者的科学技术素质，让科学技术武装劳动者，是提高生产力的重要途径。

邓小平根据现代科学技术的发展趋势，认识到其对经济发展的重要作用，提出了科学技术是第一生产力的重要论断，在新的历史条件下发展了马克思主义。"第一"突出了科学技术在生产力发展中的地位和重要性。科学技术之所以是第一生产力，主要是因为，科学技术的发展变化巨大，科学技术转化为现实生产力的周期越来越短，因而科学技术在生产力各因素中的含量越来越大，在提高劳动生产率方面贡献最大。根据发达国家的统计，科学技术对经济增长的贡献率达60%—80%。产品附加值大的都是科学技术的贡献或知识的贡献，诸如软件产品的价值中，物质材料和纯粹劳动力的占比很小，而软件开发设计人员的设计贡献占比例很大，二者之比大约是1：9。科技创新可以带来巨大经济效益。我国杂交水稻之父袁隆平研究出杂交水稻，提高了水稻产量，有效缓解了中国耕地少产量低的矛盾，产生了巨大的经济社会效益。目前，我国杂交水稻已累计推广 60 亿亩，共增产稻谷 5500 多亿公斤，为我国从根本上解决粮食自给难题作出了重大贡献。此外，杂交水稻已在全球 40 多个国家开始研究或引种，种植面积达 4500 万亩。

科学技术是第一生产力的论断有力地说明，要提高劳动生产率，要促进经济发展，最主要的途径和方式是发展科学技术，并让劳动者掌握科学技术，使劳动者都成为掌握科学

相关链接

科学技术应用于生产的周期大为缩短

发明项目	从发明到应用周期
蒸汽机	80 年
交流发电机	57 年
电话	50 年
无线电通讯	35 年
真空管	33 年
飞机	20 年
雷达	15 年
喷气发动机	14 年
电视	12 年
尼龙	11 年
原子弹	2.67 年
晶体管	3 年
激光器	1 年

技术、发展和创新科学技术的人才。从一定意义上讲，科学技术是第一生产力与人才是第一资源，是同一内容的两种表述。

人才是知识、技术和技能的有机载体

一般劳动者也掌握一定的科学技术知识，但比较有限，而人才掌握的科学技术知识则相对比较系统完整。因为他们通常受到比较系统的教育和培养，接受过高等教育或专业教育。人才学的研究表明，在专业人才特别是科技人才中，越是高层次人才，往往具有高学历的比例越高，获得博士和硕士学位的人越多。而技能型人才，往往掌握着丰富的技术知识，具有丰富的实践经验。此外，专业技术人才还通过继续教育或自主学习，不断更新知识和技术，掌握最新科技成果，不

二 最活跃的先进生产力

至于落后于科技和知识的发展。人才掌握着大量的科学技术和专业知识，是知识、技术和技能最富集的载体。

人才是知识、技术和技能的有机载体，表明人才不是消极被动地存储知识、技术和技能，而是具有运用这些知识、技术和技能进行综合创新创造的能力。人才掌握知识技术和技能的过程，包括输入、加工存储和输出几个环节，输入、加工存储是学习理解的过程，输出则是运用知识解决实际问题的过程。学习的目的在于运用，运用才能创造价值。

首先，人才能够运用知识、技术和技能解决实际问题。在实际工作中，要能够解决现实的复杂问题，往往需要运用自然、社会、人文等多方面知识，要运用思维的、技术的、人际的、身体的多方面技能。所以，灵活运用、综合运用知识技术和技能的能力是人才的显著特点。真正的人才是知识、技术和技能的有机载体，而不是"书柜"或知识存储器。

其次，人才善于对自己的知识、技能进行改进和提升。人才在实际工作中能够不断增长经验，使书本的知识与实际的经验有机结合起来，变成活化的生动的情景化的知识，形成"全面的知识"（毛泽

相关链接

高层次科技人才具有较高知识水平

诺贝尔自然科学奖获得者的学位统计（1901—2011 年）

奖项 学位	物理学奖 192 人次		化学奖 161 人次		生理学或医学奖 199 人次		整个自然科学奖 552 人次	
	人数	比例	人数	比例	人数	比例	人数	比例
博士	176	91.7%	154	95.6%	190	95.5%	520	94.2%
硕士	8	4.2%	3	1.9%	5	2.5%	16	2.9%
学士	7	3.6%	4	2.5%	4	2.0%	15	2.7%
无学位	1	0.5%	0	0	0	0	1	0.2%

资料来源：陈其荣等：《科学精英是如何造就的》。

典型案例

"三个博士"都不换的技工

王亮1990年职高毕业后，进入大连重工集团安装公司当电工。在工作岗位上，他兢兢业业，刻苦钻研，从一个职高学历的普通工人成长为新一代复合型的高级技师，先后参与100多台（套）重大机械装备设备的安装调试，并获得国家科技进步三等奖，英国公司曾出价年薪20万聘用他，大连重工·起重集团对他的评价是"三个博士都不换"。

东语）；同时，通过知识、技能的运用，还能发现自身知识、技能的不足，所谓"书到用时方恨少"、"干然后知不足"，促使自己进一步补充和完善自己的知识、技能结构，提升自己的知识、技能水平，所谓"干中学"是成为人才的显著标志。

其三，人才具有运用知识、技术进行创新的主动性。人才掌握了系统的科学技术知识，只是有了在经济社会发展中发挥作用的基础和条件，关键是看人才能否自觉主动地将科学技术知识运用于经济社会发展中，看工作中运用科学技术知识的含量多少。我们看到，在一些地区拥有的科技人才比较多，但不一定经济发展水平高，原因在于科学技术仅仅停留于内在的静止的状态，仅仅表现为一种存量，而没有表现为外在的运用状态，没有发挥作用，知识没有变成力量。所以，今天只看人才存量的观点已经落后，关键是看人才的运用量、贡献率。只有通过知识、技术和技能的运用，才能把科学技术转化为现实生产力，推动经济社会发展。

人才是科技创新主导力量

科技创新，人才为本。温家宝曾指出："没有思想解放和人的全面发展，科技进步是做不到的，即使做到一些，也是有限度的。"[1] 人才是科技创新的主导力量，主要表现在四个方面：

---

[1]　温家宝：《积极迎接新科技革命的曙光和挑战》，载《人民日报》2012年7月3日。

首先，人才是创新意向的主导者。人才是科技创新中最具能动性的要素。凡科学发明与创造，最开始都源于创新意向，即一个新的想法、新的观点、新的尝试、新的发现，有

时甚至是表面看起来有点不切实际的异想天开、天方夜谭、痴人说梦，却是重大创新的源泉。没有创新意向，就没有科学发明，没有新的创造。在科技创新的诸要素中，只有人能够产生这种创新意向。虽然创新活动可以由政府组织、市场等外部力量来推动，但最终都要由从事科技创新活动的具体的科技人才去实现。推动科技创新最终需要激发起人才对未知世界探索欲望，人才才能成为科技创新的决定性因素。

其次，人才是创新资源的整合者。人类社会的创新，不仅仅是对未知世界的探索，有许多创新是来自于对创新资源的整合。优秀企业家在这方面表现得尤其突出。著名经济学家约瑟夫·熊彼特认为，企业家在所处环境中大胆废弃不起作用的要素，果断选择对成功起作用的要素，他们是创新、生产要素重新组合以及经济发展的主要组织者与推动者。比如，美国戴尔电脑公司最初没有任何技术发明，他们的成功

只是对现有生产要素进行重新整合，创造了一种新的商业模式——直销。风靡全球的 iPad、iPhone 也是苹果公司乔布斯在整合众多现有技术基础上

的一种发明创造。有学者统计了 20 世纪以来的 480 项重大创造发明成果，经分析发现三、四十年代是突破型成果为主而组合型成果为辅，到了五、六十年代两者大致相当，从 80 年代起，则组合型成果占据主导地位。企业家的最可贵之处，就在于他们能够根据不完全的信息，

以自己独特的才能，发现新的供给或需求机会，敢于打破经济循环的惯性轨道，从而使自己的企业摆脱旧的生产要素组合方式，重新组织生产要素并实现更有利的生产方式，进而推动财富生产得以增长。

第三，人才是创新活动的组织者。科技创新活动不仅是个复杂的社会过程，包括准备期、酝酿期、明朗期和验证期等，而且也是个复杂的社会系统工程，涉及多种创新要素的整合，包括政策要素（科技投入、税收优惠、金融支持、政策采购等）、人才要素、技术要素（科研成果、专利等）、资金要素、创新管理要素、公共服务要素（国家实验室、大学、科研机构、工程中心、检测中心、技术市场、生产力促进中心、科技企业孵化器、科技咨询机构等）。科技创新活动不仅需要科技人才直接参与，而且更需要人才对科技创新活动的组织管理。科技创新活动的组织管理者担负着整个创新活动的领导任务，是赋予创新活动以生命力的最关键要素，他们的素质及他们的工作质量，往往直接决定着创新活动的成败。如美国 1942 年研制原子弹的"曼哈顿计划"工程区司令就是由陆军工程兵团建筑部副主任格罗夫斯担任的，他是一位善于管理协调的人才，解决了研制过程中的诸多复杂工程问题。

第四，人才是创新成果的推广者。创新成果推广应用是科技创新转化为现实生产力的重要环节。在现代创新成果推广应用中，不仅技术市场、生产力促进中心发挥了重要作用，企业家和风险投资家的主导作用也越来越突出。他们成功地支持了一代又一代的技术创新，

典型案例

当今世界的经济奇迹和人才奇迹

在 20 世纪，美国凭借亚当·斯密的自由市场经济思想和福特汽车流水线的结合创造了上个世纪美国的生产奇迹。进入 20 世纪，美国又把熊彼特提出的企业家创新精神与乔布斯这样的企业家结合起来，因而产生了苹果电脑这样新时代的工业产品，创造了"苹果神话"。苹果公司在 2012 年 3 月 8 日发布 iPad3 后，股价随着 iPad3 的上市又创新高，一个苹果公司的市值就已经超过 5 千亿美元。乔布斯也被誉为"用技术改变世界的人"。

相关链接

2009 年全国研发人员按机构分布情况

	R&D 人员（人）	占总数的百分比	全时人员	占总数的百分比
全国	3183687	100.00	1954957	100.00
企业	2185241	68.63	1396620	71.44
其中：大中型工业企业	1518991	47.71	998289	51.06
研究与开发机构	323034	10.15	250027	12.79
高等学校	509366	15.99	259072	13.25
其他	166046	5.21	49238	2.52

资料来源：《中国科技统计年鉴 2011》，中国统计出版社 2011 年版。

20 世纪 80 年代的康柏、莲花软件、太阳微系统等电脑公司，90 年代初的网景、美国在线等互联网公司，90 年代后期的亚马逊等电子商务公司以及基金医药等生物科技公司的发展，都受益于风险投资家的支持。随着现代高科技产业创新风险的不断提升，企业家和风险投资家在创新成果推广应用中的主导作用将会更加突出。

不同组织中的人才作为科技创新的主体，发挥着各自的作用，需要协调配合。我国科技创新的主体，主要来自高等院校、科研院所、大中型企业。在高校和科研院所，人才比较富集，科研有较好的传统和氛围。胡锦涛在清华大学百年校庆的讲话中指出："高等教育作为科技第一生产力和人才第一资源的重要结合点，在国家发展中具有十分重要的地位和作用。"① 充分肯定了高等教育在创新中的重要作用。同时，中央强调要着力推动创新体系协调发展，统筹技术创新、知识创新、国防科技创新、区域创新、科技中介服务体系建设，研究制定国家创新体系建设规划，促进创新各主体和各环节良性互动，着力解决国家创新体系建设中建立基础研究、应用研究、成果转化和产业化紧密结合、协调发展机制所面临的突出问题。目前，我国企业研发能

---

① 胡锦涛：《在庆祝清华大学建校 100 周年大会上的讲话》，人民出版社 2011 年版，第 6 页。

力比较弱，要特别加强中小企业的研发机构和研发人才队伍建设，发挥企业在创新发展中的重要作用。

要积极为发挥人才在科技创新中的主导作用创造条件，提供保障。

首先，要完善科研经费投入制度。健全竞争性经费和稳定支持经费相协调的投入机制，完善科研项目间接成本补偿机制，为科技人才潜心研究提供稳定的经费保障。建立健全符合科研规律的科技项目经费管理机制和审计方式，加强对各类科技计划、专项、基金、工程等经费管理使用的综合绩效评估，健全科研项目管理问责机制，提高科研经费投入效益。

其次，要把经济科技发展的需要与人才创新成长的动力结合起来。科技进步的主要动力来自经济社会的发展，特别是解决经济社会发展中突出问题的需要。诸如能源和

相关链接

2011 年我国专利成就

	境内（万件）	境内百分比	境外（万件）	境外百分比	合计（万件）
专利申请	147.9	90.5	15.4	9.5	163.3
发明专利申请	40.4	76.7	12.2	23.3	52.6
授予专利权	86.4	89.9	9.7	10.1	96.1
授予发明专利权	10.6	61.5	6.6	38.5	17.2
有效专利	220.2	80.4	53.8	19.6	274.0
有效发明专利	31.8	45.7	37.9	54.3	69.7

　　其中，签订技术合同 25.6 万项，成交金额 4763.6 亿元，比上年增长 21.9%。

资料来源：《国家知识产权局专利业务工作及综合管理统计月报》（2011 年 12 月）。

资源的紧张，促进新能源技术的发展，比如光伏产业、风力发电技术、核电技术、海水淡化技术、节水节电技术。恩格斯曾经说："社会一旦有技术上的需要，这种需要就会比十所大学更能把科学推向前进。"[①] 要围绕实施国家重大科技专项、重点知识创新工程，培养、集聚

---

　　① 《马克思恩格斯选集》第四卷，人民出版社 1995 年版，第 732 页。

创新人才，在创新实践中发现人才，在创新活动中锻炼人才。

最后，还应该通过各种途径提高人才的科技创新能力，使之真正成为科技创新的主力军。我国人才资源总量居世界前列，但我们的科技创新能力则明显不足，科技成果的数量和质量与发达国家相比差距较大。这固然与我们的政策、环境、投入、科技基础等外部因素有一定关系，也与人才的创新力不强等内在因素不无关系。分析原因，我们的教育模式较强调接受性学习，对探究式的学习、问题式的学习重视不够，导致学生的问题意识、质疑意识、探究能力等都显得不足。我国与发达国家大学生、中学生的创造性比较研究结果显示，

相关链接

衡量创新型国家的重要指标

世界银行、经济合作发展组织等国际组织，把每百万人口申请专利数作为评价一个国家或地区科技竞争力和国际竞争力的重要指标之一。《全球竞争力报告》提出，衡量一个国家和地区的经济竞争力有两个指数：一是增长竞争力指数（GCI），它反映了一个国家或地区的经济增长；另一个是微观经济竞争力指数（MICI），它反映了一个国家和地区经济对现有资源的有效利用。《报告》在划分"核心创新者"与"非核心创新者"时，采用了一个简单的衡量指标，即每百万人口获得15项以上美国发明专利的国家和地区为"核心创新者"，低于此标准的为"非核心创新者"。

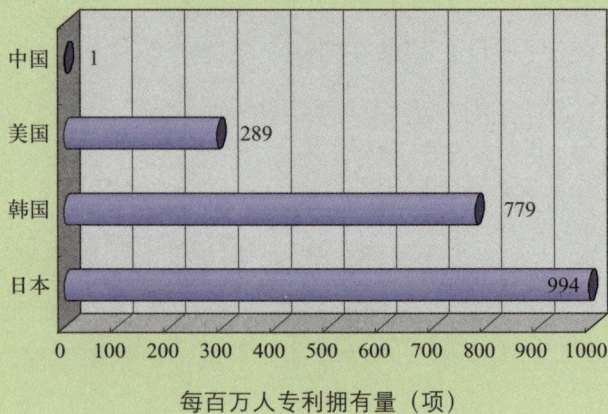

国家	每百万人专利拥有量（项）
中国	1
美国	289
韩国	779
日本	994

每百万人专利拥有量（项）

我们的学生在刻苦精神、学习意识等方面超过发达国家学生，但在质疑意识、学习兴趣、探究能力、操作能力等方面是不足的和落后的。因此，既需要在国民教育体系中加强创新意识和能力的培养，更需要在科技人员继续教育中不断提高创新能力，挖掘科技人员的创造潜能。

3. 创新型经济的第一推动力

创新是一个国家、一个民族进步的不竭动力，也是经济社会发展的不竭源泉。进入 21 世纪，以科技创新、产业创新、商业模式创新、管理创新为特征的世界创新潮流风起云涌，创新成为世界经济增长的

典型案例

马云的人才创新理论

阿里巴巴集团由中国互联网先锋马云于 1999 年创立。现服务来自超过 240 个国家和地区的互联网用户，在大中华地区、日本、韩国、英国及美国超过 50 个城市有员工 17000 人。人才创新是马云的成功之道。他始终认为企业最值钱的是人才，应该尽全力努力帮助年轻人创新，建个平台扶持他们创新。以员工作为管理创新的主体，员工的收益并不完全表现在金钱上，还有对使命的追求，对决策的参与，对社区的共享与分享，建立起快乐工作的环境，等等。他说从没想过自己是一流的人才，但他认为天下所有的人都一样，天生我材必有用，他不相信一流的人才，只相信一流的努力。

强大引擎，发展创新型经济成为世界各国赢得竞争优势的战略选择。作为各种创新主体的人才成为引领世界创新潮流的时代英雄，从苹果的乔布斯到海尔的张瑞敏，从 Facebook 的扎克伯格到阿里巴巴的马云，人才在创新型经济发展中的重要地位和巨大作用日益显现。

◀ 世界经济增长的强大引擎

创新在经济中的作用，最早由美籍奥地利经济学家约瑟夫·熊彼特提出。他在 1912 年出版的《经济发展理论》中首先提出了技术创新的概念。熊彼特是较早把创新与生产直接联系起来的经济学家，而且对创新与生产之间的关系做了深刻的剖析。他认为，技术创新就是企业家抓住市场机会重新组合生产要素的过程。熊彼特明确指出了创新和技术进步是经济系统的内生变量，强调创新对经济发展的决定作用。

为什么今天创新成为经济增长的引擎？这主要是经济社会发展到新的阶段的必然结果。美国学者迈克尔·波特认为，经济发展具有阶段性，在不同的发展阶段，驱动经济增长的力量是不一样的。国家竞争优势的发展可分为四个阶段，即要素驱动阶段、投资驱动阶段、创新驱动阶段和财富驱动阶段。随着世界进入知识经济和信息化时代，靠资源、资本、劳动力实现增长越来越不能持续持久，唯有通过知识和技术创新才能解

知识连线

什么是创新？

"创新"一词，英文为 Innovation。该词起源于拉丁语，原意有三层含义：第一层为更新，第二层为创造新的东西，第三层则为改变。从根本上讲，创新是一种具有新颖性和价值性的实践活动。在一般意义上，指突破惯常的思维方式、生产方式、生活方式、组织方式，运用新的思维、知识、方法解决问题、获得新的结果和产品的活动。在心理学上，它强调的是思维方式；在经济学上，它强调的是生产要素的新组合；在技术上，是指发现和发明。

相关链接

韩国科技投入增长表

年份	研发投入	占 GDP 的比例
1962	21 亿韩元	0.28%
1980	3.2 亿美元	0.56%
2007	31.3 万亿韩元	3.47%
2010	43.8 万亿韩元	3.74%

注：根据曹峰旗《韩国创新型国家建设中的政府
作用与启示》编制此表。

决诸多发展"瓶颈"与资源制约问题，带动新技术产业发展，实现产业结构的飞跃，最终实现持久的超常规的增长。

当今世界，典型的创新型国家的发展具有一定的普遍借鉴意义。一是依靠创新实现经济跨越式发展。如北欧的芬兰，是一个只有 520 万人口、自然条件也不优越的小国。但 20 世纪 80 年代以来，芬兰通过创新实现跨越式发展，一跃成为世界上最富裕、最具有竞争力的创新型国家之一。根据世界经济论坛每年的《全球竞争力报告》排名，芬兰在 2001—2005 年的 5 年间，除了 2002 年稍落后于美国位居第二之外，其他 4 年都名列榜首，被认为是全球最具竞争力的国家。芬兰实现跨越式发展的关键是进行人才资源开发和技术创新。芬兰每千名居民的发表物由 1990 年的 0.8 件上升为 2001 年的 1.44 件，高于美国和日本，排在世界前三名；2000 年芬兰互联网普及率为 48%，仅次于美国，居世界第二位；每万名劳动力中研究人员的数量由 1987 年的 41 人增加到 2000 年的 100.3 人。芬兰的企业已经成为技术创新的主体，其 R&D 支出占整个国家 R&D 支出的比重由 1991 年的 57% 上升到 2000 年的 71%。韩国也是通过创新而迅速发展的国家。20 世纪 60 年代韩国还是一穷二白的农业国家，而 40 年后的韩国已经成为当今世界一支重要的经济力量。1962 年韩国人均 GDP 只有 87 美元，与中国几乎处于同一起跑线，但当中国人均 GDP 突破 1000 美元大关之际，韩国的人均 GDP 已达 14000 美元。韩国发展奇迹的根本原因是卓有成效的创新国家建设。

二是依靠创新保持长期的经济增长。美国一直是经济强国，1961—1969 年 GDP 年均增长 4.27%，80 年代年均增长 3.54%，90

年代年均增长 3.09%。2002—2005 年，美国 GDP 实际年增长率平均为 3.0%，高于发达国家 2.3% 的平均增长率。美国的持续增长，探其究竟，是与 80 年代开始的美国经济的结构性调整分不开的。其间，高科技产业长足发展，传统产业也得到了有效改造，国际竞争力显著增强，再加上政策的有效实施，赢来了美国经济的繁荣。经济结构的调整促进了以信息业为核心的高新技术产业的蓬勃发展并取得

> ### 知识连线
>
> **什么是知识经济？**
>
> 1996 年，世界经合组织发表了题为《以知识为基础的经济》的报告。该报告将知识经济定义为建立在知识和信息的生产、分配和使用基础上的经济。其核心是知识生产，本质是创造性的脑力劳动。从经济本源角度考察，知识经济具有"脑力劳动者是劳动主体、创造性脑力劳动是核心动力、智力资源是主要资源"三个本质特征。

了领先于全球的优势。1995—1998 年，信息产业对美国实际经济增长的贡献率已达 33%。高新技术的广泛应用以及高技术本身的产业化使劳动生产率大幅度提高。目前，美国制造业的劳动生产率比日本和欧洲高出约 20 个百分点，服务业则高出 30%—50%。长期支撑美国经济增长的原因很多，其中一个不容忽视的重要原因，就是持续的技术创新不断提升美国经济的竞争力。

赢得竞争优势的战略选择

创新型经济是全球经济发展的未来趋势，也是进入新世纪世界各国竞争的战略制高点。自从英国政府 1998 年正式提出"创新驱动型经济"这个概念以来，发展创新型经济已经成为各个国家优先考虑的战略目标。

创新型经济将创新和技术进步视为经济系统的内生变量，具备以下一些新的特征：第一，创新已经从驱动经济增长的一种要素发展成

为经济发展的核心，并扩散到整个经济体系，从而改变了经济增长方式和发展模式。第二，知识和人才是创新型经济最重要的两个支撑要素。知识是创新的源泉，人才是创新的主体，创新就是二者的有机结合。第三，创新型经济具有极高的附加值，是一个产业发展的"引擎"。创新型经济在技术、知识产权、专利制度、金融服务等发展条件的支撑下，以居于价值链高端的地位渗透所有产业，决定生产过程的利润分配，引导和推动整个社会的创新。第四，科技创新和产业创新结合，形成具有自主创新能力的现代产业体系。创新型经济包含的专业领域很广，它和高科技产业、创意产业及文化艺术产业等有广泛的联系。创新型经济具有产业集群的特征。创新型经济的发展并不仅仅是个人和单个企业的行为，而且需要企业的地理集聚。随着各种新兴科学技术的出现以及人们对创意产品要求的提升，创新型经济内部分工也更趋精细化，往往需要各种硬件和软件的支持，同时需要各个层面、不同人才协同配合才能完成。为了获得规模经济，集群内不同类型企业共生互补，这是创新型经济集群的共同特征。

进入 21 世纪特别是世界金融危机后，主要发达国家将发展创新型经济作为克服危机，参与科技、产业和综合国力竞争的战略制高点。早在新世纪之初，美国布什政府 2006 年就发布《美国竞争力计划》，提出"在创新中领导世界"。奥巴马政府重视教育的发展和创新的驱动，推动科技创新，2009 年 9 月出台的《美国创新战略》，强调要对创新基本要素投资，以创新为利器，推动美国经济长期持续增长。欧盟于 2010 年 3 月制定了《欧洲

知识连线

什么是创新型经济？

所谓创新型经济，是主要以科技、管理创新驱动的经济发展形态。具体地说，创新型经济是指体现资源节约和环境友好的要求，以知识和人才为依托，以创新为主要推动力，以发展拥有自主知识产权的新技术和新产品为着力点，以创新产业为标志的经济。它是以现代科学技术为核心，以知识的生产、存储、分配和消费为最重要因素的可持续发展的经济。

相关链接

英国发展创新型经济的"10年10项计划"
1. 提高英国研发总投资占GDP的比重;
2. 提高政府对研发的公共投资和科研预算占GDP的比重;
3. 保持双重资助体系;
4. 吸引和留住世界最高水平的科研人员,构建科研优势;
5. 在科学、技术、工程和数学领域培养更多优秀的大学生和研究生;
6. 扩大研究理事会间的交流、与其他部门的共同研究、与国外著名研究机构的合作;
7. 对关键战略研究能力及项目进行持续、可预测的长期资助;
8. 采取战略措施保护英国在重要而薄弱领域的研究能力;
9. 提升对政策制定方面社会科学重要性和影响力的认识,英国要在行为科学、宏观经济学等主要领域成为世界的领头羊;
10. 保持大学和慈善团体、产业界相互合作的动力,引导科研成果转化成新产品和服务。

2020战略》,提出了三大战略重点,即以知识和创新为基础的智慧增长,以提高资源利用效率、发展绿色经济、强化竞争力为内容的可持续增长,以提高就业率和消除贫困为目标的包容性增长,强调知识创造和创新是未来经济增长的推动力。2012年,普京强调,为保证经济的高效发展和提高国家总体竞争力,俄罗斯必须大规模实施创新,推动技术改造升级,实现企业现代化。普京提出,未来俄罗斯应至少在几个领域成为先进技术的拥有者,重返技术强国之位。未来俄罗斯应该大力发展以下领域科学技术:制药业、复合材料、非金属材料、航空工业、信息技术和纳米技术,继续保持核技术和航天领域的传统技术优势。

在创新成为经济发展主要动力、发达国家都在大力发展创新型经济的背景下,我们必须加快转变经济发展方式,实施创新驱动发展战略,推动经济发展迈入创新型经济阶段。

首先,发展创新型经济是我国经济发展到新的阶段的必然选择。经过30多年改革开放,我国经济得到了很大的发展。但传统的产业结构失衡、投资和消费结构不合理,以加工贸易为主、以牺牲环境和资源为巨大代价的经济发展模式已难以为继。如果不及时向创新型经济转型，未来我国经济发展将失去后劲，甚至有可能陷入经济衰退的困境。经过 2008 年世界金融危机后，世界也正在经历新的科技革命和产业调整。从历史上看，每次危机后都会发生科技革命与产业调整，以寻找新的经济增长点，使经济走出困局。目前，以绿色产业、信息技术、循环经济等为特征的科技创新与产业调整成为各国经济发展的共同趋势。这为我国加快转变经济发展方式、大力发展创新型经济提供了难得的机遇。

其次，发展创新型经济是摆脱环境污染和资源约束的根本途径。长期以来我国经济发展是依靠低廉的劳动力和以环境污染为代价的经济增长方式，这种方式在我国经济发展的初始阶段起到了很大的作用，但这种方式的代价越来越大、破坏越来越严重、条件越来越不具备，必须要找出一条适合我国国情的、可持续发展的道路。而减少环境污染最有效的措施就是发展创新型经济，从根本上减少经济增长对于资源的依赖以及对环境的破坏。

再次，发展创新型经济是促进我国经济健康发展的最佳抉择。金融危

相关链接

中国是全球化下的棋子还是棋盘？

在全球化竞争下，如果一个国家或企业具有绝对优势，那么它是用智慧来换取财富或利润，这种竞争力将具有不可模仿性；如果一个国家或企业用独特竞争优势去换取财富或利润，那么这种竞争力就具有难以模仿性；而如果一个国家或企业仅具有比较竞争优势，那么它用低廉劳动力去换取财富或利润，这种竞争力将很容易模仿。具有绝对竞争优势的国家或企业，他们获取的财富是绝大多数和垄断性的，而具有比较竞争优势的国家或企业获得的却是微利，甚至是没有利润。这种情形实际上是把全球竞争的趋势、焦点、规则定位在智慧的竞争上，也就是知识创造、知识产权以及人才、特别是有用的高端人才竞争上。从这一角度来看，中国在过去很多年一直处在价值链的最初阶段，也就是最低端。

——[美] 吴霁虹·桑德森（伯克利加州大学中美战略合作研究中心主任）

典型案例

深圳：从要素驱动向创新驱动转变

提到创新，必须提到华为、中兴。它们是深圳市自主创新的标杆，也是高新技术企业立足国际的翘楚。2011 年，中兴与华为一起，占据全球企业 PCT 专利申请量的头把和第三把交椅。深圳企业为何屡屡在激烈的市场竞争中拔得头筹？根源在于自主创新。著名的 4 个 90%，正是对深圳自主创新的最好描述。90%的研发机构、90%以上的研发人员、90%以上的研发投入、90%的发明专利在企业。企业根据市场需求进行研发，已经成为深圳的创新模式。据统计，2011 年，深圳全社会研发投入占 GDP 比重达 3.66%，比全国 2010 年的平均比重高出两倍还多。

机爆发后，贸易保护政策越来越突出，西方发达国家借口贸易逆差过大、贸易政策不公平等原因，设置种种贸易壁垒，使我国对外贸易损失惨重，严重影响到我国企业的利益。截至 2009 年年底，共有 19 个国家和地区对我国发起"两反两保"贸易救济调查 103 起，其中反倾销 67 起，反补贴 13 起，保障措施 16 起，特保 7 起。我国出口的商品主要以加工产品为主，技术含量低，附加值也低，反而受到无端的指责和抵制。为了彻底改变被动局面，必须向创新型经济转型，提高产品的技术含量和附加值，通过创新带动技术发展和产业链升级，摆脱目前的困境。

◀ 创新驱动发展以人才为本

2012 年 7 月，胡锦涛在全国科技创新大会上强调指出："必须把创新驱动发展作为面向未来的一项重大战略，一以贯之、长期坚持，推动科技实力、经济实力、综合国力实现新的重大跨越。""要坚持把创新驱动发展战略贯彻到现代化建设整个进程中，

经典语录

实现创新驱动发展，人才为本。

——胡锦涛

激发全社会创造活力，让建设创新型国家成为全社会共同行动。"创新驱动发展已上升为国家战略。实现创新驱动发展，必须以人才为本。

为什么创新驱动发展要坚持人才为本？首先，人才是创新的主体。创新的产生，无疑需要平台的搭建、政策的激励、经费的支持，但没有人才，创新是无从产生的。人是能动的因素，外部的条件和因素都只有靠人才来整合、利用，才能发挥功能。其次，人才是创新驱动的动力源。创新很多情况下是思想、理论、知识、技术方案等形态，要实现创新驱动发展，必须把思想变成行动，把理论变成实践，把知识变成技术，把技术方案变成产品，这些都需要依靠技术人才、管理人才、生产人才、

典型案例

人才是创新型经济发展重要推动力

施正荣，是中国太阳能光伏产业的领军人物。他留学于澳大利亚新南威尔士大学，师从国际太阳能电池权威、2002年诺贝尔环境奖得主马丁·格林教授。2000年，他带着多晶硅薄膜太阳能电池技术回国创办无锡尚德太阳能电力有限公司，2005年无锡尚德在美国纽交所上市，跻身全球光伏电池制造企业前三强，中国也一跃成为光伏产业最大生产国。2007年，他被美国《时代》周刊评为全球环保英雄。可见，一个创新型人才能够带动一个地区新兴产业的发展。

策划人才、商业人才等来实现。再次，人才是创新最核心的关键。人才是创新的主体，也是创新的关键。创新资源、资金条件固然重要，但只是外部条件。创新最关键是人的创新思维、创造想象、创新理念，这些是最难产生的，也是创新的核心过程。所以创新驱动发展必须坚持以人才为本。最后，创新具有突破性、超常规性，能够实现超常规高速度发展。每一次的科技革命，都给处于科技中心的国家迅速带来产业革命和生产力飞速发展。在进入创新型经济时代的背景下，更需要人才引领创新，创新驱动发展。

坚持人才为本，关键是要建设高层次创新型科技人才队伍，驱动

科技创新与产业发展。创新驱动发展，主要表现为通过科技创新促进战略性新兴产业的发展。高新技术产业发展需要高层次创新人才带动。高层次创新人才是指富有远大抱负和创新精神、在所从事的科技领域具有精湛的学术造诣或掌握前沿核心技术、在科技创新创业活动中作出突出贡献的人才。目前，我国的高层次创新人才严重不足，成为制约我国发展创新型经济的"瓶颈"。必须加大以科技创新领军人才和企业家为重点的创新型人才培养和引进力度，为发展战略性新兴产业提供有力的人才保证。

坚持人才为本，还要加强理论人才、管理人才、文化人才等队伍建设，推动思想文化、社会管理、组织管理等方面的创新发展。胡锦涛在全国科技创新大会上强调，加快推进创新型国家建设，必须大力推进理论创新、制度创新、科技创新、文化创新以及其他各方面创新，让一切创新活力竞相迸发，让一切智慧源泉充分涌流。社会要全面协调发展，创新也应是多方面的。不仅包含着科技创新，也包含着理论创新、组织创新、管理创新、社会创新、文化创新等诸多创新。思想理论方面，有许多新问题、新情况、新课题，需要研究和突破；社会管理方面，有大量民生问题诸如就业难、上好学校难、看名医难、抑房价难等问题，需要深入探究和解决；组织管理方面，同样存在分工不明、体制不顺、

知识连线

战略性新兴产业及目标

战略性新兴产业，是以重大技术突破和重大发展需求为基础，对经济社会全局和长远发展具有重大引领带动作用，知识技术密集，物质资源消耗少，成长潜力大，综合效益好的先导产业。2010年《政府工作报告》中提出了发展新能源产业、新材料产业、新一代信息网络技术产业（软件产业、互联网及物联网产业）、生物医药产业、节能环保产业、高端装备制造业、新能源机车等新兴产业。到2020年，战略性新兴产业附加值占国内生产总值比重达到15%。

——《"十二五"国家战略性新兴产业发展规划》

典型案例

湖北：发挥创新优势驱动发展

　　120多所高校、1500多家科研开发机构、132万名研发人员，高层次科技人才高居全国前列、中部之首。作为科教大省，湖北省最大的资源是创新资源，最大的优势是创新优势，最大的潜力是创新潜力。近年来，湖北致力将科教优势转化为创新资源，释放出巨大的创新能量。东湖国家自主创新示范区成为全省最具发展活力的园区，连续5年每年申请专利同比增长70%，过去3年增加的博士人数超过前20年的总和。这里已成为全国领先的光电子信息产业基地，GDP占武汉市的一半、全省的17%。湖北优势主导产业也在科技创新、转型升级中加速成长，9大产业产值相继跨过千亿元门槛，汽车、钢铁、食品、石化突破3000亿元，跨越式发展形成多点支撑。

协调困难、层次过多等弊端，需要大胆创新，破旧立新，建立更加高效精简的体制和运行机制。这些方面的创新往往更难，因为它涉及思想观念、文化心理和各方面利益，掣肘更多，突破更难，更需要有一大批具有创新勇气、创新思路和创新能力的人才。

三　科学发展第一资源

经典语录

在知识创新、科技创新、产业创新不断加速的时代条件下，人才资源已成为最重要的战略资源，综合国力竞争说到底就是人才竞争。谁拥有了人才优势，谁就拥有了竞争优势。谁能把人才优势转化为知识优势、科技优势、产业优势，谁就能够赢得竞争的主动权。

——胡锦涛

人才资源是最可依赖、最可持续、最具潜力的战略性资源，是现代经济增长的核心资源，是科学发展的第一资源。第一资源和战略资源论充分说明了人才资源在发展中的重要地位和作用。牢固树立人才是科学发展第一资源的理念，关键是要把人才资源开发摆在第一位，充分发挥人才在经济社会发展中的基础性、战略性、决定性作用。

1.国家发展的战略性资源

人才是最重要的战略性资源

国家发展所需要的资源，可分为一般性资源和战略性资源。一般性资源是易获得的、影响和作用一般的资源；战略性资源则是稀

典型案例

中国航天事业的奠基人：钱学森

1955 年 10 月，经过周恩来总理在与美国外交谈判上的不断努力，世界知名的空气动力学家钱学森终于冲破重重阻力回到了祖国。自 1958 年 4 月起，他长期担任火箭导弹和航天器研制的技术领导职务，为中国火箭、导弹和航天事业的发展作出了不可磨灭的贡献，被誉为"中国航天之父"、"中国导弹之父"、"火箭之王"、"中国自动化控制之父"。他是 20 世纪众多学科领域的科学群星中极少数的巨星之一，也是为新中国的成长作出无可估量贡献的老一辈科学家团体之中，影响最大、功勋最为卓著的杰出代表人物。

缺的、不易获得的、对国计民生与国家安全和核心利益等有重大影响的资源。显然，战略性资源十分重要。战略性资源缺乏，必将影响到国家安全、经济发展和竞争优势。战略性资源包括物质资源和人力资源。通常认为，矿产资源、石油资源、钢铁、煤炭、水资源、土地资源、粮食资源等都是重要的物质战略资源。如石油、钢铁、煤炭、橡胶是四大工业原料资源，对国家的工业经济发展影响很大。人力资源是世间最可宝贵的资源，因为人有智力、情感、思维，是可以开发其他资源的创造性资源。在人力资源中，人才特别是创新人才又是更为稀缺的战略性资源。江泽民说："在社会的各种资源中，人才是最宝贵最重要的资源。"① 那些掌握着先进的前沿科学技术的科学家，具有原创性和广泛影响的思想家、文学艺术家，具有经营管理才华的企业家等，对国家最尖端技术和重要领域的发展起着举足轻重的作用。最典型的是著名科学家钱学森。他从美国回国时，因其参与过美国军方的研究而受到百般阻挠，美国海军部副部长金贝尔说，钱学森太有价值了，在任何情况下都抵得上 3—5 个师的兵力，我宁可毙了他也不能放他回共产党中国。

人才是最可依赖的战略性资源。这是因为人才具有高素质、专业

---

① 江泽民：《论科学技术》，中央文献出版社 2001 年版，第 77 页。

全国及各地区的人才资源状况（2010 年）

地 区	人才资源总量（万人）	每万劳动力中研发人员（人年/万人）	高技能人才占技能劳动者比例（%）	主要劳动年龄人口受过高等教育的比例（%）	人力资本投资		人才贡献率（%）
					总量（亿元）	占GDP比例（%）	
全国总计	12165.2	33.6	25.6	12.5	47328.3	12.0	26.6
北京	290.8	147.0	26.3	37.7	2367.3	18.4	35.8
天津	171.1	112.8	25.6	21.3	888.0	9.8	27.6
河北	462.1	16.4	25.0	10.4	1725.4	9.3	20.0
山西	261.7	27.8	25.3	12.4	1103.1	13.5	11.4
内蒙古	185.2	20.9	20.9	13.6	944.0	10.2	13.9
辽宁	362.2	37.8	19.3	15.5	1921.7	11.8	19.6
吉林	191.3	36.3	26.2	12.6	913.4	11.3	16.4
黑龙江	245.3	35.5	25.0	11.6	1334.3	12.6	15.0
上海	425.2	145.9	20.0	26.6	2011.7	12.5	36.7
江苏	797.6	66.7	16.7	14.5	3656.6	9.7	31.3
浙江	752.1	56.0	16.1	12.6	2808.4	11.1	29.9
安徽	343.0	16.7	23.8	9.8	1627.5	15.0	10.9
福建	356.8	35.2	21.5	11.4	1153.8	9.8	25.7
江西	292.2	15.1	20.3	9.6	999.8	12.3	15.5
山东	818.9	33.7	26.7	12.3	3125.8	8.5	20.9
河南	551.5	16.8	24.5	9.8	2678.0	12.8	11.2
湖北	417.1	31.4	26.0	12.7	1579.4	11.2	16.4
湖南	432.6	18.1	25.3	10.5	1805.5	13.0	14.1
广东	1018.1	59.7	19.2	12.2	3522.9	8.3	30.2
广西	275.8	11.5	16.0	9.4	1008.0	12.0	8.6
海南	45.9	11.0	12.3	11.3	253.7	14.7	11.9
重庆	242.4	19.4	26.5	12.8	1013.2	13.1	19.9
四川	437.6	16.3	25.0	10.0	2307.6	15.0	16.0
贵州	148.0	6.3	19.4	9.0	740.8	19.6	7.6
云南	264.0	8.0	18.6	8.7	975.2	14.2	6.7
西藏	22.3	7.2	20.0	8.7	83.2	15.5	5.8
陕西	275.6	37.5	24.5	14.5	1461.8	17.7	11.2
甘肃	151.4	15.1	21.3	11.4	707.1	19.4	6.5
青海	33.0	16.5	13.5	12.9	212.5	18.4	6.1
宁夏	45.5	19.6	14.1	14.1	218.1	17.2	8.9
新疆	150.5	16.9	19.6	15.7	715.1	15.6	7.9
其他	1698.4		44.5				

注：本数据没有统计港澳台地区。其中，"其他"包括中央和国家机关各部委、中央企事业单位和新疆生产建设兵团下属企事业单位等。

资料来源：《中国人才资源统计报告2010》。

性、创造性，也有高度的自主性和自我实现的动力，不像物质资源具有有限性、被动性。我国是资源大国，是全球第三大矿业国，部分资源总量位居世界前列，但却是人均资源小国。我国是人口大国，要想把人口大国变成人才资源强国，则必须在人才资源上拥有绝对的战略优势。

人才是最可持续的战略性资源。物质资源中有可再生的、不可再生的资源。不可再生的资源在一定的时间内可以耗尽，需要寻找其他替代资源。人才资源则不同，是可再生的，"江山代有才人出，各领风骚数百年"。通过对一代代人的教育培养，人才资源可以一代代涌现。不仅如此，人才具有巨大的潜能，是可持续开发的，可以在使用中开发，可以在培训中开发，可以在激励中开发，使人才的能力素质不断提升，由一般人才转化为高素质人才。

人才是最具潜力的战略性资源。人才既具有突出的知识、技术和技能等创造性素质，可以创造财富、创造价值；又存在着巨大的多方面潜能，可以不断开发、不断提升。人的潜能包括生理潜能、智力潜能、人格潜能。人的潜能阈值通过世界上一些最高水平的人表现出来，反映了一定时期人们可达到的极限水平，诸如人们可以承受的耐饿、耐渴、耐热、耐冷的极限水平，超常记忆的水平，信息处理的水平，卓越创造性的水平，精神境界等。不断开发人才的潜能，就能够使之不断创造新的价值，作出更大的贡献。

人才资源是现代经济增长的核心资源

人类社会发展不同时期，经济增长所依赖的资源是不同的。传统经济增长主要依赖于自然资源、物质资源，而现代经济增长主要依赖于劳动生产率的提高和科技进步。从现代经济增长的来源上看，科技创新带动的全要素生产率增长，以及教育发展带动的人力资本存量增长是支撑全球经济黄金增长期的重要因素。据有关专家估计，在2000—2030年间，全球经济增长中大约有一半来源于全要素生产率的提高。全要素生产率的提高主要得益于产业结构调整、技术进步和国际经济一体化。无论是劳动生产率提高，还是科技进步，人才资源

全球经济增长及其来源（1990—2030）

单位：%

年 份	1990—2010	2010—2030	1990—2030
GDP	3.1	3.5	3.3
资本投入	2.5	3.5	3.0
劳动投入	1.7	0.1	0.9
人力资本投入	1.2	1.2	1.2
全要素生产率	1.2	1.7	1.5

其中，资本投入权重为0.4，劳动投入权重为0.3，人力资本投入权重为0.3。本表数据为作者估计。

资料来源：胡鞍钢等：《2030中国：迈向共同富裕》。

是最核心的因素。人才资源成为现代经济增长的核心资源。

首先，现代经济增长以人力资本为源泉。传统经济理论认为，土地、资本、劳动是经济增长的源泉。而实践告诉我们，除了物质资本积累和劳动量增加外，人力资本是经济增长最重要的因素，人力资本的积累速度比物质资本积累速度更快，人力资本投资收益率也更大。诺贝尔经济学奖获得者、美国经济学家舒尔茨的研究发现，从1919年到1957年，美国38年中的生产总值增长额中49%是人力资本投资的结果。经济学家萨卡洛普洛斯分析了61个国家的人力资本投资状况，发现发展中国家在20世纪60年代，物资资本投资收益率为15%，人力资本收益率为20%。到了80年代，罗默、卢卡斯等人进一步分析了提高人力资本质量对经济增长的推动作用。特别是卢卡斯模型揭示了人力资本增值越快，则部门经济产出越快，研究进一步发现"专业化的人力资本"的

经济体只有追求正确的最终目的才有意义：一个经济体系应满足人们最基本的需求，同时还应体现人类尊严、非暴力活动和创新性劳动的社会价值。

——［印度］穆罕达斯·甘地

积累才是经济增长的真正源泉，正是由于各国在人力资本方面的差异，才导致各国经济增长的差异，而这种"专业化的人力资本"正是我们所说的人才资源。

其次，现代经济增长以人的发展为中心。传统经济增长关注的是物质财富的积累，忽视人的发展。现代经济增长理论则认为，以人的全面发展为根本内容的生产力发展，才是经济增长的本质。在现代经济增长中，不仅人作为主体的中心地位和作用更加突出，是经济增长的动力、起点和归宿，而且所有经济活动和经济增长过程，都是人作为主体为满足自身的生存、享受和发展而进行的创造性活动。因此，这就必然决定了人才资源是现代经济增长的核心资源。

其三，现代经济增长以可持续发展为目标。21 世纪是知识经济与可持续发展的新时代，人才资源在可持续发展中是第一位的资源。这是因为，在自然资源、物质资源和人力资源三大经济资源中，人力资源是最宝贵、最重要的资源，它具有能动性、再生性和智力性的特征，不仅能开发自然资源，而且能创造出新的物质资源，是实现可持续发展的根本保证。在自然资源几近耗竭、环境危机日益加剧、经济渐趋"增长的极限"的当今世界，以人力资源开发为依托的创新型经济所展示出来的可持续发展，预示着人类社会发展的方向，即从自然资源开发为主转向以人力资源开发为主，把人才资源作为经济增长的核心资源。

知识连线

全要素生产率

全要素生产率（Total Factor Productivity）最早是由美国经济学家罗伯特·索罗（Robert M.Solow）提出，是衡量单位总投入的总产量的生产率指标。全要素生产率的增长率常常被视为科技进步的指标。全要素生产率的来源包括技术进步、组织创新、专业化和生产创新等。产出增长率超出要素投入增长率的部分为全要素生产率增长率。全要素生产率是宏观经济学的重要概念，也是分析经济增长源泉的重要工具，尤其是政府制定长期可持续增长政策的重要依据。

人才资本是科学发展第一资本

科学发展是创新发展、转型发展、绿色发展、和谐发展。人才资源是科学发展第一资源，人才资本是科学发展第一资本。从一定意义上讲，科学发展对人才素质能力提出了更高的要求，不仅需要引领科技创新的高层次创新型人才，而且需要高素质的应用型人才，尤其是高技能人才和高素质的劳动者，对产业结构优化升级具有重要推动作用。因此，必须加快把人才资源转化为人才资本，提高人才队伍的整体素质，依靠高素质人才引领和支撑科学发展。

创新发展迫切需要高层次科技领军人才、战略企业家和高技能人才。创新驱动发展是实现科学发展的关键所在。我国自主创新能力不强、产业低端化、核心技术受制于人，其根源在于创新型人才特别是高层次创新型人才严重匮乏。推动创新驱动发展，既要重视高层次科技领军人才和科技创新团队的培养开发，也要重视战略企业家、科技企业家和创业企业家的培养开发，还要重视高技能人才的培养开发。在一定程度上，后两类人才的培养开发显得尤为紧迫。建设创新型国家，关键是要推动企业成为技术创新主体，企业能否成为技术创新主体，关键取决于企业家的创新素质。推动产业高端化、提高自主创新能力，离不开高素质产业工人尤其是高技能人才。

转型发展迫切需要产业领军人才、高技术专业人才和管理人才。大力发展战略性新兴产业是经济结构调整、产业结构优化升级的战略重点，但目前战略性新兴产业发展迟缓的一个重要原因是人才结构性短缺的制约。据有关资料显示：高校培养的人才已经不能满足高新技术产业的快速发展，特别是电子、通信、计算机领域异常迅速发展的需要。我国培养的 3G（第三代移动通信技术）核心人才不足万人，而市场急需 30 万—50 万人。据英才网指数统计显示，计算机及信息服务共提供 82069 个空缺职位，占当月所有空缺职位总数的 30.37%，排名第一①。推进产业结构调整，必须加快培养造就一大批高端产业领军人才、信息技术应用人才和各类专业化管理人才。

绿色发展迫切需要世界一流水平的科学家、卓越工程师和技术应用型人才。生态环境、资源能源问题是制约我国科学发展的"瓶颈"因素，解决生态环境恶化、能源短缺、资源枯竭问题，既需要一大批优秀科学家开发新能源、新材料、新产品，提高能源资源利用效益，又需要一大批优秀工程师、专业技术人员按照绿色发展的要求，治理保护生态环境，推广运用节能环保技术，发展绿色经济。

和谐发展迫切需要高水平社会科学家、高级社会工作人才和文化创意人才。推进科学发展需要更加关注社会建设，关注民生问题，关注文化建设，从而更好地促进人的全面发展，使人学有所教、病有所医、老有所养、精神有所寄托。实现这些目标，需要加大人文社科人才、社会工作人才、教育卫生人才、文化产业人才培养力度。

科学发展的基本要求是促进经济社会的全面协调可持续发展，人才资源是重要支撑。一是要统筹城乡之间的协调发展。我国城乡之间发展差距大，主要原因是人才集中在大中城

相关链接

科技人力资源数量与创新能力不匹配

2010 年，我国科技人力资源总量 5700 万人，专业技术人员 2343 万人，R&D 人员 255 万人年，居世界第一，但创新能力明显不足，在 57 个主要国家中仅居第 27 位。中国在国际的专利申请水平仍然较低，只有 5.6% 的发明通过在国际提交全球专利申请实现了保护，远不及美国（48.8%）和日本（38.7%）。

---

① 孙天泽：《市场与高校的缺口：嵌入式人才与培训》，载《程序员》2006 年第 7 期。

市，农村人才奇缺。要通过发展现代农业，丰富农村文化，加强农村劳动力转移培训和职业技术培训，壮大农村实用人才队伍。二是要统筹区域之间的协调发展。我国东部沿海地区发展快，中西部相对落后，原因之一是

工程师合格率比较

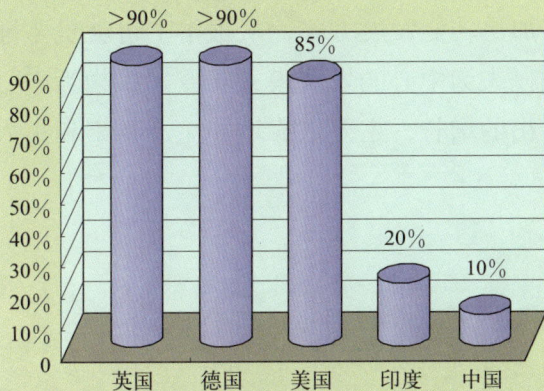

>90%　>90%　85%　　20%　10%

英国　德国　美国　印度　中国

2003—2008 年各国培养的工程师合格率

资料来源：麦肯锡 2010 年度美国企业竞争力报告。

人才资源的地域分布不平衡。要通过实施中部崛起战略和西部大开发战略，加大中部和西部人才开发工作力度，以人才大开发促进中部崛起和西部大开发。

2. 转变经济发展方式的动力源泉

加快经济发展方式转变是深入贯彻落实科学发展观的重要目标和战略举措。实现这个目标，必须坚定不移地发挥人才第一资源的作用，推动经济发展方式由主要依靠物质资源消耗向依靠科技进步、劳动者素质提高、管理创新转变。

三　科学发展第一资源

从以物为中心向以人为中心转变

加快转变发展方式，从根本上讲就是要推动以物为中心的发展模式向以人为中心的发展模式转变。以物为中心的发展模式，是单纯追求产出的增长，主要依靠增加生产要素和扩大生产规模来实现。它把物质生产的高速度、物质财富的高积累以及物质生活的高消费放在核心地位，极易导致环境污染、资源浪费和生产的低效益。同时这种发展模式以效率为中心，以物质财富的增长为目的，忽略人作为经济增长的目的及主体地位。实践证明，这种发展模式已经走到尽头，难以为继。

相关链接

发展的目的不仅在于增加人的商品消费数量，而且更重要在于使人们获得能力。

——［印度］阿马蒂亚·森（1998年诺贝尔经济学奖获得者）

"以人为中心"的经济发展模式，是将人的全面发展作为目的，同时充分发挥人的主体性、创造性。其主要特征：一是强调把促进经济社会发展与促进人的全面发展有机统一起来，把促进和实现人的全面发展作为发展的根本目的。二是强调人与自然、环境的协调发展。人的发展不仅仅包括物质生活的发展，还应包括人的精神发展、与自然环境的协调发展。三是强调通过技术进步和知识创新来实现发展。因此，推动以物为中心的发展模式向以人为中心的发展模式转变，必须牢固树立人才资源是第一资源的理念，把提高自主创新能力、建设创新型国家作为国家发展战略的核心，把人才开发作为加快转变经济发展方式的战略基点，尽快形成以科技进步和人才创新为基础的新的竞争优势。

创新发展、可持续发展依赖人才

加快转变经济发展方式，关键是要推动经济发展步入内生增长、创新驱动的可持续发展轨道。长期以来，我国国民经济的高速增长主要是建立在投资增长、规模扩大和对资源巨大消耗基础上的，依赖的是出口拉动和劳动力低成本优势。随着我国经济发展进入工业化中期，这种粗放型、靠资源消耗为主的经济增长方式日益面临环境、资源、能源的约束和人口的压力。

从资源约束来看，我国自然资源和物质资源的人均占有量均低于世界平均水平，如人均耕地、森林资源、草地面积和淡水资源分别仅为世界平均水平的43%、14%、33%和25%，而且分布很不均衡。煤、石油、铁矿石、铜等重要矿产资源的人均占有量仅分别相当于世界人均水平的67%、6%、50%和25%。2009年，我国消耗了世界上46%的钢铁、45%的煤炭、48%的水泥和10%的油气，但是只创造了世界8%的GDP。2009年，中国单位GDP能耗是世界平均水平的3—4倍，是日本的6倍，印度的1.6倍。

从环境代价来看，我国酸雨面积达30%—40%，荒漠化、沙漠化面积占三分之一，80%的河流以及一半以上的城市地下浅层水受到不同程度污染。世界银行报告显示，全球空气污染最严重的20个城市中，16个在中国。国际能源机构指出，中国已经成为世界主要碳排放国，每年的碳排量超过60亿吨。中国环境科学研究院的一项研究表明，我国每年的GDP增长中有3.4%是以牺牲环境为代价获得的。

从人口压力来看，未来10年，我国人口老龄化、低生育率趋势进一步加剧，未

相关链接

创意与人才将比传统的生产要素例如劳动力和资本，更快地成为可持续发展的强大动力。

——联合国开发计划署《人类发展报告》（2009年）

富先老的人口结构性矛盾更加突出，劳动力低成本优势明显减弱。据有关专家预测，曾对我国经济增长作出突出贡献的"人口红利"到2013年将出现"拐点"。

要使中国的经济增长具有可持续的动力，就必须尽快将我国经济转到依靠创新驱动的内生增长轨道上来，走创新发展之路，走可持续发展之路。实现发展方式转变，从追求增长数量到追求发展质量，从外延式简单粗放发展到内涵式集约化发展，从依靠生产要素投入到依靠科技、人才要素投入，从注重短期发展到注重可持续发展，这就需要加快培育一大批科技创新领军人才，发展现代产业体系急需的领军人才，数以千万计的专业技术人才和高技能人才，数以亿计的高素质劳动者。

转变经济发展方式关键在人才

我国实现发展方式转变的路径，主要有调整结构、制度创新、提高素质。在结构调整方面，包括产业结构、需求结构、要素结构三方面。产业结构调整是转变发展方式的主攻方向，具体路径是由主

典型案例

中国经济商业领袖：柳传志

1984年，柳传志出任联想集团总裁。20多年来，在他的领导下，联想高举民族计算机产业大旗，立足中国本土，不断研究摸索行业规律，在与国外强手的竞争中一举胜出，不仅确立了在中国市场的领先地位，而且带动了一大批民族IT企业的发展。联想集团通过并购IBM（国际商业机器公司）个人电脑业务走出国门，成为全球领先的电脑公司之一，证明了中国企业的能力，也为中国企业实现国际化积累了宝贵的经验。他还积极推动中国高科技产业化事业的发展，通过和中国科学院一起创办"联想之星"项目，以及在投资业务中复制和输出联想的经验，促进科技成果转化和科技企业管理人才的培养，帮助更多中国的科技企业实现更大的发展。2001年，他被美国《时代周刊》评选为"全球25位最有影响力的商界领袖"之一。

要依靠第二产业带动向依靠第一、二、三产业协同带动转变。扩大消费需求是转变发展方式的根本动力，具体路径是由主要依靠投资、出口拉动向依靠消费、投资、出口协调拉动转变。要素结构调整是转变发展方式的关键，具体路径是由主要依靠生产要素数量扩张带动向主要依靠科技创新、劳动者素质提高和管理创新带动转变。要素结构的调整，都离不开人才的关键作用。

人才是科技创新中最具能动性的要素。人才是新知识的创造者、新技术的发明者、新学科的创建者、新产

相关链接

美国：经济发展方式转变与管理创新

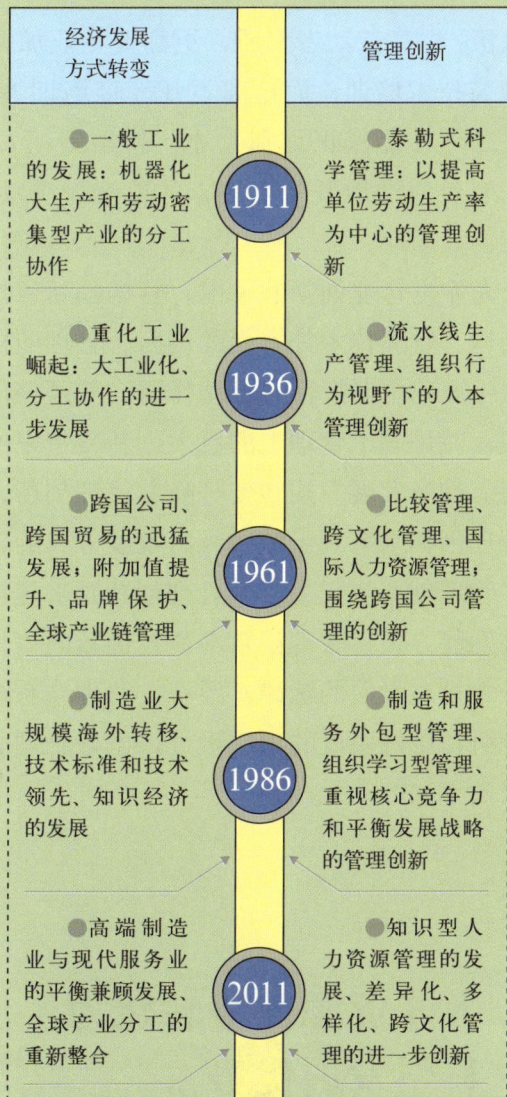

经济发展方式转变		管理创新
●一般工业的发展：机器化大生产和劳动密集型产业的分工协作	**1911**	●泰勒式科学管理：以提高单位劳动生产率为中心的管理创新
●重化工业崛起：大工业化、分工协作的进一步发展	**1936**	●流水线生产管理、组织行为视野下的人本管理创新
●跨国公司、跨国贸易的迅猛发展；附加值提升、品牌保护、全球产业链管理	**1961**	●比较管理、跨文化管理、国际人力资源管理；围绕跨国公司管理的创新
●制造业大规模海外转移、技术标准和技术领先、知识经济的发展	**1986**	●制造和服务外包型管理、组织学习型管理、重视核心竞争力和平衡发展战略的管理创新
●高端制造业与现代服务业的平衡兼顾发展、全球产业分工的重新整合	**2011**	●知识型人力资源管理的发展、差异化、多样化、跨文化管理的进一步创新

资料来源：《光明日报》2011 年 5 月 18 日。

业的带动者，是科技创新最积极的能动因素，在科技创新全过程中发挥不可替代的重要作用。科技创新需要科学帅才的引领，科技创新活动需要大批科技人员的投入。要在科学技术的研究开发中取得重大突

三　科学发展第一资源

破，必须有一大批能够掌握和驾驭高新技术的高素质科技专家。

人才在提高劳动者素质中发挥重要作用。提高劳动者素质，需要大力发展职业教育，培养一大批高水平、"双师型"的职业教育人才队伍；提高劳动者素质，更需要企业加大人力资源开发，加强企业管理与技术培训，而这离不开教育培训人才的作用。优秀的教育培训人才，才能真正识别人才、科学测评人才，才能做好职业生涯规划，有针对性地开展培训，才能激发劳动者的动力，挖掘劳动者的潜能。

人才是管理创新的关键。管理创新包括管理模式、管理流程、组织结构、管理技术等方面的创新。管理同样是生产力要素，在提高全要素生产率中发挥巨大推动作用。美国经济发展史上泰勒提出的科学管理，就是一个管理上的巨大创新，带来的是工业劳动生产率的极大提高。经济发展方式转变呼唤着管理创新，而管理创新尤其是人力资源管理创新则有利于加快经济发展方式的转变。在这样一个互动过程中，管理创新与人力资源管理创新越来越呈现出主导作用。加快转变经济发展方式，管理创新与科技创新同等重要。推进管理创新同样需要一大批高素质的法律、经济、管理、系统分析人才，做好政策的系统分析，做好制度的顶层设计，做好管理的运筹策划，提高各种资源利用效率和劳动生产率。

3. 人才资源优势转化为科学发展优势

邓小平指出："一个十亿人口的大国，教育搞上去了，人才资源的巨大优势是任何国家比不了的。有了人才优势，再加上先进的社会主义制度，我们的目标就有把握达到。"① 人才是科学发展第一资源，要促使人口红利向人才红利转变，人才资源向人才资本提升，人才生产力向现实生产力转化，从而推动人才资源优势转化为科学发展优势。

人口红利转向人才红利

所谓人口红利，是指人口处在年龄结构"中间大、两头小"的阶段，能提供充足劳动力，并带来巨大经济效益。具体说，一个国家人口结构在一段时期中劳动年龄人口比例占较大比重，劳动力资源相对丰富且抚养负担轻，劳动人口不断增加并可以有更多储蓄转化为资本，人口经济学家称之为"人口红利"，又将这样的黄金时期称为"人口红利期"，也称"人口机会窗口"。人口红利包括第一人口红利和第二人口红利，前者是劳动供给增加带来的，后者则是劳动者基于长远考虑而多储蓄，由于储蓄率高并转化为资本而带来的。

人口红利不是无限期存在的，红利期的结束被称为"刘易斯拐点"。刘易斯提出，当农村剩余劳动

知识连线

什么是人口红利？

人口红利是美国学者大卫·布鲁姆和杰弗里·威廉姆森在研究人口转变对东亚经济增长的推动作用时提出的一个词，以示人口转变期的高比例劳动年龄人口带来的经济利益。其研究表明，在 1970—1995 年间，东亚经济年均增长率约 6.1%，人口红利的贡献率在 1/4—1/3。联合国人口基金会在《1998 年世界人口状况报告》中也使用了人口红利一词。该报告认为：一些欠发达地区未来 20 年将会出现一个劳动年龄人口相对于老人和少儿临时隆起的阶段，这种人口红利向这些国家提供了机会。如果数百万拥有知识的青年自由地进入劳动力市场，为经济发展贡献全部力量，这些国家将收获人口红利的成果。

① 《邓小平文选》第三卷，人民出版社 1993 年版，第 120 页。

经济发展得益于全要素生产率的提高

根据《经济学人》2009 年的报道，综合 UBS（瑞士联合集团）与 OECD（经济合作与发展组织）数据，从 1990 年到 2008 年，中国全要素生产率年均增长 4%，同期印度为 2.6% 左右，巴西 0.3%，俄罗斯 0.2%。而据 OECD 的数据，美国、日本、德国等发达国家的全要素生产率仅 1% 左右。上述数据能够印证中国此前近 20 年的发展，主要不是因为人口大量增加，而是制度释放了劳动效率与创新能力。

力向非农产业逐步转移直至枯竭的那一刻，就是劳动力过剩向短缺的转折点，即"刘易斯拐点"。这个拐点的出现，往往就是人口红利消失的前兆。

中国的经济发展享受了人口红利。大量农村劳动力的转移，使劳动力市场供大于求，形成了廉价劳动力市场，使经济发展获得了低劳动力成本。有专家认为，我国改革开放以来，人口红利对中国经济增长的贡献率在 23.7% 或 30%。但当下我国的人口红利期即将结束，迎来一个"未富先老"、抚养比（15 岁以下及 65 岁以上依赖型人口与 16—64 岁劳动年龄人口的比率）提高的阶段。我国第六次人口普查显示，我国 60 岁以上人口占 13.26%，比 2000 年人口普查上升了 2.93%；65 岁以上人口占 8.87%，比 2000 年上升 1.91%。我国劳动年龄人口在 2009 年达到了 72.35% 的峰值，而后开始下降，预计 2030 年将下降到 67.42%。我国老龄化进程加快，预计抚养比持续下降的趋势到 2013 年停止并迅速提高，人口红利期结束。人口红利窗口关闭后，当务之急是按照转变发展方式的总思路，转向人才红利。人才红利可看做是一定历史时期国家或地区人才数量增长、人才结构优化、人才素质提高等形成的人才资源优势及其所带来的经济社会发展效益。人才数量的增长主要是通过国家重视教育发展、提高教育层次水平而实现的。我国在 1998 年实现高等教育扩大招生以来，高等教育毛入学率达到 24%，进入大众化高等教育阶段，使我国劳动力人口中大学生比例提高较快。人才结构优化是通过宏观调控和市场调节实现的。首先是行业与专业结构随着高等教育学科、专业结构的调整优化，人才结构将更加适应经济社会发展的需求结构，特别是高新技术产业人才、服务业人才的增加将产生更大的经济效益。人才素质提高主要是通过继续教育、终身教育、专业化培训来实现的。一方面表现为劳动力整体素质提升，通过大规模开展劳动力转移培训，大力发展职业教育，充分发挥企业培训主体作用，提升劳动者对产业结构、经济结构优化升级的适应性和匹配度；另一方面表现为高素质人才规模扩大，通过实施重点人才工程，引进海外高端人才，加快专业技术人才知识更新，构建网络化、自主性、开放式终身教育体系，促使高端人才和急需紧缺人才快速扩张，形成规模效应。此外，人才文化特性也是形成人才优势的重要因素，主要体现在人才的国民性和文化特质上，诸如美国人的实用主义和研究精神，德国人的理性精神，英国人的科学精神和实证主义的思维方式，使这些国家在科学技术领域、经营管理领域享受其人才优势带来的进步。中国人才同样有诸多文化特性，体现在勤劳拼搏精神、集体主义精神、整体系统思考、注重大智慧与仁爱精神、以和为贵的思想等方面，这些也能形成中国人才资源的比较优势，并将在建设和谐社会、生态文明、和谐世界的进程中发挥更大的作用。

获得人才红利，同样需要一定的条件，就像人口红利必须以充分就业为前提一样。首先，要发展教育事业，加强人才资源开发。扩大

相关链接

《英国金融时报》认为，中国缺的不是数量意义上的青壮年劳力，而是有技术含量、高素质的劳动者。中国劳动者迄今没有得到大规模的有效的专业培训，专业技术教育没有形成国策，教育资源被大量浪费在无用的评比与无聊的课程设置之中。大量的新进劳动力的职业技能都集中在中低层次，中国就业人口中具有大专及以上学历的比例仅为5%左右，发达国家普遍在40%以上，印度、巴西、印尼等发展中国家，该指标超过6%。中国的职业技术人员、高素质劳动者奇缺，劳动力成本大幅上扬。

资料来源：FT中文网，2012年6月19日。

人才资源数量，优化人才资源结构，提高人才资源质量。其次，要加大人才投资。红利含有低投入高产出的意思。人才红利不同于人口红利，在于其投入是比较高的，因为人才的培养和成长是外部条件投入与自身劳动投入的结果，无论是外部条件投入还是自身劳动投入都是较高的，正如俗话说的"一分耕耘一分收获"。最后，要提高人才产出效益，促使人才资源优化配置，充分发挥人才的作用，提高人才贡献率，使之产生最大经济社会效益。如果高投入不能带来高产出，则不能产生人才红利。

人才资源向人才资本提升

经典语录

21世纪的中国应该成为人人皆学之邦。形成全民学习、终身学习的学习型社会，促进人的全面发展。

——江泽民

人才资源是个数量概念，代表一定量的个体，而人才资本是个质量概念，指人才的能力、创造力等素质。人才资本是有潜力的，在使用的过程中存在一个不断积累、不断增值的过程，是需要提升也是可以提升的。

人才资本需要不断提升。今天的世界科技飞速发展，社会日新月异，知识不断更新，一切都在变化，唯一不变的仍然是"变化"。罗马俱乐部早在20世纪70年代就提出："不学习即死亡"。学习的速度赶不上变化的速度，无论是组织还是个人，就存在被淘汰的危险。"半部《论语》治天下"、"一次上学管终身"的时代早已成为历史。因此，必须建设学习型社会，从政党、政府到城市、社区，从组织、学校到家庭、个人，都要向"学习型"转变。人才资本是存在于人才身上的知识、智力、创造性。"不用则废，不进则退。"在经济社会高速发展的背景下，人才资本同样存在退化、贬值的危险，需要不断提升、增值。

人才资本是可以提升的。人才具有较强的发展动机，有较强烈的自我实现、为社会做贡献的愿望，有较强烈的求知欲，学习往往成为他们的一种习惯，在继续教育和培训学习方面具有强烈动机。同时，由于人才具有比较扎实的专业知识和技能，具有较强的学习能力、理解能力和思考能力，所以他们在面对新的知识、新的技术、新的方法时，能够比较容易地吸纳和掌握。

如何提升人才资本？在国家层面，要完善继续教育的体系和制度。制定各行业人才的继续教育法律与规划，明确继续教育的周期、时间、目的、内容、方式和要求；建立健全各行业继续教育的培训机构，加强培训机构的基础设施、师资队伍、实践基地、网络平台及网络资源等方面建设，增强培训的服务能力；增加继续教育的经费投入，提高经费投入的使用效益。

在组织层面，要认真组织落实员工的继续教育，提高员工的工作能力和创造能力。要加强岗位培训，增加培训投入，完善培训机制。企业可以举办企业大学，机关可以组织党校或干部学院，对不同岗位、不同层次人才设计培训内容，分批定期举行培训。重视人才的职业生涯规划设计，根据组织发展战略，结合人才发展需要，设计培训内容，创新培训方式，提高培训的针对性和实效性。

在个人层面，要积极做好个人发展诊断与规划，有效提高适应性素质或胜任力，积累提升人才资本。借助组织和专门人力资源服务专家的帮助，通过心理测试、工作记录、作品分

相关链接

青年受教育水平提高将有助于中国未来几十年保持较快增长

相对于 10 年前，我国农村地区 21—29 岁男女青年的平均受教育年限分别增长了 2 年和 2.6 年。而在城市地区，21—29 岁男女青年的平均受教育年限都达到 11 年。国家中长期教育改革和发展规划纲要提出，到 2020 年在农村地区普及高中教育（包括职业高中），高等教育毛入学率将提升至 40%。这意味着新一代劳动者的生产率相对于即将退休的年龄组高出了 43%。这将足以弥补未来十年可能出现的劳动力人数下降问题所造成的影响。

我国继续教育发展目标

到 2015 年，形成资源比较丰富、结构相对合理、灵活开放的继续教育办学与服务体系，各类示范性学习型组织基本形成，全民终身学习活动蓬勃开展，继续教育参与率大幅提升，体制机制和法规制度基本健全，各类社会成员有机会、有条件接受不同形式和类型的继续教育，促进全民学习、终身学习的学习型社会和人力资源强国建设，促进全体人民学有所教、学有所成、学有所用。从业人员年参与各类继续教育 2.9 亿人次，参与率达到 42% 以上。

——《关于加快发展继续教育的若干意见》

析等方式深入了解自我，特别是在心智模式、思维方式方面进行诊断，在此基础上制定个人发展规划。根据个人发展规划，利用多种途径提高自己，一方面积极选择和参与继续教育培训；另一方面针对更加个性化的需求，利用业余时间"充电"学习。

人才生产力转化为现实生产力

推动科学发展，关键是要解放思想、解放人才、解放生产力，促使人才生产力转化为现实生产力。所谓人才生产力，就是作为生产力要素的人才运用知识和智慧进行创新创造的能力。具体而言，包括知识创新力、科技创新力、制度创新力、组织创新力、产业创新力、企业创新力等。人才生产力是静态的，表现为一种存量，只是可能的生产力，而不是现实生产力。只有当人才资源恰当地配置到经济社会发展领域和岗位上，并在发展任务、激励政策、个人动机等方面的驱动下，把人才的聪明才智发挥出来，产生经济和社会效益，才能转化为现实生产力，人才作为最活跃的先进生产力才能真正体现出来。

目前，在人才生产力向现实生产力的转化方面还存在诸多障碍和问题，包括：人才配置不合理，区域分布不均衡，缺乏发挥作用平台，缺乏政策和资金支持，缺乏有效人才激励机制等，需要政府、企业、研发机构和人才个体多方面共同努力加以解决。

一是打造产业集群，促进人才集聚。产业集群是工业化过程中的普遍现象，在所有发达的经济体中，都可以明显看到各种产业集群。产业集群是在特定区域中，具有竞争与合作关系，且在地理上相对集中，有交互关联性的企业、专业化供应商、服务供应商、金融机构、相关产业的厂商及其他相关机构等组成的群体。产业集群能够发挥集聚产生的分工优势和规模效应，具有特殊的创新能力和技术扩散能力，能够吸引区域外资源流入，对城市或更小的经济区域的经济发展可以发挥决定性的作用。有学者研究了东亚和中国的产业集群与经济增长之间的关系，发现二者之间具有很强的双向促进关系。产业集群对人才具有极大的吸引力，从而带来人才集聚效应，使人才生产力及时且大规模地向现实生产力转化。产业集群可以说是搭建"大舞台"。反过来，人才集聚也有助于产业集群的形成。研究者认为，产业集聚和人才集聚高度相关，一个地区人才集聚程度提高 1 个百分点，在其他因素不变的情况下，产业集聚程度提高 1.036 个百分点。同样，产业集聚程度提高 1 个百分点，人才集聚程度提高 0.788 个百分点。

相关链接

产业集群带来人才集聚

产业集群发展吸引着大量人才和大批劳动力，20 世纪 90 年代以来美国硅谷发展重点由个人电脑转向网络，吸引与集聚了大量软件技术类人才，从 1992 年的 25476 人增加到 2000 年的 122258 人，8 年时间增加 96782 人。意大利 70％以上的制造业、30％以上的就业、40％以上的出口量集中于 199 个产业集群。印度制造业出口额的 60％由 350 个产业集群创造，其中一个非常小的城镇卡尼巴德的纺织集群织造印度全国产量 75％的毯子，鲁第海那的纺织集群生产 80％的毛织服装。我国改革开放以来，珠江三角洲、长江三角洲和胶东半岛等地区，特别是广东、浙江和江苏的南部，逐渐形成了大片比较成熟的产业集群带，成千上万企业围绕产业集群进行专业化的分工和生产，吸引和集聚了大量的各类人才和劳动力。

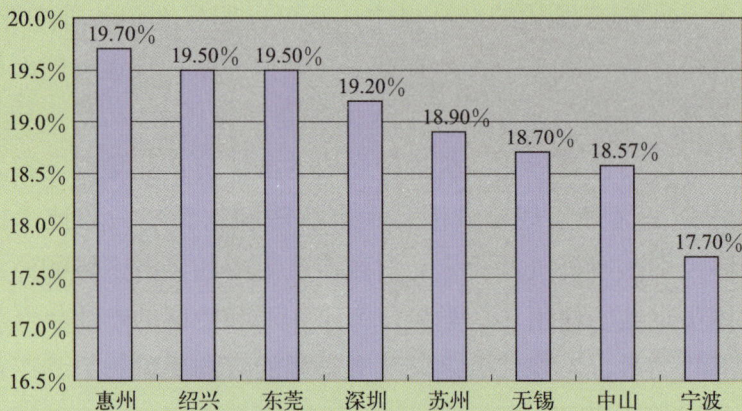

相关链接

20.0%
19.5%
19.0%
18.5%
18.0%
17.5%
17.0%
16.5%

19.70%　19.50%　19.50%　19.20%　18.90%　18.70%　18.57%　17.70%

惠州　绍兴　东莞　深圳　苏州　无锡　中山　宁波

2003 年产业集群集中区域经济增长率

所以产业集聚可以带来人才集聚，人才集聚又促进了产业集聚，两者相互依存、相互促进，加速人才生产力"潜能"释放。

二是优化人才资源配置，提高人才效益。人才资源配置可以说是人才生产力转化为现实生产力的"桥梁"，是促使人才生产力进入经济发展"主战场"的基本路径。人才资源配置可分个体配置和群体配置两个方面。就个体配置而言，要遵循用人所长、扬长避短、人岗匹配等原则。任何一个人放对地方就是人才，放错地方就是废材。同样数量的人才资源，如果不能配置到合适的岗位上，必将产生人才浪费和实际的隐性失业。因此，要加强对人才的测评与诊断，准确掌握人才的专长和优势，量才录用。就群体配置而言，结构互补、群体优化是最核心的原则。在宏观层面，优化人才资源配置，主要是健全统一的人才市场，通过发挥市场机制的作用促进人才资源合理配置。在微观层面，就是做好人才结构配置，在年龄、性别、专业、层次、个性上形成互补的人才结构，做到老中青"三结合"、男女搭配、专业组合、高端引领、个性多样，就能够最大程度发挥相互影响、相互激励、相互补充的作用，产生整体最大效益。

三是搭建创新平台，充分发挥人才作用。促使人才生产力转化为现实生产力，关键是要有发挥人才创新创造作用的工作平台。目前，岗位设置不科学、工作任务不饱和、工作任务缺乏创新性是制约人才创新活力释放的重要原因。搭建更多具有创造性、引领性、挑战性、周期性的创新创业平台，明确创新创业目标任务，是进一步解放人才、解放科技生产力的有效途径。诸如博士后工作站、专家工作室、重大科研项目、重点实验室等，都是目前释放人才创新创造活力的有效平台。

四是加强产学研用结合培养人才。科技成果向现实生产力转化，需要技术、资金、市场等条件，加强产学研用结合才能更好地实现。要着力强化企业技术创新主体地位，加快建立以企业为主体、市场为导向、产学研用紧密结合的技术创新体系。着力推动创新体系协调发展，统筹技术创新、知识创新、国防科技创新、区域创新、科技中介服务体系建设，研究制定国家创新体系建设规划，促进创新各主体和各环节良性互动，着力解决国家创新体系建设中，建立基础研究、应用研究、成果转化和产业化紧密结合、协调发展机制所面临的突出问题，大力推动科技成果、人才生产力向现实生产力转化。这些年，越来越多的科研院所主动走向国民经济主战场，把科技成果转化为现实的生产力。根据不完全统计，仅中科院2011年科技成果转移转化社会经济效益就达2629亿元，利税收入达414亿元。

五是构建人才创新激励制度。人才创新创造能力发挥的程度，一方面取决于人才内在动力的强弱；另一方面取决于外部激励机制的有

相关链接

易步车从设计到生产

华中科技大学研究生周伟设计了一款易步车，对如何生产则一头雾水，经过东莞华中科技大学工程研究院的支持开发，东莞方面投资1个多亿，目前已批量生产。好看不好吃的"青苹果"变成了好看又好吃的"红苹果"，既解决了科技成果的产业化、市场化问题，又解决了当地企业转型升级的问题。

典型案例

吉利："创新"就是"生产要素的重新组合"

　　吉利集团是中国第一家生产轿车的民营企业。2010 年 3 月 28 日，在瑞典的斯德哥尔摩，吉利汽车以 18 亿美元的价格收购瑞典汽车企业沃尔沃 100% 的股权。吉利集团董事长李书福认为："创新"就是"生产要素的重新组合"。吉利集团结合实际制定了"总体跟随、局部超越、重点突破、招贤纳士、合纵连横、全面领先"的发展战略。吉利的资源在全球范围之内自由组合，人才实行全球招聘，送出去培养，定向培养，联合培养，全面开展人才森林建设。每年将收入的 8%—10% 用于研发，研发队伍由原来的几百人扩充到 2000 余人，保证了企业有持续创新的"造血"能力。吉利从生产许可权到资金、技术、零部件协作、销售服务以及到教育培训都是用新的方式进行资源组合。2001 年用 8 亿元创建了全国最大的民办大学，解决人才培养问题。近 3 年来，吉利科技成果不断，论文、专利、科技成果三大指标都连续翻番地呈几何级数增长，而且数量不断提升。截至 2011 年年底，吉利的专利 2300 多项，发明专利 200 多项，国际发明专利 30 多项。

效性。完善与人才贡献相适应的分配制度，促使人才通过创新创造获得高报酬，是激发人才创新创造活力的关键举措。要进一步完善人才评价制度，克服人才评价考核简单化、数量化、形式主义化的倾向，以人才的创造性和实际贡献作为评价的核心指标，形成正确的人才创新评价导向；完善国家人才奖励制度，对真正有创新成果的人才进行奖励；完善产权激励制度，制定知识、技术、技能、管理等智力性生产要素参与分配的办法，保护知识产权及其权益，激发人才持续创新的热情。从一定意义上讲，创新激励制度是人才生产力向现实生产力转化的"催化剂"。

四 人人皆可成才

　　人人皆可成才是科学人才观的核心理念之一，就是要不拘一格选才育才用才，让每个人都有成才的机会，让每个有志成才的人都有发展的空间，让每个为国家和人民作出贡献的人都能得到社会尊重。

1. 人民群众主体地位的体现

　　人人皆可成才，体现了人民群众创造历史、人才蕴藏于人民群众之中的马克思主义唯物史观，体现了以人为本、促进人的全面发展的社会主义核心价值观。

人民群众是历史创造者

　　马克思主义唯物史观认为，人民群众是历史的创造者。人人皆可成才是这一思想的具体体现。实践也充分证明，推动人类社会向前发展的一切活动都是人民群众参加的，都渗透着人民群众的影响和作用。生产力和生产关系、政

> 经典语录
>
> 人民，只有人民，才是创造世界历史的动力。
>
> ——毛泽东

治制度和思想文化，归根到底都是人民群众实践活动的产物。只有人民群众的实践活动才展示出人类历史活动的客观过程及其规律。

在十七世纪的英国和十八世纪的法国，甚至资产阶级的最光辉灿烂的成就都不是它自己争得的，而是平民大众，即个人和农民为它争得的。

——恩格斯

人民群众之所以是人类历史的创造者，从根本上讲，在于人民群众是社会存在和发展的最终决定力量：既是社会生产力的体现者，又是推动历史前进的客观力量。

人民群众是社会物质财富的创造者。人类社会赖以生存的物质资料是劳动群众通过自己的劳动创造的，劳动群众的物质生产活动是整个人类社会全部活动的前提和基础。人民群众在物质生产劳动中不断地积累经验，改进生产工具和生产技术，推动生产力的发展和生产方式的变化。

人民群众是精神财富的创造者。一切精神财富最初的丰富源泉，存在于人民群众的生活、实践之中。没有人民群众创造的物质财富作为基础，就不可能有社会的精神文化生活。马克思指出，"希腊艺术的前提是希腊神话也就是已经通过人民的幻想用一种不自觉的艺术方式加工过的自然和社会形式本身。这是希腊艺术的素材"①。人民群众对精神财富的创造所起的作用，不仅表现在创造了精神财富赖以产生的原料，而且表现在对这些原料进行了初步的加工，甚至直接创造出丰富多彩的精神产品。

人民群众是社会变革的决定力量。人民群众在社会实践中形成和改变人们的社会关系，创造着社会生活本身，推动着社会进步。劳动群众在生产中不断改进生产工具，积累生产经验，提高生产能力，引起生产关系的变化，乃至整个社会形态的变革。归根到底，推动历史发展的是人民群众。

人才存在于人民群众之中

马克思主义唯物史观认为，人才存在于人民群众之中。人民群众

---

① 《马克思恩格斯文集》第八卷，人民出版社2009年版，第35页。

是最丰富的人才库，是人才的不竭源泉。列宁指出，有才能的人在工人阶级和农民中间是无穷无尽、源源不绝的。邓小平在1978年的全国科学大会上也指出，革命事业需要有一批杰出的革命家，科学事业同样需要有一批杰出的科学家。我们工人阶级的杰出人才，是来自人民的，又是为人民服务的。在广泛的群众基础上，才能不断涌现出杰出人才。也只有有了成批的杰出人才，才能带动我们整个中华民族科学文化水平的提高。同时，人才成长于人民群众的实践活动。只有深入群众，深入实践，心中时刻装着人民群众的利益，才能真正做出有益于人民群众的成绩，才能成为得到人民群众认可的有用之才。无论是中国古代著名医药学家李时珍，还是当代中国闻名世界的农业科学家袁隆平，都是在人民群众生动实践中成长起来的杰出人才。

典型案例

李时珍与《本草纲目》

我国明代著名的医学著作《本草纲目》，记载药物1800余种，药方11000余个，药物形态图1100多幅，是李时珍历时27年，在他61岁时(1578年)写成。在编写过程中，李时珍翻山越岭，访医采药，深入民间调查，足迹遍及河南、河北、江苏、安徽、江西、湖北等广大地区，向农民、樵夫、猎户、药家请教，可以说《本草纲目》也是群众医药实践的结果。

典型案例

成长于田间的杂交水稻之父袁隆平

1953年袁隆平大学毕业来到湖南安江农校工作，1960年起开始研究水稻。他发现一些农民从高山上兑了种子担回来种，因为"施肥不如勤换种"。袁隆平意识到了农民最紧迫需要的是良种！于是每到水稻抽穗时，他就到农民田中去选种。两年时间里，他顶着酷暑季节的烈日大海捞针般地寻觅，在安江农校实习农场和附近生产队的稻田里，先后检查试验了14000多枚稻穗，最终找到了6株雄性不育的植株。

人才是人民群众中能力和素质较高的劳动者，在与人民群众的共同劳动实践中得到成长，具备了一定的知识和技能，能够进行创造性劳动，为社会作出积极贡献，因此成为人民群众中的优秀分子，成为党和国家需要的人才。在全社会树立人人皆可成才的社会理念，就是要遵循人民群众创造历史、人才存在于人民群众之中的马克思主义唯物史观，克服西方精英化人才观思想，树立中国特色大众化人才观理念，注重在人民群众中发现、培养和选拔人才，使每个人只要通过努力，依靠一技之长做出实绩，都能成为有用之才。只有在人民群众中源源不断地培养和选拔出一批又一批人才，我们的社会主义建设事业才能获得最深厚的人才资源基础。

人的全面发展的本质要求

胡锦涛在党的十七大报告中指出，要"尊重人民主体地位，发挥人民首创精神，保障人民各项权益，走共同富裕道路，促进人的全面发展，做到发展为了人民、发展依靠人民、发展成果由人民共享"。人人皆可成才是科学人才观的核心理念，彰显了科学发展观以人为本、促进人的全面发展的本质要求。

促进人的全面发展是社会主义现代化建设的客观需要。我国还处于社会主义建设初级阶段，生产力发展还相对落后，自然资源比较匮乏，要加快建设社会主义现代化，实现中华民族的伟大复兴，更要充分发挥人民群众的创造精神，更要依靠人民群众的全面发展。只有不断提高人民群众的劳动技能和创造才能，促进各类人才的成长，才能为我国的经济发展和社会进步提供强大的精神动力和智力支持。

实现人的全面发展是社会主义现代化建设的根本目的，是社会主义制度先进性的必然要求。社会主义的优越性不仅体现在更高的国民生产总值产出上，而且体现在对人的全面发展的促进上。正如江泽民指出的，"我们建设有中国特色社会主义的各项事业，我们进行的一切工作，既要着眼于人民现实的物质文化需要，同时，又要着眼于促进人民素质的提高，也就是要努力促进人的全面发展"。① 人人都能成为有用之才，人的劳动能力、社会关系、个人素质等方面都能得到全面发展，才是社会主义现代化建设的终极目标和最高评价标准。

2. 人人皆可成才的现实条件

推进中国特色社会主义建设伟大事业，为千千万万的优秀人才脱颖而出、施展才华、成就梦想提供了难得的时代机遇，为人人皆可成才提供了广阔舞台。在当代中国，人人皆可成才正在从理想变为现实。

---

① 《江泽民文选》第三卷，人民出版社 2006 年版，第 294 页。

民族复兴提供广阔舞台

实现中华民族伟大复兴是近代以来中国无数志士仁人追求的梦想。20 世纪，中华民族历经艰难曲折，在中国共产党的领导下推翻了"三座大山"，实现了民族解放、国家独立。经过 60 多年的社会主义现代化建设特别是 30 多年改革开放，我国经济发展实现历史性跨越，政治、文化、社会建设取得显著进步，人民生活水平快速提高。进入 21 世纪，随着中国特色社会主义事业的全面推进，实现中华民族伟大复兴展现出前所未有的美好前景。大力发展社会生产力，提升以经济、科技、文化竞争力为核心的综合国力；推进社会全面进步，促进教育、卫生、社会保障等各项民生事业大发展；弘扬新时代中华文明，紧跟世界文明进步潮流，为各类人才施展才干、实现梦想提供了广阔的空间，创造了更多的平台。全面建设小康社会、实现中华民族伟大复兴，也迫切需要充分发挥各类人才的积极性、主动性和创造性，科学配置和合理使用好人才资源，极大地释放人才创新创造活力，促使人人成才、人尽其才。改革开放 30 多年的巨大成就为各类人才干事创业创造了良好条件。随着科学发展的深入推进，科学人才观理念不断深入人心，必将为各类人才干事创业和实现价值提供更多的机会、创造更好的条件，形成让各类人才各得其所、各展其长、建功立业的生动局面。中华民

典型案例

祖国航天事业给年轻航天人提供了广阔舞台

从神舟一号到神舟八号，再到刚刚飞天的神舟九号，承担这些充满风险和挑战任务的团队是一支年轻的团队，在 400 多名现任"两总"（总指挥、总设计师）中，45 岁以下的占53%；3000 多名主任设计师、研究室主任中，35 岁以下的占56%。美国航空航天局前局长迈克尔·格里芬曾发出如此感慨："中国的航天人如此年轻，他们可以工作很多年，会创造出更骄人的业绩。"

族伟大复兴正面临着前所未有的历史机遇，中国特色社会主义事业正进入前所未有的大发展时代，时势造就人才，人才引领发展，正成为当代中国发展最亮丽的一道风景线，引得无数英雄竞折腰，我国人才发展进入了历史上的最好时期。正如恩格斯评价文艺复兴时代所说的那样，这"是一个需要巨人并且产生了巨人的时代"。在实现中华民族伟大复兴的历史进程中，必将迎来一个人才辈出、群星灿烂的辉煌时代。

组织优势提升人才素质

2010 年，胡锦涛在第二次全国人才工作会议的讲话中强调："要组织和引导各类人才努力用现代科学文化知识和技能武装自己，以时不我待的紧迫感学习新知识、增长新才干，努力形成并不断更新适应形势任务发展变化的知识结构和才干。"人人皆可成才不等同于人人都是人才。只有具备一定的知识或技能，创新创业作贡献的才能成为人才。要让更多的人成长为人才，必须发挥组织优势，用现代科学文化知识和技能武装他们，不断提高他们的素质和能力。

经典语录

同志们不仅看看书就算了，而且要有组织地学习。全国各级党部，边区各级政府，各个民众团体，各类学校，都须设立这样的机关，建立这样的制度，来领导并进行学习……这样的学习制度，中央要在全国推广，只要共产党力所能及，就要把它推动起来，造成一个学习的热潮。

——毛泽东

要树立大教育、大培训的观念，构建人人能够成才、人人得到发展的培养开发机制。适应经济转型发展的需要，优先开发人才资源，优先发展教育培训，优先保证人才投入，不断完善国民教育体系，构建终身教育体系，通过公共教育的均等化配置和城乡一体化发展，让人人皆有接受良好教育和职业培训的机会。在提高全民思想道德素质、科学文化素质和健康素质的基础上，更加重视创造性教育和创新能力培养，切实

相关链接

成都：实施重点产业人才 "产销衔接工程"

2006 年以来，成都市促进大专院校、教育培训机构与企业紧密衔接，面向产业设置专业，面向园区建设实训基地，面向岗位需求安排学习技能，面向企业促进学生就业，改革教育培养体制，实施"产销衔接工程"，为产业发展提供人才保障。比如：建设国家级计算机应用和软件开发等实训基地，采取"前厂后校"等方式，做到学生"毕业即就业，上岗即上手"，形成了企业"订单"培养等模式，使软件人才从 2006 年的 4.5 万人，增加到 2010 年的 10 万余人；软件与信息服务业销售收入从 2006 年的 206 亿元增加到 2010 年的 1001.33 亿元。

改变重知识轻能力、重升学轻发展、重因循轻创造、重书本轻实践的人才培养落后现象。

要搭建多层次、多系统、多类型的继续教育体系，促进人人皆学、处处能学、时时可学的学习型社会建设。积极推进教育改革，大力发展职业教育和网络教育，大力促进民办教育事业发展，努力实现各级各类教育"对接"，使人们通过各种学习取得的成果（知识、能力和技能）都能得到认可，使不同的学习者都能选择到适合自己的学习和成才途径。要重视科技创新人才，尤其是非公有制企业科技创新人才的知识更新问题，构建产学研合作、中外合作的继续教育培训体系，为科技创新人才提供更多的继续教育机会。要特别重视外出农民工和务农人员两类人群的职业技能培训。立足流入地区，实施更广范围、更有针对性的农民工职业培训计划，把更多的农民工培养成为支撑各地转型发展的高素质产业工人、高技能人才，乃至工程师、中高层管理者。积极实施农民的职业技能培训计划，让那些安心务农的农民成长为拥有专业知识和技能的新型农民。

◀ 深化改革创造成才条件

习近平在 2010 年全国人才工作会议上指出，"要营造尊重人才、见贤思齐的社会环境，鼓励创新、容许失误的工作环境，待遇适当、无后顾之忧的生活环境，公开平等、竞争择优的制度环境，促使优秀人才脱颖而出"。这要求我们必须深化改革、推进创新，消除体制机制障碍，为激发各类人才的创造活力铺平道路、提供保障，努力创造有利于各类人才施展才干、实现人生价值的良好环境。

当前，在全社会的共同努力下，人才成长的社会环境逐步得到改善。要进一步通过政策调整和制度创新，形成有利于各类人才施展才干、实现人生价值的选人用人机制。一是全面推进事业单位人事制度改革，完善事业单位公开招聘、竞聘上岗和合同管理制度，建立以岗位绩效为基础的考核评价制度，完善以合同管理为基础的用人机制。二是推进职称制度改革，健全科学的职业分类体系，建立各类人才的能力素质标准。统筹专业技术职务聘任制度和职业资格制度，建立重在业内和社会认可的专业技术人才评价机制。三是健全人才激励保障机制，完善工资收入分配制度、奖励制度、事业单位绩效工资制度等，制定知识、技术、管理、技能等生产要素按贡献参与分配的办法；探索高层次人才、高技能人才协议工资制和项目工资制等多种分配形式；促进人才之间的良性竞争，最大限度地激发各类人才的积极性和创造性。

人才施展才干、实

典型案例

无锡：打造"创新创业创意"载体

江苏省无锡市在 2011 年 1 月出台了《"三创"载体建设管理意见》，提出要推动"三创"（创新创业创意）载体建设再上水平、再有突破，真正把"三创"载体建设成为集聚高科技人才的创新创业载体、转化高科技成果的创新创业载体、加速战略性新兴产业培育的创新创业载体；提出要落实人性化、专业化、社区化、国际化、信息化、平台化总体要求，建设一批科技公共服务平台和科技企业孵化器、加速器，创新载体运行管理模式，加速集聚一批科技创新创业企业，加快建设一批战略性新兴产业人才特区，形成一批高新技术特色产业基地。

现人生价值必须有良好的事业发展平台。实践证明，有了好的事业发展空间，有了好的创新创业载体和工作平台，就能引来人才"金凤凰"，就能成就人才发展的奇迹。为了实现人人成才、人人施展才华的目标，国家高度重视事业发展平台的内部建设和机制创新，重视承载事业发展平台的载体，如国家自主创新示范区、海外高层次人才创新创业基地、高新技术产业园区、留学人员创业园、科技创业园等，不断完善服务设施配套，强化公共服务功能，为人才事业平台的发展，提供了更加有力的支撑。

3. 不拘一格 识才选才用才

党的十七大以来，科学人才观强调要不唯学历职称、不唯资历身份评价人才，得到全社会的广泛认同。人人皆可成才、人人都可作贡献的社会氛围日渐浓厚。

衡量人才的主要标准

树立人人皆可成才的理念，必须建立科学的人才标准。人才标准就是对于什么是人才，怎样衡量、使用和评价人才等一系列问题的基本认识。人才是个历史范畴，在不同的历史阶段，有不尽相同的选人、用人标准。《中共中央 国务院关于进一步加强人才工作的决定》提出，"要坚持德才兼备原则，把品德、知识、能力和业绩作为衡量人才的主要标准"，"建立以能力和业绩为导向、科学的社会化人才评价机制"。

把品德、知识、能力和业绩作为衡量人才的主要标准，是人人皆

相关链接

我国历史上不同朝代的选才标准

汉武帝有"盖有非常之功，必待非常之人"的人才标准，挑选了两个彪炳史册的将军（卫青刚开始只不过是一个骑奴，霍去病成为将军时才二十岁），进而开创了伟大的西汉王朝。

曹操提出了"唯才是举"的特殊政策，用人标准强调尚能、尚实、尚智，不拘小节，把只要有才能并能为其所用置于用人标准之首，从而统一北方，三分天下有其一。

唐太宗有"今所任用，须以德行、学识为本"的人才标准，开创了著名的"贞观之治"。

康熙认为："朕观人必先心术，次才学。心术不善，纵有才学何用？"强调国家用人以德器为本。

雍正有"治天下唯以用人为本，其余皆枝叶耳"、"朕用人原只论才技，从不拘限成例"的人才标准，从而实现了古代封建王朝中罕见的三代盛世景象。

可成才理念在人才评价标准上的具体体现。就是把具有较高知识水平和创新能力的拔尖人才和具有丰富实践经验与一技之长的实用人才都纳入到大人才观范围内，坚决破除学历、背景、资历等条条框框的约束，用全新的视角和理念来评价和发现人才，真正做到不拘一格。

品德是决定人才价值的核心指标，是人才的软实力。一个人是否成其为人才，首要的是看他是否具备正确的世界观、人生观与价值观。德才兼备、以德为先是我们选人用人的根本标准，也是选人用人必须坚持的根本原则。在实际工作和日常生活中要注意加强对人才社会公德、职业道德、家庭美德与个人品德的考察力度，把品德作为衡量评价人才的首要标准。

坚持以能力和业绩为导向，就是要更加注重用实践检验人才，克服人才评价中重学历、资历，轻能力、业绩的倾向，激发人人努力成才，鼓励人人多作贡献。我们评价人才，要重业绩及其业绩背后的能力，而业绩和能力能够用指标、数据进行科学测定，可以做到对人才我劝天公重抖擞，不拘一格降人才。

——（清）龚自珍

的公正、客观评价。

建立科学的社会化人才评价机制，重视制定职业分类标准体系，提高人才评价的科学性。不同的行业和职位有不同的职业要求，人才的能力差异表现出不同的业绩贡献，所以能力标准也好，业绩标准也好，本身也是一个系统，需要通过实践总结和科学研究制定出分类、分层的能力和业绩标准，建立职业分类标准体系，这是完善人才评价发现机制的基石。要动员社会力量广泛参与，把人才的自我评价、用人单位的主体性评价和专业机构的专业性评价结合起来，努力构建开放的人才评价发现科学机制。

拓宽识才选才用才视野

坚持不唯学历、不唯职称、不唯资历、不唯身份，拓宽识才选才用才视野，是当前和今后进一步做好人才工作的重要环节。必须看到，在现实生活中对什么是人才这样的基本问题还存在认识误区。有的以层次划限，认为各行各业的精英是人才，排斥普通专业人员；有的以岗位性质划限，认为只有从事脑力劳动的才是人才，那些从事具体生产的技能劳动者不算人才；有的以身份划限，认为有学历、职称的是人才，那些活跃在农村厂矿基层的"田秀才"、"土专家"不算人才。这些认识上的模糊性、片面性，不利于人才成长和发展，也有碍于人才大量涌现和脱颖而出。

跳出"四唯"误区，坚持"四不唯"，根本在于解放思想，实事求是，牢固树立科学人才观，正确把握识人选人用人标准。一是用实践的观点识别人才，以实践表现为基础，以业绩为依据，正确掌握人才的检验标准；二是用群众的观点认识人才，深入群众，放宽视野，广开进贤之路，在群众中发现人才，鉴别人才；三是用发展的观点认识人才、历史地考察每个人才的成长过程，既看过去，又看现在，还

典型案例

刘邦：放开视野用人才

刘邦善于在使用中开发人的特长、挖掘人的特长，促进人的特长发展。会带兵的韩信，他敢放手给兵；善于谋略的张良，在他手下能运筹帷幄；会管账的萧何，他敢放手给钱。他通过使用，在实践中培植人的特长，养育人的特长，开发人的特长，能使各种人才为自己所用，不管什么身份的人，只要有长处，他都敢用。萧何是秦沛县吏掾，谋士张良是失魂落魄的游泳者，大将军韩信是个讨饭的叫花子，周勃是一个编席打篓子兼做吹鼓手的人，曹参是狱掾，张苍为秦御史，叔孙通为秦待诏博士，樊哙是剥狗的屠夫，娄敬为车夫，灌婴是小商贩，还有陈平、夏侯婴等皆白徒，但他们都成了刘邦手下的谋臣战将，对刘邦统一天下起到了极其重要的作用。

看成长前景；四是用全面的观点看待人才，既看综合素质、又看专长，既看长处、又看短处，扬长避短，用其所长，把人才放到最恰当的岗位上。

鼓励人人成才作贡献

牢固树立人人皆可成才的社会理念，必须解放思想，破除狭隘的人才观念，自觉按照促进人的全面发展的要求，改革那些不合时宜的人才评价标准和用人机制，营造一个鼓励人人成才、人人都作贡献的社会氛围和制度环境。

典型案例

从中专生到著名桥梁专家

林元培只是中专毕业，由他主持、构思的南浦大桥等中国特大桥梁均达到了国际先进水平，他由此获得国家科技进步一等奖和茅以升桥梁大奖，被授予"中国工程设计大师"的称号。

要营造鼓励人人成才、人人都作贡献的社会氛围。尊重各类人才

典型案例

"技术小巨人"

巨晓林，高中毕业，是个地地道道的农民工，但又是个不平凡的技术人才。在中国中铁电气化局一公司的23年中，他先后参加十几条国家重点电气化铁路工程的施工，创新施工方法43项；他记下工作笔记70多本，主编的《接触网施工经验和方法》一书填补了国内铁路接触网工技能培训教材空白，成为指导接触网工实际操作的权威工具书。

的成长规律，调动每一个劳动者的主动性和积极性，使各行各业的广大劳动者各得其所、各展其长，汇成一支浩浩荡荡的人才大军。在全社会大力倡导"干一行、爱一行、专一行、精一行"的职业观，每个岗位都可造就出对社会有贡献、劳动价值得到体现的优秀人才。大力宣传那些普通劳动者成长为杰出人才的励志故事，让"三百六十行，行行出状元"更加深入人心。比如，中专毕业的著名桥梁专家林元培、农民工出身的知识型员工巨晓林、"学习型农民工"王钦峰、工人出身的技术专家许振超，等等，他们的成才经历再次告诉我们一个道理：只要努力学习，勤于实践，人人皆可成才。要通过加强宣传和理论学习，消除把人才与学历、职称、岗位、资历画等号的认识和工作误区。倡导尊重劳动、尊重创造、尊重实践的社会风气，鼓励更多的劳动者把自己培养成为社会需要的高技能人才、农村实用人才和社会工作人才。

要营造鼓励人人成才、人人都作贡献的制度环境。一是建立多元化的培养机制，让人人皆有受教育、皆可终身学习的机会。二是建立科学的人才评价发现机

典型案例

"农民工"发明家

王钦峰初中毕业后到山东豪迈机械科技公司做学徒工，他从农民工成长为工程师，从学徒工变成发明家，先后完成40多项工艺革新，设计出20多种专用设备和专用量具，获得3项国家专利，并被评为全国劳动模范。

制，把实践能力和工作业绩作为检验和评判人才的根本标准，为各类人才的成长和发挥作用提供公平、公正、公道的评判标准和事业机会。三是建立公平的选拔任用机制，冲破论资排辈、求全责备、迁就照顾以及凭个人好恶得失、情感恩怨来选人用人的错误观念和做法，建立平等、合理、科学的用人机制，让各类人才都有施展自己才华的机会，都有充分发挥自己聪明才智的空间和舞台。四是建立合理的流动配置机制，进一步发挥市场在人才资源配置中的作用，建立完善人才市场服务体系，消除人才流动中的城乡、区域、部门、行业、身份、所有制等限制和羁绊，促进各类人才的合理流动和配置，让人才在流动中获得成长，在市场中获得发展机会和价值认可。五是建立体现人才价值的激励保障机制，从满足人才自身实际需要出发，坚持厚待人才，建立完善人才资本产权制度，构建以绩效考核为核心、与人才智力贡献密切挂钩的多元化分配体系，让作出贡献的优秀人才获得相应回报。

典型案例

从泥瓦工到"赵氏塔基"发明人

赵正义初中毕业后回乡务农，之后进入当地建筑队成为一名农民工，此后他逐步走上成才之路。经过 10 年不懈努力，"赵氏塔基"正式问世，这一发明使塔机基础变成了由预制构件组合的、可移动和可重复使用的新式基座，改变了传统工艺，破解了世界性难题。2011 年国家科学技术奖励大会上，"赵氏塔基"荣获国家科技进步二等奖。

典型案例

从普通工人到技术专家

许振超只是初中毕业学历，但他立足本职工作，自学成才，由一名普通工人成长为掌握世界最先进集装箱桥吊技术的专家。青岛港与英国铁行、丹麦马士基、中国远洋公司组建合资公司时，他的技术专长受到重用，被聘为专管设备和技术员的技术部固机部经理，手下工程师就有 40 多名。

五　服务科学发展

要始终把服务科学发展作为人才工作的战略方向和根本任务，紧紧围绕经济社会发展中心工作，制定人才发展战略规划，创新人才工作政策和体制机制，做好培养、吸引、用好人才工作，以服务科学发展的实际成效检验人才工作成效。

1. 人才工作的根本出发点和落脚点

把服务科学发展作为人才工作的根本出发点和落脚点，既是时代赋予人才工作的历史使命，也是人才工作自身发展的本质要求。

人才发展的战略方向

发展是党执政兴国的第一要务。人才工作作为党的事业重要组成部分，主要任务是通过大力培养、吸引、用好人才来保障党和国家各项事业顺利推进。因此，服从服务于党的中心工作，为科学发展提供人才和智力服务，是人才工作必须始终坚持的战略方向。人才工作服务科学发展包含两层含义：一是服务于经济社会全面协调可持续发展；二是服务于人的全面发展。牢牢把握人才工作服务科学发展的战略方向，必须把服务经济社会全面协调可持续发展与服务人的全面发展有机结合起来。在当代中国，只有实现经济社会又好又快发展，才能为各类人才的成长成才提供广阔空间，创造良好条件。只有紧紧围绕经济社会发展中心任务培养、吸引、用好人才，人才工作才能有为有位。人才工作只有在服务经济社会发展的历史进程中，才能更好地促进人的全面发展。同时，人才工作服务人的全面发展是服务经济社会全面协调可持续发展最直接的抓手和根本着力点，只有通过推进人才工作创新，不断提高服务人才发展的工作水平，更好地发现人才、凝聚人才、使用人才，才能为经济社会发展提供有力的人才支撑。

榆林："内培外引"建设人才强市

陕西省榆林市为加快人才强市建设，由市财政每年拿出1000万元的高层次紧缺人才培训专项经费，计划用5年的时间，培训1000多名适应全市经济社会跨越发展需要的高素质人才。对资源环境、城市管理、金融管理、能源化工、特色农业、文化艺术等六大领域内本土人才进行系统培训。先后与西安交通大学等11所院校签订涉及人才培养、技术攻关、战略指导等多项内容的战略合作协议，为产业转型升级和发展战略新兴产业做好人才开发和储备。同时，按照"不求所有，但求所用"的原则，采取柔性人才流动方式，围绕发展所需引进人才。经过单位申请、主管部门审核、市紧缺人才引进培养工作领导小组审定，建立了四个专家工作站。每个工作站，由市财政一次性给予20万元建站启动资金。

当前，加强人才工作和人才队伍建设，更好实施人才强国战略，必须把人才发展同深入落实科学发展观、推进社会主义现代化建设事业紧密结合起来，始终围绕服务科学发展做好人才工作。要站在全面实现小康社会奋斗目标、完成党的执政兴国使命的高度来谋划人才工作，努力把人才优势转化为发展优势，把人才资源转化为发展资源，把人才工作成果转化为发展成果，使人才工作更加符合科学发展观的要求，更好地服务科学发展。

人才工作的核心价值取向

人才工作要为经济社会发展中心任务服务是科学人才观的重要理念，也是人才工作的核心价值取向。一是要找准服务科学发展的融入点。始终把人才工作放到服务科学发展的大局下来思考、来把握、来推动，根据经济社会发展需要来研究谋划人才发展的需求，按照产业结构调整要求来优化人才资源配置、改善人才结构，使人才发展的战略目标与经济社会的发展目标紧密相连，努力实现人才发展与科学发展的高度对接、深度融合。二是要找准服务科学发展的着力点。针对当前影响服务科学发展的高层次创新型人才匮乏、人才培养与使用脱节、人才结构和布局不尽合

典型案例

"千人计划"人才成为推进
转型发展生力军

近年来，上海市浦东新区着力吸引集聚和重点支持一批能突破关键技术、发展高新产业、带动高新学科的战略人才，共有6批60人入选中央"千人计划"，其中创业类24人、创新类36人。这些高端人才在"千人计划"人才战略的支持、激励下，已经成为浦东新一轮开发建设中引领创新创造、推进转型发展的生力军。

浦东张江高科技园区22位"千人计划"人才引领的企业至今已拥有国内批准专利336项，国外批准专利238项。"千人计划"创新人才李力游作为展讯公司总裁兼CEO，引领展讯"二次创业"。公司芯片销售量占全球份额超过10%，跻身全球5大手机基带芯片供应商行列。目前，浦东新区"千人计划"人才及其创业团队，推动"中国创造"和"中国服务"走向世界。

理等突出问题，采取有力措施抓紧加以解决，推动人才工作由被动服务向主动服务转变，由支撑发展向引领发展转变。三是要找准服务科学发展的创新点。推动科学发展是当代中国的创新实践，也迫切需要人才工作以改革创新的精神推进观念创新、方式方法创新、政策创新和制度创新，更好地服务科学发展的创新实践。既要注意吸收借鉴发达国家人才发展的成功经验，又要善于总结基层人才工作创造的新鲜经验，用先进的理念、科学的方法和有效的措施提高人才工作服务科学发展的水平。

在服务科学发展中发展人才

人才工作从根本上讲就是为促进人的全面发展、人人成才、才尽其用，创造条件、提供服务，在服务科学发展的历史进程中，更好地实现人的全面发展。在当代中国，经济社会又好又快发展，为各类人才成长成才提供了广阔空间，创造了良好条件。一是全面建设小康社会，推进我国经济建设、政治建设、文化建设、社会建设以及生态文明建设，促进工业化、信息化、城镇化、市场化、国际化深入发展，为人才发展创造了巨大的时代需求。二是改革开放的巨大成就为人才发展提供了坚实基础。1978 年至 2011 年，我国的国内生产总值由 3645 亿元

典型案例

丁列明的"中国梦"

2002 年下半年，丁列明和创业伙伴带着一项靶向抗癌药的专利回到祖国，开始创业之路。2011 年 7 月，中国的第一个小分子靶向抗癌药——凯美纳横空出世，打破进口药的垄断，被卫生部长誉为生物医药领域的"两弹一星"。经比较表明，其疗效和安全性均优于进口产品。上市 9 个多月，已实现销售 1.5 亿元，并以每月 10% 的速度递增。至今，已有近 6000 名晚期肺癌患者用上凯美纳，疾病控制率达 79%，治疗有效率 34%，并且无传统化疗药品的严重不良反应。

典型案例

16 年的梦想成真

潘建伟（中国科学院院士）的梦想是："将来在中国建一个世界一流的量子物理实验室"。潘建伟及其团队回归后，创建了中国科学技术大学量子工程中心。2009 年，他带领团队成功实现了世界上最远距离的量子态隐形传输，研制成功量子电话样机，组建了可自由扩充的光量子电话网。

增长到 47 万亿元，增加了近 130 倍，成为世界第二大经济体；人均 GDP 从 1978 年的 381 元增至 2011 年的 3.5 万元，增加了 90 多倍。三是经济全球化的加速发展拓宽了我国人才发展的国际视野和竞争空间。随着资本、技术等生产要素在全球的配置和流动，人才资源全球化配置的步伐明显加快，这既为我国人才发展在国际竞争中提高水平提供了机遇和更大的空间，也为我国在全球范围整合各类人才资源为我所用创造了条件。可以说，未来十几年，是我国人才事业发展的重要战略机遇期。把握好这些机遇，需要人才管理工作以更宽的眼界、更宽的思路、更宽的胸襟，进一步加大人才培养、吸引和使用力度，不断创新人才评价、使用、激励机制，努力让各类人才在服务经济社会发展中才尽其用、用当其时、各得其所。从人才自身的角度看，人才的最高需求是追求自我价值的实现，最大的愿望是自己的才华和创造成果得到社会的认可和价值实现，人才只有在服务科学发展的实践中才能实现自我价

典型案例

邓中翰创造"中国芯"

1997 年，毕业不久的邓中翰开始创业，一年多时间公司市值最高 1.5 亿美元。而那一年他还不到 30 岁。1999 年，邓中翰回到祖国，开始创造"中国芯"。"十年磨一剑"，他领导的中星微已取得了 8 项核心技术突破、1500 多项国内外专利以及全球过半的市场占有率。而邓中翰本人则完成了从科学奇才到商业技术领袖的转变，成为以科技生产力报国的模范生。

值的最大化。近年来，越来越多的海外留学人才怀着报效祖国、奉献社会的美好向往，把自己的事业发展融入到国家发展中，回国创业、回国发展，创造了突出业绩。可以说，科学发展呼唤人才、造就人才，人人渴望成才、成就梦想，正成为我们这个时代最强烈的双重变奏，谱写着中华民族伟大复兴的华丽乐章。

2. 围绕科学发展制定人才工作目标任务

以经济建设为中心是兴国之要，科学发展是解决当前我国所有问题的关键。人才发展目标要服务服从于党和国家的总体目标，与经济社会发展需要相适应；人才发展任务要与党和国家的中心工作相衔接，成为服务科学发展的有力推手。

制定人才发展战略规划

围绕党的中心工作和重大发展战略编制人才发展战略规划，是人才工作服务发展的首要任务。2008年3月，中央人才工作协调小组启动我国第一个中长期人才发展规划的编制工作，2010年4月颁布实施。人才发展规划紧紧围绕全面建设小康社会、建设创新型国家的奋斗目标，提出到2020年我国人才发展的战略目标、指导方针、总体部署和重大举措，对实施人才强国战略进行了顶层设计和系统规划。人才发展规划出台后，中央人才工作协调小组积极推进全国人才规划体系建设。2011年底，党政人才、企业经营管理人才、专业技术人才、高技能人才、农村实用人才、社会工作专业人才等人才队伍建设

群策群力制定国家人才发展规划

2008年3月启动国家中长期人才发展规划纲要编制工作。在中央人才工作协调小组领导下，采取专家咨询、部门配合、社会参与、依法办事、科学决策的规划编制模式，通过专群结合、条块结合、上下结合，深入研究，反复论证，群策群力，凝聚智慧，把编制人才发展规划建立在民主化、科学化、法制化的基础上。在编制工作中，聘请了28名相关领域专家组成人才发展总体战略研究组和顾问组，先后7次召开战略研究组会议和专家顾问组会议，就规划编制的重大问题进行深入研讨。组织开展了由30多个部门、1000余人参加的我国人才工作最系统、最全面的23个战略专题研究工作，形成了42个研究总报告、161个子课题研究报告、约400万字的研究成果。坚持把发扬民主、汲取民智、体现民意作为一条重要原则贯穿始终，实行民主决策、科学决策。先后召开50多个专题论证会，请有关部门领导和专家进行研讨，凝聚共识，攻克难题。发出征求意见函3380多份，各地各部门组织召开座谈会500多场，听取了3万多人次的意见和建议，收集汲取了1052条修改建议，确保了人才发展规划的高质量、高水平。

专项规划都已印发，装备制造、生物技术、金融财会、国际商务、防灾减灾等18个经济社会重点领域人才规划编制工作全部完成。全国31个省（区、市）和新疆生产建设兵团、15个副省级城市和83%的地级市、58%的县（市、区）出台了人才发展规划。以国家人才发展规划为龙头，上下贯通、衔接配套的全国人才发展规划体系基本形成，实施人才强国战略自上而下都有了"路线图"。我国人才发展也到了一个战略规划、优先发展、整体推进的新阶段。

确立人才工作重点任务

人才工作千头万绪，只有确立工作重点任务，才能更有成效地服务中心、服务大局。近年来，人才工作注重围绕经济社会发展重大战

博士服务团

博士服务团工作是中组部、团中央贯彻落实西部大开发战略和人才强国战略、为西部地区提供人才智力支持的一项重要举措。从1999年到2011年，已先后派出12批共1471名博士，为促进西部经济社会的发展，造就一批高层次复合型人才，发挥了积极作用。"博士服务团"成员主要来自45个中央部委、企事业单位、科研院校和北京、天津、辽宁、上海、江苏、浙江、山东、广东等8个省市，分别前往西部12个省区市和新疆生产建设兵团，福建省、江西省、海南省部分地区，吉林延边、湖北恩施、湖南湘西3个少数民族自治州服务锻炼。

略部署，特别是紧紧围绕科教兴国、自主创新、可持续发展、西部大开发、振兴东北地区等老工业基地战略实施，通过人才资源开发有效推动国家战略和重大部署贯彻实施，实现了人才数量增长和能力提升与经济社会发展的数量与质量、速度与效益同步提高。围绕实施振兴东北等老工业基地战略，中央制定下发了《贯彻落实中央关于振兴东北地区等老工业基地战略，进一步加强东北地区人才队伍建设的实施意见》，启动实施了"振兴老工业基地科技专项活动"、"东北之春"等人才培养计划，组织开展了"院士专家东北行"活动，选派干部到东北三省挂职服务。为进一

"西部之光"人才计划

"西部之光"人才计划是中组部与教育部、科技部、中科院贯彻落实中央关于实施西部大开发的战略部署，为西部地区培养高层次专业技术人才开展的一个人才项目。该计划2003年开始实施，截至2011年底共资助青年科技骨干876人，为地方培养在职博士生187人，先后从西部地区选派8批共1913名优秀科技人才，以访问学者形式到国内著名高校、科研院所、医疗卫生机构进行为期1年的研修，为西部地区特色产业发展、重点学科建设培养紧缺的高层次专业技术人才。

步促进西部大开发，中央印发《关于进一步加强西部地区人才队伍建设的意见》，有关部门每年选派150名左右专业技术人才组成"博士服务团"到西部地区开展服务，每年从西部地区选调260余名专业技术人才作为"西部之光"访问学者到东部地区重点高校、科研院所培训。围绕建设社会主义新农村，加快农村

典型案例

甘肃：人才保障工程支撑农业产业化

从2007年开始，甘肃省按照因地制宜、突出特色、注重实效的原则，结合全省农业发展重点领域、特色产业对人才的实际需求，省级财政累计投入专项资金9000万元，组织实施"新农村建设人才保障工程"，培养一大批有文化、懂技术、会经营的新型农民。截至2011年年底，全省农村实用人才达到28.6万人，为农业增产、农民增收和农村发展提供了智力支撑和人才保障。实行"科技特派员"制度，累计选派8000多名科技特派员，在全省57个县、4147个村和175户龙头企业实施科技项目1133项，推广先进技术1600余项，提高了农业科技含量，加快了农业产业化步伐。兰州、天水、定西、敦煌等市州，分别组织实施果品、蔬菜、马铃薯、中药材、啤酒花、旅游等方面的人才开发项目，促进了农业特色优势产业发展。

实用人才开发，中央下发《关于加强农村实用人才队伍建设和农村人力资源开发的意见》、《关于引导和鼓励高校毕业生面向基层就业的意见》，有关部门出台《农村实用人才和农业科技人才队伍建设中长期规划》，组织实施引导高校毕业生到农村基层开展支教、支农、支医、扶贫工作的"三支一扶"计划，选聘高校毕业生到村任职的"大学生村官"计划等人才培养项目，培养了大批农业科研领军人才、农业技术推广骨干人才和农村实用人才带头人、农村生产型人才、农村经营型人才、农村技能服务型人才，为新农村建设提供了有力的人才保证。实践证明，人才资源开发和国家重大发展战略紧密配合，相互促进，既发挥了社会主义制度集中力量办大事的优势，形成人才资源开发的整体合力，又为各类人才脱颖而出提供了机遇和舞台，促进了人才健康成长。

3. 根据科学发展需要制定人才政策

制定开放、灵活、富有效率、有利于科学发展的人才政策，是我国人才优先发展的重要保证，是提升科学发展核心竞争力的关键所在。

相关链接

2004 年以来中央出台的人才队伍建设的政策性文件

序号	内　容	文　号
1	《贯彻落实中央关于振兴东北地区等老工业基地战略，进一步加强东北地区人才队伍建设的实施意见》	中办发 [2004] 22 号
2	《关于加强国防科技高层次人才队伍建设有关问题的意见》	中办发 [2005] 10 号
3	《关于引导和鼓励高校毕业生面向基层就业的意见》	中办发 [2005] 18 号
4	《关于进一步加强高技能人才工作的意见》	中办发 [2006] 15 号
5	《关于进一步加强西部地区人才队伍建设的意见》	中办发 [2007] 9 号
6	《关于加强农村实用人才队伍建设和农村人力资源开发的意见》	中办发 [2007] 24 号
7	《中央人才工作协调小组关于实施海外高层次人才引进计划的意见》	中办发 [2008] 25 号

五 服务科学发展

制定人才培养、吸引、使用政策

培养、吸引、使用是人才队伍建设的重要环节。党的十七大以来，各地各部门按照中央部署，根据建设创新型国家、加快转变经济发展方式等需要，制定一系列政策措施，加强重点人才队伍建设，加大对重点领域人才开发支持力度，大力引进国家发展急需紧缺的海外高层次人才，为科学发展提供了有力的人才支撑。

加大对高层次创新型科技人才培养力度。有关部门研究制定加强高层次创新型科技人才队伍建设意见，着力健全有利于科技人才创新创业的评价、使用、激励措施，完善权责明确、评价科学、创新引导的科技管理制度，组织实施了"创新人才推进计划"、"百人计划"、"长江学者奖励计划"、"国家杰出青年科学基金"等人才项目，为提高自主创新能力，加快创新型国家建设提供了人才保证。加强高技能人才队伍建设。中央印发《关于进一步加强高技能人才工作的意见》，有关部委发布了《高技能人才队伍建设中长期规划（2010—2020年）》，各地区各部门普遍制定了促进高技能人才队伍建设的相关政策。山东、北京、江苏、湖南等10多个省市在企业关键岗位（工种）中积极推行"首席技师"、"首席员工"制度，发挥高技能人才在技术创新、工艺创新和带徒传技等方面的重要作用。天津制定高技能人才评选奖励办法，在全国率先建立了岗位需求程度目录，实行政府购

典型案例

青岛：突破政策吸引高技能人才

青岛市制定政策重点引进获得国家级或省部级技能类人才表彰、技能竞赛奖励的高技能人才以及符合重大项目、传统优势产业和新兴产业发展需要，具有高级技师、技师、高级工职业资格的高技能人才。对拟引进的高技能人才，不受学历、签订劳动合同年限和夫妻同调政策限制，本人及配偶子女可一同落户。

辽宁：实施院士专家智力支持行动助推科学发展

近年来，辽宁省组织开展以技术咨询、科技攻关、科技成果转化为主要内容的院士专家智力支持行动，先后选派430多名高级专家、100个科研团队和100个科技特派团与项目对接、提供支持。实施院士专家智力支持行动以来，全省院士专家累计攻克600余项影响产业发展的共性关键技术，研制出370多项具有自主知识产权和较大牵动力的重大装备和新产品。通过智力支持行动，400多名院士专家的科技成果在生产实践中得到转化，开发新产品820个，有力推动了产业结构优化升级。

买培训成果的职业培训补贴办法，对非常紧缺的职业，给予培训成本100%的补贴，引导职业院校和培训机构根据市场需求开展培训。这些政策办法，突破年龄、资历、身份和比例限制，逐步形成了符合高技能人才成长规律的多元化的人才培养选拔、评价发现机制。

加大海外高层次创新创业人才引进力度，2008年，中央启动海外高层次人才引进计划（"千人计划"），出台了"一个意见、八个办法"，对海外高层次人才回国后的出入境、落户、子女入学、医疗、工作条件和待遇等作出规定，解除海外人才回国创新创业的后顾之忧。目前"千人计划"已形成包括创新人才长期项目、创新人才短期项目、创业人才项目、青年人才项目、外国专家项目、顶尖人才项目和人文社科项目等7个子项目在内的引才体系，已累计引进2263人，29个省区市及东部经济较发达市、县实施各具特色的海外人才引进计划，2009年以来累计引进海外人才2万多人。

推进人才政策创新

以政策创新带动体制机制创新是人才发展的重要改革思路，即从一项项具体政策改起，由点到面、逐步推进。遵循这个思路，针对我国人才发展中亟待解决的重大问题，人才发展规划提出了实施促进人才投资优先保证的财税金融政策等10大政策创新任务。这十大创新政策涉及培养、吸引和使用各个环节，覆盖了人才工作各个方面，针对性和导向性都非常强。既有解决人才优先

人才发展规划 10 大政策

序号	重大政策
1	实施促进人才投资优先保证的财税金融政策
2	实施产学研合作培养创新人才政策
3	实施引导人才向农村基层和艰苦边远地区流动政策
4	实施人才创业扶持政策
5	实施有利于科技人员潜心研究和创新政策
6	实施推进党政人才、企业经营管理人才、专业技术人才合理流动政策
7	实施更加开放的人才政策
8	实施鼓励非公有制经济组织、新社会组织人才发展政策
9	实施促进人才发展的公共服务政策
10	实施知识产权保护政策

资料来源：《国家中长期人才发展规划纲要（2010—2020年）》。

发展投入不足问题的财税金融政策，也有解决我国创新创业人才尤其是领军人才严重不足问题的创新创业人才培养、扶持、吸引政策；既有解决人才结构性矛盾问题的人才流动政策，又有解决人才服务体系

典型案例

国有企业人才激励政策有新的突破

中国兵器工业集团为季华夏博士专门组建公司，给予其15%的技术入股。中国海洋石油总公司专门为完井、防砂工具研发制造专家徐鸿翔博士设计"基本月薪＋按产品销售额进行设计提成"的薪酬方案，与罗勇、王晋、张大刚三位博士共同组建专业技术公司，让三位"千人计划"专家持股30%并担任高管。

典型案例

陕西：建立引进高层次人才医疗保障制度

陕西省医疗保障制度规定，国家"千人计划"专家和陕西"百人计划"特聘专家享受医疗照顾人员待遇，省委组织部、省卫生厅为其办理特约医疗证，并确定3家三级甲等医院作为就医指定医院，具体承担引进高层次人才的医疗保健任务。

不健全问题的人才发展公共服务政策。这些重大政策的制定和实施，对于解决当前人才发展中存在的突出问题，为人才发展和发挥作用创造良好政策环境、以政策突破带动体制机制创新，将起到十分重要的推动作用。围绕落实人才发展规划提出的10项创新政策，中央有关部委抓紧研究制定相关政策性文件，各省区市出台配套政策378项。

4. 以服务科学发展成效 检验人才工作

实践是检验真理也是检验一切工作的根本标准。人才工作要更好地服务于科学发展，必须用服务经济社会发展和人的全面发展的实践来检验成效。近年来，我国人才队伍规模不断壮大、素质大幅度提高、结构进一步优化、效能明显提升，人才工作服务科学发展取得显著成效。

健全人才发展评价指标体系

以服务经济发展和社会进步的实际成效检验人才工作，必须按照可量化、能考核、国际可比的要求，建立科学的人才发展评价指标体系。为及时准确掌握我国人才资源状况，科学分析、预测和评估人才发展状况，人才发展规划制定了新的指标体系，由国家人才发展、人才队伍建设、重点领域人才资源和国家人才发展监测与评价 4 大类共 46 项指标构成。国家人才发展主要指标是反映人才发展整体水平和主要目标的综合性指标，包括人才资源总量、每万劳动力中研发人员、高技能人才占技能劳动者比例、主要劳动年龄人口受过高等教育的比例、人力资本投资占国内生产总值比例、人才贡献率等 6 项。其中，"人才资源总量"表征人才数量，反映各种类型人才资源的绝对数量；"每万劳动力中研发人员数"、"高技能人才占技能劳动者比例"和"主要劳动年龄人口受过高等教育的比例"表征人才质量及竞争力，反映不同类型、不同层次人才资源的相对质量；"人力资本投资占国

相关链接

国家人才发展主要指标

指 标	2008 年	2010 年	2015 年目标	2020 年目标
人才资源总量（万人）	11385.0	12165.4	15625.0	18025.0
每万劳动力中研发人员（人年/万人）	24.8	33.6	33.0	43.0
高技能人才占技能劳动者比例（%）	24.4	25.6	27.0	28.0
主要劳动年龄人口受过高等教育的比例（%）	9.2	12.5	15.0	20.0
人力资本投资占国内生产总值比例（%）	10.8	12.0	13.0	15.0
人才贡献率（%）	18.9	26.6	32.0	35.0

注：人才贡献率数据为区间年均值，其中 2008 年数据为 1978—2008 年的平均值，2015 年数据为 2008—2015 年的平均值，2020 年数据为 2008—2020 年的平均值。
资料来源：《国家中长期人才发展规划纲要（2010—2020 年)》。

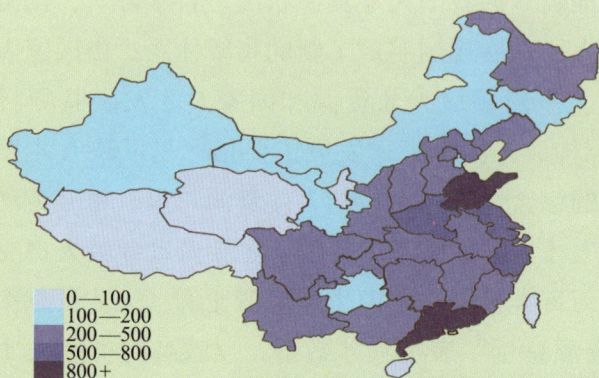

（单位：万人）

全国人才资源分布和总量构成

资料来源：《中国人才资源统计报告2010》。

内生产总值比例"表征人才投入，反映国家为提高国民整体素质、培养潜在人才资源、提升人才自主创新能力等实施财政投入的力度和水平，衡量国家在人才资源开发方面的财政支持力度；"人才贡献率"表征人才使用效能，反映人才资本对经济增长的贡献程度，是直接

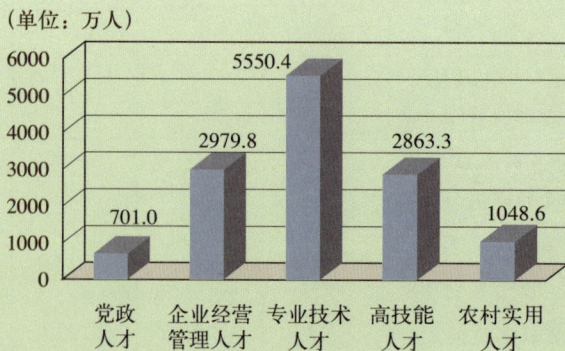

2010年我国主体人才队伍数量

注：专业技术人才中包括"双肩挑"人员977.7万人。

资料来源：《中国人才资源统计报告2010》。

衡量人才工作效能、间接衡量人才政策、环境对人才效能不同影响的重要指标。这6个指标可以评估一个国家或地区对人才的重视程度、投入力度和开发效能，综合反映人才发展整体水平和主要目标实现程度。

人才贡献率是国家人才发展主要指标中的核心指标，可以说，是人才发展的"GDP"。作为

什么是人才贡献率？

"人才贡献率"即人才资本增长对经济增长的贡献率，是人才资本作为经济运行中的核心投入要素，通过其自身形成的递增收益和产生的外部溢出效应，从而对经济增长所作出的贡献份额。人才贡献率指标不能通过简单的数据统计得到，而是需要进行较为复杂的综合测算。首先采用受教育年限法来测度总人力资本存量，进而将总人力资本分解为基础人力资本和专业人力资本（即人才资本）两个部分；并基于基础人力资本与人才资本的异质性，运用柯布—道格拉斯生产函数的人力资本分类模型，测算、分离出人才资本对经济增长的贡献率。

一个国家或地区人才发展的主要指标，人才贡献率综合反映了"人才优先"、"高端引领"、"整体开发"、"以用为本"、"服务发展"等人才发展的核心要求，因此是一个体现人才工作发展科学性、检验人才发展服务科学发展成效的核心指标。把人才贡献率作为衡量人才发展水平的核心指标，是我国人才理论的重大突破和创新。运用好这个指标，对于促进经济发展方式转变、推动"一把手"抓"第一资源"、实施科学发展具有十分重要的作用。

定期开展人才工作检查评估

开展人才工作检查评估是一个全面系统、客观公正衡量评价人才工作的过程，有利于督促政策落实，总结先进经验，发现工作不足，分析问题成因，寻求工作对策，确保人才发展目标实现。定期开展检查评估，是推动人才工作顺利开展的重要手段。人才工作成效满

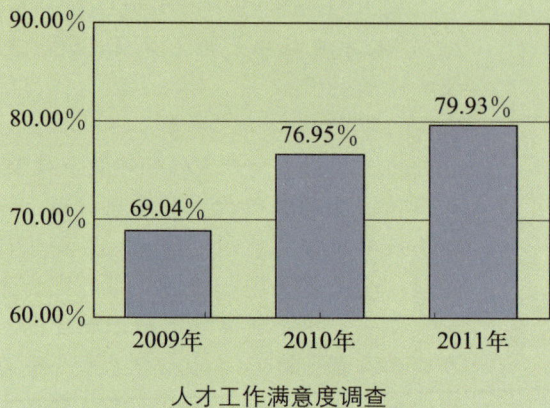

相关链接

人才工作满意度调查

意度是评估人才工作成效的重要指标。人才工作是否创造了实实在在的政绩，群众的感受最直接、评价最实在。2011年全国组织工作满意度民意调查，对人才工作实际成效的评价比2010年提高2.98分，在10项可比较具体工作中增幅最高。开展满意度调查，就是把用人单位和基层干部群众评价作为人才工作的"风向标"，查找不足，制定改进措施。

人才工作检查评估重点包括项目实施进展情况、具体措施和阶段性成果等内容。项目检查与考核可划分为"优秀"、"良好"、"合格"、"不合格"四个等次。要重视检查评估结果运用，把检查评估结果作为项目责任单位领导班子及成员考评、奖惩和人才工作评比的一项重要依据，作为衡量领导班子和领导干部工作实绩、选拔任用和表彰奖惩的重要依据，对考核结果优秀的，予以表彰奖励，授予人才工作先进单位或先进个人荣誉称号；对重视不够、措施不力、人才工作严重滞后的，通报批评，限期整改。以此促进各级党委、政府和有关单位真正重视人才工作、研究人才工作，主动抓好人才工作。

六 人才优先发展

所谓人才优先就是要充分发挥人才作为科学发展第一资源的作用，在国家和地区发展战略中把人才发展放在优先发展的位置，确立人才资源优先开发、人才结构优先调整、人才投资优先保证、人才制度优先创新的战略布局，以人才优先发展引领带动经济社会又好又快发展。

1.科学发展的有效途径

世界各国发展的实践和我国发达地区的成功经验均证明，谁做到人才优先培养、优先集聚、优先开发、优先使用，谁就抢占了发展的先机，就能实现率先发展、科学发展。我国走科学发展之路，必须将人才优先发展理念贯穿和落实在经济社会发展的各项方针政策和工作部署中，以人才优先发展引领带动经济社会又好又快发展。

人才是科学发展的第一要素

在人类社会发展中，经济发展形态根据经济中最重要的生产要素分类，可分为群体劳动力经济（原始社会）、劳动力经济（奴隶社会）、土地／资源经济（封建社会）和资本经济（资本主义社会）四种类型。前三类基本是农业经济时代，后一类开始进入工业经济时代。在农业经济和工业经济的初期阶段，经济的增长主要靠物质资本；在工业化中期，货币资本是经济增长的主要推动因素；而在工业化后期以及知识经济时代，人力资本成为现代经济社会发展的动力源泉和第一要素，人才成为经济增长的第一推动力。

当我国经济发展进入工业化中期后，资源、资金和廉价劳动力等传统生产要素已难以支撑经济社会可持续发展。这就必然要求我们加快转变经济发展方式，走科学发展之路，从主要依靠资金和资源支撑增长向更多地依靠技术进步和提高劳动者素质转变，把提高自主创新能力作为科技发展的战略基点，作为推进产业结构优化升级的关键环节，不断提升原始创新能力、技术创新能力和产业竞争力，打造国家核心竞争力。这些都迫切需要把人才尤其是创新型人才作为科学发展的战略支撑和核心要素，大力开发，精心培育。只有大量人才特别是

相关链接

信息社会人才的价值远远超出工业社会

据英国技术专家詹姆斯·马丁推算，人类社会知识总量中有90%是近50年创造出来的，目前正在以每5年增长一倍的速度增长。现在全世界每2天产生的信息量相当于人类有史以来到2003年信息量的总和。在信息社会中，人才的价值远远超出工业社会。根据世界银行的研究报告，部分发达国家进入后工业时代30年的经济增长中，资本积累的贡献率不到30%，而知识和劳动者素质提高则创造了70%以上的贡献。世界银行专家对世界各国资本存量作过一项统计，目前全世界人力资本、土地资本和货币资本三者的构成约为64∶20∶16，人力资本已经成为全球国民财富中最大的财富。

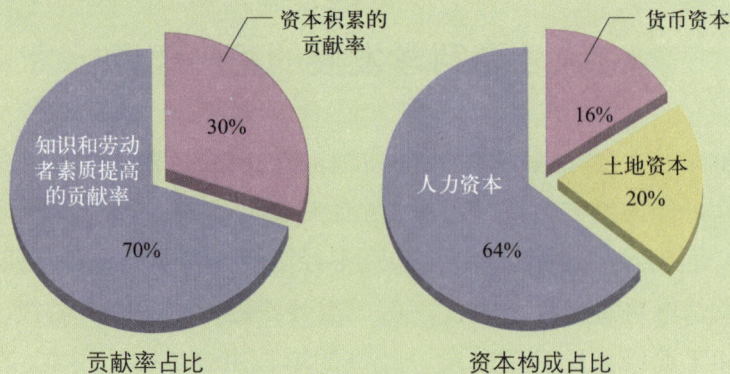

资本积累的贡献率 30%

知识和劳动者素质提高的贡献率 70%

货币资本 16%

人力资本 64%

土地资本 20%

贡献率占比　　　　资本构成占比

创新型人才的涌现，科学发展才可能获得内在持久的动力；只有开发利用好各类人才资源，我们才能抢占发展先机，在激烈的国际竞争中赢得主动；只有充分发挥人才在经济社会发展中的基础性、战略性、决定性作用，才能促进科技进步和自主创新能力的提升，推动经济社会又好又快发展。因此，人才是转型之要、竞争之本、活力之源，是科学发展的第一要素。

◀ 落实科学发展观的根本要求

人才优先发展既是科学发展的有效途径，也是贯彻落实科学发展观的根本要求。科学发展观是以人为本的全面协调可持续发展观，它在本质上就要求把人的全面发展放在经济社会发展的中心位置，把促进经济社会和人的全面发展有机统一起来。

科学发展观强调发展不仅是将发展的质量、效益和速度有机统一起来，实现经济社会又好又快发展，而且是将人作为发展的主体，把促进人的全面发展作为发展的终极目的。从一定意义上讲，科学发展观的发展是以人为中心的发展，发展的主体是人、发展的动力是人、发展的尺度是人、发展的目的还是人。人才是先进生产力的代表者，是科学技术的主要承载者。在推动经济社会发展过程中，人才起着最根本、最直接、最重要的作用，是发展的"第一资源"、第一动力。落实科学发展观的第一要义，必须首先培养好、开发好、使用好第一资源，通过构建人才优先发展战略布局，充分激发各类人才的积极性、主动性和创造性，更好地发挥人才在科学创新、产业结构优化升级中的支撑和引领作用，以"第一资源"落实"第一要义"。改革开放和社会主义现代化建设的根本目的，是通过经济社会发展，不断提高人民物质文化生活水平，促进人的全面发展。这就必然要求我们在推进科学发展过程中，始终把促进人的全面发展作为根本价值目标，把人才发展置于优先发展的战略位置，通过实施人才优先发展战略，促进人才资源优先开发、人才结构优先调整、人才投资优先保证、人才制度优先创新。

科学发展观的基本要求是全面协调可持续，就是要全面推进经济建设、政治建设、社会建设、文化建设，促进现代化建设各个环节、各个方面相协调，促进生产关系与生产力、上层建筑与经济基础相协调。坚持生产发展、生活富裕、生态良好的文明发展道路，建设资源节约型、环境友好型社会，实现速度和结构质量效益相统一、经济发展与人口资源环境相协调，使人民在良好生态环境中生产生活，实现经济社会永续发展。这就必然要求我们更加重视人才这个最活跃先进生产力要素的作用，确立人才优先发展战略布局，加快推进人才资源整体开发，充分发挥人才在经济、政治、文化、社会建设中的基础性、战略性、决定性作用，从而更好地促进经济社会的全面协调可持续发展。

科学发展观的根本方法是统筹兼顾，"五个统筹"（即统筹城乡发展、统筹区域发展、统筹经济社会发展、统筹人与自然和谐发展、统筹国内发展和对外开放）体现了经济社会和人的全面发展观相协调的战略思想。落实"五个统筹"的根本要求，离不开人才的战略支撑作用。我们必须牢固树立人才优先发展的战略思想，坚持高端引领、整体推进的工作方针，遵循系统培养的人才开发规律，统筹推进以高层次、高技能人才为重点的各类人才队伍建设。既要重视高层次人才队伍建设，又要推动人才资源整体开发；既要抓好国有企事业单位人才队伍建设，又要抓好各类非公有制经济组织和社会组织人才队伍建设；既要注重自主培养开发、用好国内人才，又要注意引进吸收、用好海外人才。通过人才优先发展，推动统筹城乡、区域和经济社会协调发展。

实现科学发展的必由之路

人才作为科学发展第一资源的地位和作用，决定了在国家和地区发展战略中必须把人才发展放在优先发展的位置……要把人才发展摆上优先发展的战略位置，以人才优先发展引领和带动经济社会科学发展，在经济社会整体发展中优先发展人才。[1] 早在1995年，我国就

---

[1] 李源潮：《充分发挥人才在科学发展中的第一资源作用》，载《人民日报》2009年2月16日。

143

典型案例

以色列奇迹的秘密

以色列坚持走人才强国之路，重视教育和人才培养，在举国上下共同努力下，短短几十年就在环境恶劣、四面环敌的沙漠上建成了一个现代化强国，被世人誉为二战后的"世界奇迹"。

从20世纪40年代起，尚处于战争漩涡中的以色列政府就把教育放在了首位，义务教育法成为新生以色列通过的最早一部法律。此后历届政府都把教育放在优先发展的战略地位，把培养高质量的人才视为关系到民族生死存亡的一个根本性问题。以色列的第一位政府总理本·古里安曾说："几千年的犹太民族史，几十年的以色列国家史，就是一部不断追求民族素质的历史。没有教育，就没有未来。"第四任总理果尔达·梅厄指出："对教育的投资是最有远见的投资。"为了发展教育，以色列政府在20世纪70年代以前，从经常性开支中所拨经费仅次于军事开支，排列第二；70年代中期以来，以色列教育经费在国民生产总值中所占的比例一直保持在8%以上，政府投资占每年教育经费的65%，超过了美国等发达国家。

提出转变经济增长方式。10多年来，虽然取得了较大进展，但尚未有实质性突破，其中一个深层次原因是发挥人才在引领经济发展方式转变方面中的作用不够。

首先，人才资源优先开发是其他资源可持续开发的基础。物质资源、环境资源、资金资源是受约束、易枯竭的资源，而人才资源是一种可持续开发甚至无限开发的资源。人类智慧和能力的发展决定着对物质资源开发的深度和广度。由于人才资源的参与和作用，其他资源也具有了可持续开发的可能性。美国页岩气开采技术的突破，使石油资源的稀缺性大大降低就是明证。当前，我国走科学发展之路面临的突出问题是环境、资源的约束，实施人才资源优先开发则可以有效地突破这些约束，依靠人才的智慧和创新不断拓展经济发展的空间，获取新的经济增长动力和资源。

其次，人才结构优先调整是经济结构、产业结构优化升级的先

LI LUN DU BEN

六 人才优先发展

导。在现代经济发展中，人才结构不是消极被动地适应经济结构、产业结构，而是相互耦合、相互促进。在一定条件下，人才结构对产业结构具有先导作用，人才结构优先调整能够引领带动经济结构、产业结构优化升级。无锡引进一个施正荣，带来光伏产业在中国的勃然兴起，就是鲜活的事例。

其三，人才投资优先保证是转变发展方式的战略举措。转变经济发展方式从根本上讲是要由投资驱动、要素驱动向创新驱动转变，依靠科技进步、劳动者素质提高和管理创新推动经济增长。这些都需要加大人力资本投资力度，提升人才队伍整体素质，优化人才结构，激发人才创新活力，提高人才效能。人才投资优先保证不仅能形成人力资本优先积累效应，而且对提升组织管理、资本运作、资源开发利用效能也具有倍增效应。

其四，人才制度优先创新是科学发展的重要保障。人才体制机制创新既是其他各方面体制改革创新的核心内容，又对构建有利于科学发展的体制机制具有引领带动作用。因此，人才制度优先创新，对于完善社会主义市场经济体制、推进民主政治建设、发展先进文化、构建和谐社会都具有不可或缺的重要作用。

2. 当代中国发展的 必然选择

我国是现代化后发国家，经济社会发展正处于工业化中期和现代化"起飞"阶段，面临着许多新的挑战，我们要学习汲取世界各国现代化建设的有益经验，走人力资本优先积累的发展之路，以人才资源优先开发为国家跨越式发展奠定坚实基础。

相关链接

美国经济学家罗斯托的现代化"起飞"理论认为："在经济发展的中后期，发展进入后工业化阶段，现代工业和服务业对人力资本的要求最高，人力资本对经济发展的贡献也最大。"

现代经济社会发展的共同规律

人才优先发展是后发国家实现现代化追赶的成功经验。世界现代化发展的历史表明，教育发展和人力资本积累是一个国家发展水平的重要体现，同时也是经济和社会进一步发展的主要动力。一个国家的兴旺发达无不得益于人力与人才资本的优先积累与有效使用。特别是世界历史上几次成功的经济追赶的历史经验表明：教育兴、人力资本兴，而后才有经济兴、国力兴。在20世纪的世界现代化史上，曾经出现过三次令人瞩目的成功赶超。那就是19世纪末美国对英国的赶超，20世纪50年代日本对美国的赶超，20世纪70年代韩国对欧洲的赶超。后来学者们的研究发

相关链接

世界现代化发展两种不同路径

一种是人力资本优先积累路径，另一种是物力资本优先积累路径。前者是指投资于物与投资于人之间的比例在七倍以内，后者则是大于七倍。我国目前还属于后者，日本则属于前者。

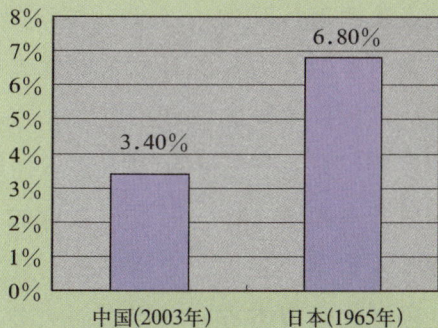

中日人均 GDP 为 1000 美元时投资教育的经费占 GDP 总量的比重

世界现代化史上三次成功追赶

1. 美国对英国的追赶。 从19世纪开始直到1913年，英国的生产力水平都居于欧洲所有国家（乃至全世界所有国家）水平之上，而这一时期英国的人均受教育年限也高于其他国家。但到1913年，英国经济在世界上的领先地位则让位于美国。美国人均GDP相当于英国的水平由1870年的75.3%提高到1913年的105.5%。同时，美国的人均受教育年限相当于英国的水平由1870年的88.3%提高到1913年的91.2%。

2. 日本对美国的追赶。 日本被视为世界上最成功的"追赶"国家。1950年，日本人均GDP只相当于美国人均GDP的19.6%，1992年则达到90.1%。但是，1950年日本的人均受教育年限已经达到美国的80.8%。从1955年至1964年间，日本GDP年增长率始终保持在9%以上。1965年到1970年间更是超过了10%。其秘诀在于从教育立国（明治维新时代）到科技立国（"二战"之后），再到创新立国（21世纪）。

3. 韩国对西欧国家的追赶。 1965—1992年，韩国GDP年平均增长率为8.8%，这期间中等教育和高等教育起了非常重要的作用。在短短30年内实现了非义务教育阶段的跨越式发展。1970年到1995年，高中入学率从不足30%提高到90%以上，大学入学率由不足10%提高到50%以上。

现，这3次追赶成功的一个重要秘诀是实施人力资本优先积累战略，即追赶国对本国人力资源开发采取优先投资与超前投资策略。第二次世界大战以后，不同的发展中国家采取不同的发展战略，因而产生了不同的发展结果：一是注重物质资本积累的战略，最终形成的资本结构是物质资本相对充裕，而受过教育的人力资源短缺。这些国家赢得的是资本密集型产品生产方面的相对优势。一是注重人力资本积累的战略，限制物质资本方面的提供而大力发展教育。它们赢得的是技术密集型产品生产方面的相对优势。上述两种战略，带来的经济增长方面的成果也有较大的差别：在1960—1978年近20年中，注重人力资本密集战略的国家和地区，实际人均国民生产总值年平均增长率为

4.68％，而实施物质资本积累战略的国家则为 3.86％。进入 80 年代，差距愈来愈大。事实证明，选择人力资本积累优先的国家，较之于选择物力资本积累优先的国家，不仅发展速度较快，而且社会发展平稳和谐。如新加坡、芬兰、爱尔兰等国。相反，拉美地区一些国家诸如海地、古巴、洪都拉斯等大多选择资源型发展路径，现代化进程陷入"中等收入陷阱"。

◢ 经济全球化竞争的战略抉择

经济全球化是今天世界的一个最显著特征。经济全球化导致资本、技术、信息、人才等生产要素突破国界，在全球范围内加速流动与组合。当前世界各国围绕国际秩序、综合国力、地缘政治、国际市场、科学技术等方面的全方位竞争日趋激烈。综合国力竞争的核心是科技和人才的竞争。由于人才跃升为推动经济社会发展的第一资源，在国际竞争中，谁能够做到优先吸引人才、优先发展人才、优先使用人才，谁就掌握了发展的主动权。人才优先发展已经成为赢得竞争优势的最有效的"杀手锏"。特别是为有效应对金融危机，抢占经济发展、产业革命、科技创新的战略制高点，世界各国都在积极实施新的人才战略，打造经济社会发展新优势。美国制定实施了通过科技与创新来促进美国经济发展及提升国家竞争力的《美国竞争力计划》（ACI）。该计划设定了"造就 21 世纪最优秀的科学家和工程师"等战略目标，科技人才战略明确上升为国家发展战略。2011 年 3 月，欧盟公布了"欧洲 2020 战略"，计划投入 750 亿欧元用于低碳经济、绿色经济等新兴产业研发，努力"把欧洲变成更能吸引世界顶尖人才的欧洲"，

相关链接

人类的未来并不完全取决于空间、能源和耕地，而是取决于人类智慧的发展。

——［美］西奥多·舒尔茨（1979 年诺贝尔经济学奖获得者）

相关链接

人力资本是最终决定中国富裕的资产。中国存在的问题是，人力资本投入过少，不同地区的教育投资存在着严重不均衡，人与人不平等的主要因素是出生地。中国投资人力资本的回报率可能高达40%，应尽快开放人力资本市场并进一步减少人才流动限制，中国教育若另辟蹊径可能带动其经济快速增长，考评官员政绩应考察其在人力资本和教育上的投资。中国在人力资本教育方面的投资只占了GDP比例的2.5%，而在实物资本（房屋建设、工厂建设等）方面的投入又太高，占GDP的30%，这种投资是极不均衡的。

——[美]詹姆斯·海克曼（2000年诺贝尔经济学奖获得者）

把欧盟变成"世界上最具活力和竞争力的知识经济体"。日本制定实施了《创新25战略》，提出了"培养世界顶级研究人员"、"培养确保和提升国际竞争力的研究人才"等目标，并在第二个"科学技术基本计划"中确立了"50年内力争获得30个诺贝尔奖"的目标。加拿大制定实施了"首席科学家计划"，其中包括"面向全球吸引2000名顶尖研究学者"等内容。韩国大力推进"技术立国战略"，制定实施了"21世纪精英工程"。各国人才发展战略不仅为我国制定和实施人才强国战略提供了有益借鉴，同时也对我们形成了严峻挑战。

在经济全球化时代日益激烈的国际人才竞争背景下，我国当前的

相关链接

高素质的人力资源和人才可用性，是一个国家长期竞争力和持续增长的重要支柱。全球竞争力指数中排名靠前的国家将培养顶尖人才库作为首要任务，该重心还表明了构成这一成功竞争力战略的重要因素。瑞士、美国、新加坡、韩国等国家的情况的确如此。

——《全球竞争力报告》

人才发展总体水平与世界先进国家相比仍存在很大差距，突出表现为高层次创新人才匮乏、人才创新能力不强。因此，我们必须进一步增强危机感、责任感和使命感，抓住新一轮世界科技革命带来的战略机遇，站在全球竞争的战略高度，用世界眼光审视我国人才发展的历史方位，以超前的战略思维谋划我国参与国际竞争的人才优势，把人才资源开发和人力资本投资作为战略重点，大力实施人才优先发展战略，确保在日趋激烈的国际人才竞争中赢得主动。

东中部地区跨越发展的成功实践

改革开放特别是第一次全国人才工作会议以来，我国东中部一些地区的社会经济实现了率先发展、跨越发展，其中一个重要原因就是这些地区抢占了人才发展的先机，实行人才优先发展战略，出现了人才—经济同向互驱的科学发展局面。人才优先发展的东部沿海省份，其经济实力也遥遥领先，其中江苏、广东、浙江、山东等省具有一定的代表性。在2010年全国人才发展状况统计中，4个省的人才贡献率在全国分别排在第3、4、5、12位，4个省的经济总量（GDP）在全国排序也分别为第2、1、4、

典型案例

"新余现象"

江西省新余市不管从人口、区位、地域面积，还是从资源、科技、基础条件来看，都只能算是江西省的一座"小城"。但是，近几年来，该市坚持人才优先发展，通过引进彭小峰等高端人才，柔性引进"世界太阳能之父"马丁·格林等顶级人才和众多院士专家，集聚全球300多名高层次光伏产业人才，吸引20多家下游企业落户，形成全国知名的光伏产业集群，使新能源、新材料成为当地支柱产业。2010年，该市新能源产业主营业务收入330亿元，被科技部评为全国唯一的"国家新能源科技示范城"，并荣获"中国城市科学发展转变经济发展方式示范城市"称号，创造出全国人才工作的"新余现象"。

典型案例

推进人才优先发展的昆山实践

江苏省昆山市通过不断推出政策引才、项目引才、服务引才、活动引才、市场引才，乃至全球引才，截至2011年底，昆山拥有"国家千人计划"人才34名，省"双创"人才34名、姑苏人才33名，昆山领军型人才99名。全市外籍高层次人才超过3000人，海外留学归国人员近千人。人才等创新要素的加速集聚，有力促进了昆山新兴产业的快速发展。2011年，昆山新兴产业产值达2188.7亿元，增长24.5%，高于全市工业增速10.2个百分点，其中新型平板显示、高端装备制造两大产业分别完成产值988.7亿元、457亿元。人才贡献率由2010年的35%提高到2011年的37%，昆山正从"人口红利"迈向"人才红利"。

3位。

东中部一些地区从实际出发，根据本地的区位、产业、资源优势，实行不同的人才优先发展战略，有力促进了本地经济社会又好又快发展。一是从招商引资向招才引智转型，实现跨越发展。改革开放以来，招商引资是各地加快经济发展的主要手段。进入新世纪后，面对科技创新、产业调整的新趋势和人才在经济社会发展中战略地位的提升，东中部许多地方开始由招商引资向招才引智转型，更多地依靠人才的力量打造新的竞争优势。进入新世纪，江苏就开始实施学术技术带头人培养"333工程"，不断加大人才投资力度，不断加强招才引智工作。江西新余市在招商引资中发现了拥有太阳能核心技术的彭小峰，引进后带来光伏产业的兴起。二是立足本地人才资源特点，打造经济发展优势。许多地方根据本地人才资源优势，加大培养开发力度，以人才引领发展，发展造就人才，把人才资源优势转化为经济发展优势。山东邹平县大力培养扶持民营企业家，涌现出了以魏桥创业集团张士平、西王集团王勇为代表的一大批优秀民营企业家。快速增长的企业家队伍成为县域经济快速发展的"引擎"，2011年，全县财政总收入86.1亿元，规模以上工业总产值2410亿元，在全国县域经济基本竞争力百强中排名第15位；销售收入500万元以上的企业420家，利税过千万元的企业达到 70 家，过亿元的 15 家，用 10 年时间由一个农业大县一跃成为工业大县。三是依托优势产业实施人才优先开发战略。许多地方根据本地产业特点和优势，打造人才竞争优势，以产业集聚高端人才，以人才引领产业发展，形成产业集群与人才集聚互动的人才优先开发模式。长春市仅汽车、玉米、轨道客车三大产业就聚集了 15 万优秀人才，推动了技术创新和成果转化，提升了地区发展的核心竞争力。四是围绕发展战略性新兴产业培养集聚创新创业人才，培育新的竞争优势。江苏省无锡市通过实施人才引领战略，几年来吸引集聚高层次创新创业人才 1 万余人，新增创业项目 1200 余项，人才创业注册资本超 41 亿元，使新能源、微电子、物联网等高科技产业迅猛发展。这些相对发达地区通过创造性推进人才优先发展战略，使本地的发展方式、发展速度和发展质量都产生了新的飞跃。

3. 加快构建人才优先发展的战略布局

人才优先发展，核心是加快构建人才优先发展的战略布局，坚持人才资源优先开发、人才结构优先调整、人才投资优先保证、人才制度优先创新，把人才优先发展的要求具体化、政策化、项目化，把人才优先发展落实到科学发展的全过程和方方面面。

人才资源优先开发

人才资源优先开发就是将人的智慧、知识、才干作为一种资源优先加以发掘、培育，就是要大力引进人才、培养人才、用好人才，确立人才资源开发相对于物质资源、环境资源、资金资源以及其他各方面资源开发的优先地位。一是在全社会尤其是各级领导干部中，牢固树立人才是科学发展第一资源的理念，克服重物质投入轻人才投入、重资源开发轻人才开发、重招商引资轻招才引智的倾向，促使各地各部门在战略规划、工作布局、项目落实上把人才资源开发摆上优先位置。二是加强人才资源能力建设，充分发挥教育对人才培养开发的基础性作用，深化教育改革，推进素质教育，创新人才培养模式，提高人才培养质量，突出培养具有科学精神、创造性思维、创新能力的人才，大力开发现代化建设急需紧缺的各类创新型人才和应用型人才。三是构建灵活开放的终身教育体系，做到学历教育和非学历教育协调发展、职业教育和普通教育相互沟通、职前教育和职后教育有效衔接，推进全民学习、终身学习的学习型社会建设，形成人才资源整体开发优势，实现人才资源的可持续开发。

人才结构优先调整

典型案例

引进一个人带动一条产业链

2006年年底，张雷放弃了英国投行的职位来到江阴高新技术创业园，不到三年，创建成国内首家独立完成兆瓦级风机动态载荷和核心控制系统设计的风电企业。企业销售收入突破30亿元。围绕张雷开发的风电整机龙头项目，江阴大力招引风电配套项目，拉长风电轴承、控制系统、叶片等一整套的风电产业链。张雷前往国际一流风电配套企业游说他们将工厂搬到江阴，随后全球最大风电叶片生产企业LM公司的风电叶片项目落户江阴。

加快推进人才结构战略性调整，是产业结构优化升级、经济社会结构深刻变化的必然要求。走科学发展之路，加快工业化、信息化、城镇化、市场化、国际化步伐，是今后我国经济社会发展的基本特点。人才培养结构要与经济社会发展的需求相适应；人才的能力素质结构要与

我国人才结构存在的主要问题

目前，我国人才队伍结构性矛盾仍比较突出。一是人才培养结构与社会需求不相适应。新材料、新能源、生物技术、现代医药、环保等门类专业技术人员严重短缺。二是人才产业结构与国民经济产业结构不相适应。发展现代农业急需大量农业科技人才，但目前我国农业科技人员只有71.6万人，仅占全国专业技术人员总数的2.5%。在第二产业，高技能人才缺口巨大，我国从事第二产业的工人队伍中技术人员只占23%，其中高级技工仅占35%。在第三产业，大量专业人才集中在教育、卫生等领域，现代金融、保险、技术服务、法律等现代服务业人才相对不足。三是人才区域分布与我国区域发展总体战略不适应。绝大多数人才集中在东部发达地区和大中城市，中西部边远地区和基层人才严重匮乏。我国现有科技工作者和高校在校学生的75%在沿海发达地区，21%在内陆中部地区，而西部边远民族地区则不足4%。四是产业领军人才、高层次技术专家和高技能人才严重匮乏。能够进入国际前沿的世界级大师更是凤毛麟角。高校缺少大师，医院缺少名医。例如，在电信行业，现有高级人才占全行业专业技术人员比例仅有0.14%；在海洋领域，我国在世界海洋专家数据库中登记的专家不足百人，不到全球总量的1%，仅是美国的1/20；在电子信息产业中，技师、高级技师占技术工人比例为3.2%，而发达国家一般在20%—40%之间。五是研发力量相对薄弱。在装备制造业领域，我国研发人员占从业人员的比例为1.26%，而美国为6.02%，日本为4.95%，法国为2.87%，德国为2.86%，英国为2.83%。高层次人才和研发力量不足的"短板"已经严重制约我国重点领域创新能力的提高。

产业结构调整相匹配；人才的分布结构要与国家区域发展战略布局相协调。

实施人才结构优先调整，必须紧密结合经济结构、产业结构战略性调整，促进人才在城乡、区域、产业、行业和不同所有制之间的合理分布。一是加强宏观调控，建立人才结构调整和经济结构调整相协调的动态机制，促使人才培养结构与经济社会发展需求相衔接。二是

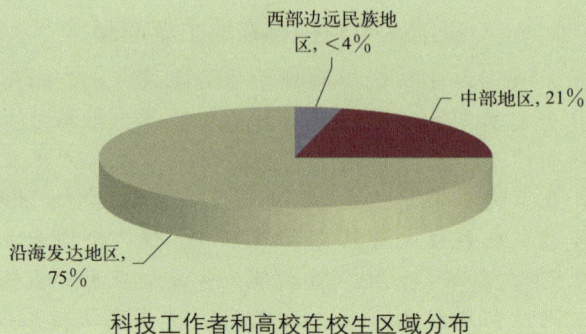

科技工作者和高校在校生区域分布

充分发挥市场配置人才资源的基础性作用，更多运用市场机制调整优化人才结构，促进人才的跨地区、跨行业、跨所有制有序流动。三是充分发挥人才结构调整对经济结构调整的促进作用，以人才素质结构优先调整引领产业结构优化升级，以人才专业结构、区域结构、层级结构调整来推进经济社会发展转型。要适应产业结构发展变化，重点推进人才在三次产业中的合理分布，支持人才流向国民经济和社会发

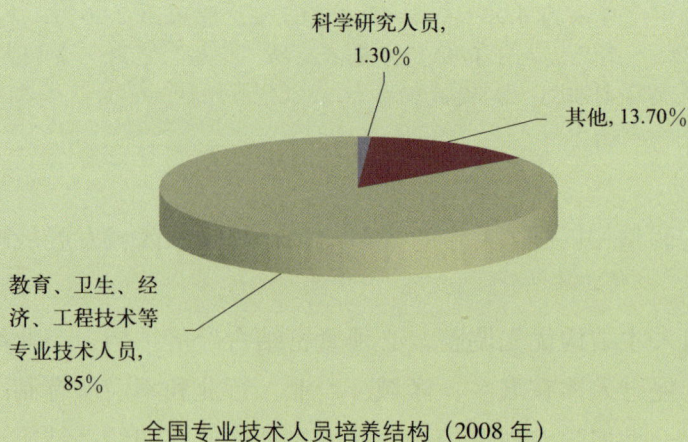

全国专业技术人员培养结构（2008 年）

烟台：加大人才投入　引领科学发展

　　山东省烟台市把人才战略摆到"科技之母、创新之源、兴市之本"的位置，加大人才投入力度，2011 年，全市财政人力资本投入达到 121.1 亿元，同比增长 35.9%；县市区人才工作被纳入组织工作目标责任制考核和科学发展专项考核，且是分值最高的单项考核。1 亿元的人才特区建设专项资金、1 亿元的创新扶持基金和 2000 万元的创业投资引导基金；对科技领军型人才提供100 万元创业启动资金、100 万元安家补助、100 万元至 300 万元创业风险投资、300 万元以上资金担保……仅"蓝海英才计划"一项，就以诸多"特惠"条件，显示出对高端创新创业人才的"磁石效应"。数据显示，2011 年全市生产总值和规模以上工业同比增长 12.1% 和 22.2%，城市居民人均可支配收入和农民人均纯收入达到 26542 元和 11716 元。全国文明城市、联合国人居城市、最佳中国魅力城市、全国社会治安综合治理优秀城市等一连串的桂冠，使烟台成为黄渤两海升起的一颗璀璨明珠。

展重点领域。同时，要适应区域协调发展战略和主体功能区建设的需要，引导人才向农村、基层、中西部地区和边远地区流动。四是以人才引进加快人才结构优化升级。大力吸引海外高层次人才是实现人才结构优先调整的"快车道"，是缩短产业领军人才和高层次技术专家培养周期的一条捷径，同时也有利于推进人才国际化，增加我国人才跨文化优势。因此，要紧贴经济社会发展的战略需求，不断完善人才引进机制，将引进的重点调整到高层次、紧缺型海外人才上来。

◤ 人才投资优先保证

　　人才投资优先保证在确立人才优先发展的战略布局中具有举足轻重的作用，是人才优先发展的根本举措。实现人才投资优先保证可以为人才资源优先开发、人才结构优先调整、人才制度优先创新提供强大动力，夯实雄厚根基。

人才投资优先保证，关键是要充分发挥财政税收金融政策的杠杆作用，不仅要从规模上保证，更为重要的是要从整个经济社会发展要素结构中人力资本投资所占比重的增加和投资效益的提高上来保证，这对于社会上长期以来实际存在的"重物不重人"和粗放式的人才投入方式是一大突破。因此，首先必须破除重物质投入轻人才投入的旧观念，转变财税政策扶持思路，真正树立"人才投资优先"、"人才投入是效益最大的投入"的新理念，保证人才发展投入的结构和效益，逐步改善经济社会发展的要素投入结构，提高投资效益。其次，加大政府人才投入力度。各级政府优先保证对人才发展的投入，较大幅度增加人力资本投资比重，确保国家教育、科技支出增长幅度高于财政经常性支出增长幅度。进一步加大人才发展专项资金投入力度，保障人才发展重大项目的实施。在重大建设和科研项目经费中，应安排部分经费用于人才培训。适当调整财政税收政策，提高企业职工培训经费的提取比例。加大对中西部地区财政转移支付力度，引导中西部地区加大人才投入。其三，健全多元化人才投入机制。通过税收、贴息等优惠政策，鼓励和引导社会、用人单位、个人投资人才资源开发，鼓励和支持企业和社会组织建立人才发展基金。利用国际金融组织和外国政府贷款投资人才开发项目。

人才制度优先创新

人才制度优先创新是指与人才相关的制度要放在优先改革创新的地位，通过制度创新尽可能给人才创造发挥作用的机会、条件。人才制度创新包括人才管理体制和人才的培养开发、评价发现、选拔任用、流动配置、激励保障机制等各种人才制度的创新。体制机制对人才发展具有长远性、根本性、全局性作用。当今世界，国与国之间激烈的人才竞争，说到底是人才体制机制竞争。美国凭借人才制度优势成为世界人才强国，并长期保持霸主地位；俄罗斯因前苏联解体导致人才大量流失而失去竞争优势。因此，构建更加开放、更加灵活、更富有效率、有利于科学发展的人才发展体制机制，是我国人才优先发展的制度保证，也是提升科学发展核心竞争力的关键所在。只有优先创新人才制度，才能用好用活人才，提高人才效能，实现人才的优先发展，更好地为科学发展提供人才支撑。

改革开放以来特别是中央《关于进一步加强人才工作的决定》颁布以来，我国人才工作体制机制创新迈出了新的步伐，人才制度建设已经取得了显著成效，但是必须看到，与建立社会主义市场经济体制的要求相比，人才体制机制改革已经严重滞后于经济体制改革，人才发展的体制机制障碍尚未清除。一是人才市场体系不够完善。人才市场运行不规范，人才服务机构不适应市场多样化的需求，市场在人才资源配置中的基础性作用尚未得到有效发挥。二是人才流动渠道不够畅通。户籍、人事档案、社会保障等制约人才流动的一些深层次

相关链接

美国人才制度优势

美国之所以成为世界上最强的人才大国，主要靠两条：

一是人才自由流动的市场机制。美国是全球人才市场最为发达的国家，全世界最有实力的人才中介公司及猎头公司近80%集中在美国，各类人才中介及职业介绍公司逾2万家。

二是知识产权保护制度。专利注册制度起源于美国，1790年7月华盛顿颁发了第一项专利。在美国200年的历史中，颁发了近500万项专利。

问题仍未从根本上解决；国内与国外、国有企事业单位与非公有制组织之间、党政机关与企事业单位之间的人才互通机制尚未形成。三是人才评价机制不够科学。人才评价标准不够科学，评价方法单一；人才评价导向偏失，偏重学历、论文和论资排辈倾向突出。四是激励保障机制不够健全。与工作业绩紧密联系、鼓励人才创新创造、充分体现人才价值的分配机制还需要进一步完善；全社会统一的基本社会保障制度没有完全建立，特别是对农村、非公有制经济组织、新社会组织人才的社会保障机制不完善，影响对人才的吸引和使用。

人才制度优先创新，首先，要适应完善社会主义市场经济体制和推进行政管理体制改革的需要。着眼于激发各类人才的创新活力和创

造智慧，整体谋划设计人才发展体制机制改革的思路、方法和路径，勇于破除一切不利于人才成长和发挥作用的体制机制障碍，打造更具竞争力的人才制度优势。

其次，要改革完善人才管理体制。健全党管人才的领导体制，完善党委统一领导，组织部门牵头抓总，有关部门各司其职、密切配合，社会力量广泛参与的人才工作格局。促进政府职能转变，改进人才管理方式，推动人才管理部门简政放权，扩大和落实用人单位自主权。坚持用法制保障人才，健全人才工作法律法规。

第三，创新人才培养开发、评价发现、选拔任用、流动配置、激励保障机制，形成一整套更加科学、更具活力的人才工作机制。在培养开发上，应建立人才培养结构与经济社会发展需求相适应的动态调控机制，包括人才需求监测机制、产学研紧密结合的人才培养机制等，提高人才培养与经济社会发展需求之间的适应性和契合度。在评价发现上，应改变评价方式，坚持在实践中识别和发现人才，着力解决"重论文和资历、轻能力和水平"问题。在选拔任用上，深化党政领导干部选拔任用制度改革，加大市场选聘国有企业领导人员力度，全面推进事业单位人事制度改革，促进用当适任、人尽其才、才尽其用。在流动配置上，发挥市场配置人才资源基础性作用，畅通流动渠道，促使大批人才向重点区域、重点产业集聚，在服务基层一线中建功立业。在激励保障上，优先创新促进人才价值实现和升值的制度环境，完善人才分配、奖励、保障制度，以价值体现价值、用财富回

相关链接

制度缺失导致人才流失

苏联解体以来，随着国家对科研投入的减少及工资的降低，约有50万到80万名科学家前往国外寻求发展，流失人才以30岁至50岁之间的科学家为主，他们绝大多数都去了美国、加拿大等国家，专业涉及航天、物理学、精细化工、计算机、微生物学、遗传学等。人才流失导致俄罗斯科研实力及创新能力下降。据估计，俄罗斯每年人才流失造成的损失高达30亿美元。

报财富，最大限度地激励人才创新创造。

第四，要通过政策调整和制度创新，改善人才竞争的制度环境。完善事业单位公开招聘、竞聘上岗和合同管理制度，建立以岗位绩效为基础的考核评价制度，完善以合同管理为基础的用人机制。推进职称制度改革，统筹专业技术职务聘任制度和职业资格制度。健全科学的职业分类体系，建立各类人才的能力素质标准。

七　人才投资效益最大

从广义上讲，人才投资实际上是人力资本投资，主要是指用于人的发展方面的投资。从投资主体来划分，可以分为政府投资、用人单位投资、社会投资和个人投

资。政府投资主要是指政府财政在公共教育、科技、卫生等方面的投资；社会投资包括企业、科研院所等社会组织对于人力资源开发方面的投资；个人投资则包括家庭和个人对教育等方面的投资。

1. 人力资本是现代经济增长的源泉

当今社会，人力资本已成为现代经济增长的源泉和根本动力。世界各国现代化的历程表明，加大人力资本投入、促进人力资本优先积累是加快其现代化进程最重要的推动力量。人力资本优先积累既是各国成功实现追赶战略的主要路径，也是中国近几十年取得辉煌成就的主要经验。

人力资本理论揭示现代经济增长规律

自亚当·斯密提出"人力资本"概念以来，人们对其在经济

七 人才投资效益最大

经典语录

> 应该珍视每一个专家，把他们看做技术和文化的唯一财富，没有这份财富，什么共产主义也不可能实现。
>
> ——列宁

增长中的重要性越来越关注。亚当·斯密在《国富论》中指出："社会上一切人民学到的有用才能。学习一种才能，须进学校，须受教育，须做学徒，所费不少。这样费用的资本，好像已经实现并且固定在学习者的身上。这些才能对于他个人自然是财产的一部分。工人增进了的熟练程度，可和便利劳动、节省劳动的机器和工具同样看做是社会上的资本。"马克思在《资本论》中对人力资本的基本内涵及在社会生产中的作用作了相应论述，认为在历史的长河中，社会总是不断进步和发展的。人是社会经济管理活动的唯一主体，人是生产力中最活跃的因素，在生产过程中起主导和主体作用，因而要重视人力资本投入。他曾强调指出："为改变一般的人的本性，使它获得一定劳动部门的技能和技巧，成为发达的和专门的劳动力，就要有一定的教育或训练，而这又得花费或多或少的商品等价物。"①"二战"以后，经济发展的驱动要素一直是经济学家关心的重大问题之一。1960年，在对世界各国经济发展经验总结和理论思考的基础上，美国经济学家、诺贝尔经济学奖得主舒尔茨创造性地提出了人力资本理论，认为人力资本是以劳动者的质量或拥有的技术、知识、工作能力所表现出来的资本。人力资本是社会进步的决定性因素；一个国家人力资本存量越大，质量越高，其劳动生产率就越高。人力资本也具有收益

经典语录

> 世间一切事物中，人是第一个可宝贵的。在共产党领导下，只要有了人，什么人间奇迹也可以造出来。
>
> ——毛泽东

---

① 《马克思恩格斯文集》第五卷，人民出版社2009年版，第200页。

递增的特性，能改善物质资本的生产效率。人力资本之所以成为经济增长中的重要因素，关键在于它具有要素和效率两个方面的生产功能。人力资本既是生产过程必不可少的先决条件或投入要素；又是提高生产效率的关键因素。人力资本作为一种生产要素，一方面直接为经济增长作贡献；另一方面它又通过促进科学和技术的进步来促进经济增长。

20 世纪 80 年代末兴起的新经济增长理论进一步丰富和发展了人力资本理论。美国经济学家、诺贝尔经济学奖获得者罗伯特·卢卡斯将人力资本分解为基础人力资本和专业化人力资本，认为专业化人力资本才是促进

经济增长的真正动力。美国经济学家保罗·罗默 1986 年建立的内生经济增长理论认为，特殊的知识和专业化人力资本才是经济增长的主要因素，它们不仅自身能形成递增收益，而且能产生外部溢出效应，从而保证经济长期增长。

人力资本对经济增长的贡献不仅体现在理论层面，而且得到了各国经济发展实践的验证。前苏联学者斯特鲁米林根计算了工人的文化程度和技术水平的提高对国民收入增长的贡献，发现教育程度的提高所产生的价值占国民收入的比率为 30%。美国学者爱德华·丹尼森从历史统计分析中度量了经济增长的各种因素，把教育水平提高看做是促进人力资本质量提高的主要因素，并由此计算出美国 1929—1957 年经济增长中有 23% 来自于教育所形成的人力资本。丹尼森认为：美国 1927—1957 年间人均国民生产总值中 42% 应归于劳动教育水平的提高。其间的经济成长因素的 47% 是受到科技进步和劳动力素质影响。同时，教育水平的提高也极大地推动一国从欠发达经济体转变为发达经济体的进程。丹尼森和丘昂估计：日本在 1961—1971 年这 10 年间，教育进步使人均国民生产总值的增长率每年提高 0.35%。罗伯特·J.巴罗使用 1965—1995 年 100 多个国家的相关数

七　人才投资效益最大

据对人力资本与经济增长的关系进行了实证分析，发现成年男性接受中高等教育的初始平均年数与经济增长存在正向变动关系，教育质量对经济增长的影响更加重要。

人才投资是效益最大的投资

人力资本作为提高生产效率的关键因素，其实现途径主要是通过增加人力资本投资提高自身和其他生产要素的生产效率。自从人力资本理论诞生以来，全世界范围兴起了人力资本投资的浪潮。实践表明，大规模的人力资本投资和人才开发活动，是推动国家经济社会发展的主要力量之一，相关研究显示，在 20 世纪 60 年代，发展中国家物质资本的投资收益率为 15%，人力资本投资的收益率为 20%。联合国教科文组织提供的研究结果表明，劳动生产率与劳动者文化程度呈现出高度正比例关系。与文盲相比，小学毕业可提高生产率 43%，初中毕业可提高 108%，大学毕业可提高 300%。世界银行的调查研究显示：教育对于经济增长的贡献巨大。劳动力受教育的平均时间每增加一年，GDP 增加 9%。

相关链接

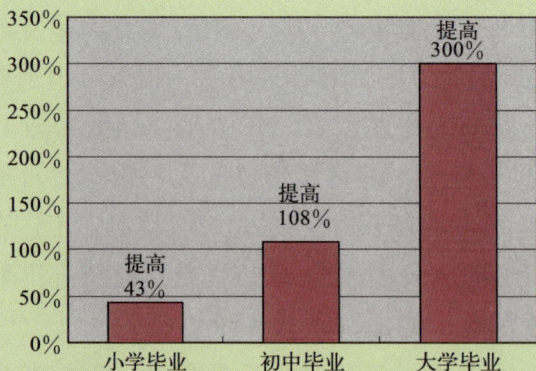

受教育程度对生产率提高的作用

人才投资是效益最大的投资，也被国内外实践反复证明。美国钢铁大王卡内基家族靠投资产业资本成为百万富翁，用了近百年；美国石油大王洛克菲勒家族靠投资资源资本

LI LUN DU BEN

成为千万富翁，用了50年；而电脑奇才比尔·盖茨靠投资人才资本成为百亿富翁，只用了十几年。这些都充分说明，投资人才资本比投资资源资本、产业资本能获得更大的收益。我国经济学家的计算结果表明，每增加1亿

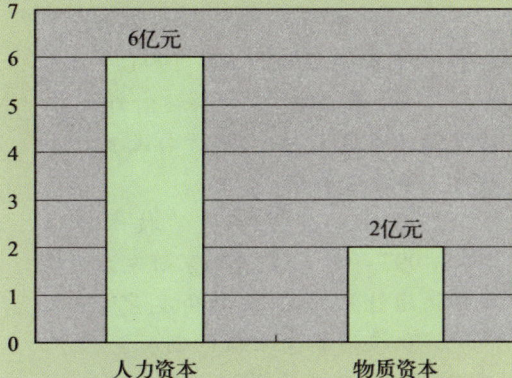

（单位：亿元）

每增加1亿元投资带来GDP增量比较

元人力资本投资，将带来次年近6亿元GDP增加额，而每增加1亿元物质资本投资，仅能带来2亿元GDP增加额。西方相关研究显示，目前中国人力资本投资回报率高达30%至40%，高于物质资本投资的回报估计可以高达20%，也高于美国等发达国家的人力资本投资回报率15%到20%。分析其原因，2000年诺贝尔经济学奖得主詹姆斯·赫克曼认为，中国是个处于转型期的大国，其变化日新月异，越是有知识和技能的人，越能很好地适应各种变化，并反过来更好地推进经济的发展。

▶ 实现现代化追赶需要加大人才投入

世界各国实践证明，包括教育投资在内的人才投资是发展效益最大的投资。在日本经济发展过程中经历的两次飞跃都与高水平的人力资本投入有关。日本前首相吉田茂在《激荡的百年史》一书中总结日本明治维新后百年发展历程时说："教育在现代化中发挥了主要作用，这大概可以说是日本现代化的最大特点。"作为第一个向西方国

相关链接

从"技术立国"到"科技创新立国"

20世纪90年代以后，日本加大了对科学技术的投入规模。1994年日本开始从"技术立国"向"科技创新立国"转变，改变了过去"模仿与改良"的科技、经济发展模式。

1995年制定了《科学技术基本法》，1997年启动了《国家研究开发实施办法指针》，从立法的角度营造良好环境，积极培养高素质的创新型人才；2000—2005年政府的科技研究开发预算经费是1310亿美元，列世界第二。根据联合国开发计划署的研究，日本1998年每百万人获得专利994项，位居世界前列。

家学习的亚洲国家，为了缩小与先进国家的差距，早在19世纪中后叶，他们就从闭关锁国的教训和欧美国家迅速崛起的神话中，悟出了依靠人力资源开发寻求发展的道理。在1867年，日本对政治、社会和经济制度进行了改革，教育成为改革的主要内容，日本用了几十年时间实现了人力资本初始积累。1913年日本人均受教育年限相当于美国的68.2%，到1953年达到了美国的80.8%，为50年代以后的日本经济高速增长奠定了基础。20世纪50年代以后，日本把人看作资源，把教育视为开发资源的手段，强调教育投资的价值和经济效益的"教育投资论"思想在日本盛行。日本1955年教育总经费为4373.8亿日元，1965年猛增到17881.99亿日元，10年之间增加4倍多，超过国民收入的增加。1965年到1995年的40年时间里，教育经费绝对值增加68.8倍[①]。从教育经费投入水平看，日本教育经费总值占GDP的比例一直保持在5%以上，1980年曾经达到6.8%。

韩国之所以能在相当长的时间内保持经济增长，人力资本优势发挥出非常重要的作用。韩国在20世纪中叶以前既没有工业化基础，也没有教育文化基础，全国人口教育文化水平极低。由于韩国各届政

---

① 张珏：《日本：教育对日本现代化起了主要作用》，载《教育发展研究》2003年第2期。

府的励精图治，坚持"教育先行"的人力资源开发战略，采取了加强教育投入，重视普及义务教育和高等教育的措施，给其经济实现快速赶超提供了支撑。1950年，韩国的公共教育经费占国民生产总值的比例为2%，而到1984年韩国教育经费占国民生产总值的比例达13.3%，达到日本5.7%的近2倍，创当年世界的最高纪录。1965年到1995年间，韩国中央政府的教育预算占中央政府预算一直保持很高的比例，20世纪90年代以后，比例基本保持在了20%以上①。除了对教育的重视，20世纪60年代中期开始，韩国开始大量引进外国资金、设备和技术。自1976年起，每年引进的技术超过100项以上。随着新技术和设备的大量引进，韩国大力培育经济专家、技术专家，促进技术消化和劳动生产率的提高。高比例的教育经费投入、多元化的教育投入方式、高强度的研发和技术引进，成为韩国经济高速发展、实现经济赶超的主要经验。

重视人力资本投资是美国长期保持世界强国地位的秘诀之一。从1852年马萨诸塞州第一个通过义务教育法到1919年亚拉巴马州最后通过义务教育法，美国用了近60年基本普及了6—8年义务教育，美国在经济赶超时期，成为最早普及初等和中等义务教育的国家。1975年以来的多数年份，美国机构教育经费总投入占GDP的比例保持在7%以上。1999年，美国教育经费总投入达到6468亿美元。1990—2000年，美国R&D支出占GDP比例为2.5%，在OECD国家中列第4位，人均R&D支出额在世界主要国家中仅次于日本。高强度的教育投入、科学技术研发投入成为美国经济总量长期稳居世界首位的主要原因。

人才投入是当代中国崛起的强大推力

改革开放30多年来，中国成功地利用后发优势，实现了前所未有的跨越式发展，取得了举世瞩目的成就。2011年我国国内生产总

---

① 陆璟：《韩国：后发国家追赶的典型》，载《教育发展研究》2003年第2期。

值超过 47 万亿元人民币，按不变价格计算是 1978 年的 22 倍多，人均国内生产总值超过 5300 美元，是 1978 年的 16 倍，已进入中等收入国家行列。① 总体而言，中国在短短几十年内走过了一些资本主义国家两三百年才走完的历史进程。正如某西方媒体评论的："不管以什么为标准，中国成就的规模都是非凡的。它的工业化的速度是西方的 3 倍。欧洲用 100 年实现的成就，中国只用一代人的时间就实现了。"

回顾历史可以发现，中国经济的快速发展，与中国人力资本积累优先战略密切相关。新中国成立特别是改革开放以来，我国高度重视教育、科技和卫生事业，这些都是人力资本积累的基础。20 世纪末 21 世纪初，我国先后提出并实施了可持续发展战略、科教兴国战略和人才强国战略，大力发展教育、科技和人才事业，为中国的经济发展提供了强大的人才和智力支持。国家财政人才投入由 2001 年的 1859.5 亿元，占当年财政支出的 9.8%；上升到 2006 年的 5277.7 亿元，增加了 3418.2 亿元，增长了 183.8%，年均递增 23.2%，占当年财政支出的比例也相应提高到 13.1%，提高了 3.3 个百分点。"十一五"期间中央财政年度科技投入保持 23%以上的年均增速；2011 年全社会研究与试验发展（R&D）投入大幅增加，达到 8610 亿元，相当于 2001 年的 4.6 倍。企业 R&D 支出占

相关链接

（单位：亿元）

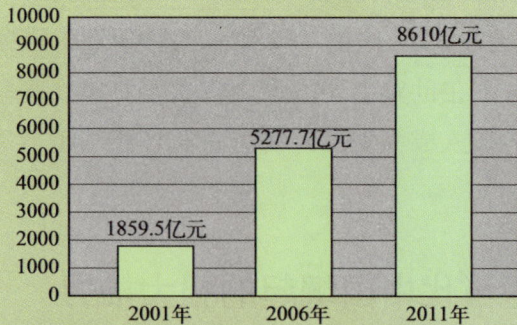

全社会研究与发展投入增长情况

① 曾培炎：《伟大的历程 辉煌的成就 宝贵的经验》，载《求是》2012 年第 11 期。

74%，占国内生产总值（GDP）的比重近 1.83%，研发经费居世界第三。全年受理境内外专利申请 163.3 万件，居于世界前列。① 2010 年中央安排了 1000 多亿元、地方安排了 1274 亿元来推动各类人才

相关链接

（单位：亿元）

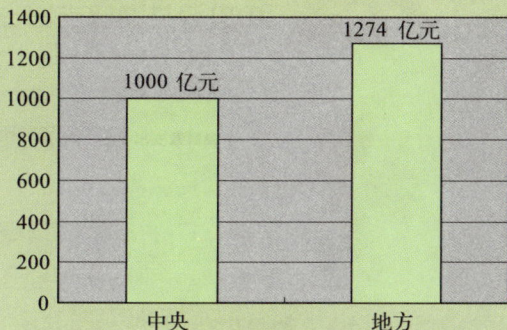

全国各类人才工程投入情况

中央 1000 亿元
地方 1274 亿元

工程。人力资本投入的快速增加大大提升了我国的人才资源开发水平。

国民受教育水平和科研水平快速提升。2010 年，全国小学净入学率、初中毛入学率均超过 99%，九年义务教育全面普及，高中阶段毛入学率达到 82.5%；高等教育毛入学率达到 26.5%，在校生超过 3105 万，居世界第一；中等和高等职业教育在校生超过 3000 万人，形成了大规模培养技能型人才的能力。截至 2010 年底，全国 15 岁以上人口平均受教育年限接近 9.0 年；主要劳动年龄人口平均受教育年限为 9.6 年，其中受过高等教育的比例为 10.5%；新增劳动力平均受教育年限达到 12.7 年。

2010 年我国科技人才资源总量达到 5700 多万人，全社会研发人员 255.6 万人，居世界第一位，国际科技论文数量从 2005 年的世界第五位上升到第二位。高技术制造业总产值年均增长 17.3%，2010 年达到 7.62 万亿元，技术市场交易额年均增长 20%，2010 年达到 3906 亿元。

---

① 国务院新闻办公室：《中国的人力资源状况》，人民出版社 2010 年版，第 18 页。

　　科技和教育的迅速发展，人才竞争力的迅速提升，为我国改革开放以来的经济快速发展提供了强大的动力。多数研究表明，教育在中国的经济增长过程中发挥了重要作用，由于估算方法不同，教育对中国经济增长的贡献率大多数在20%—30%之间，2011年中国人力资本投资占国内生产总值比例达到12%，人才对经济增长的贡献率达

2010 年我国科技发展状况

指　　标	世界排名	备　　注
科技人才资源总量	1	5700 多万人
全社会研发人员全时当量	1	255.6 人年 / 万人
国际科技论文数量	2	2005 年居第 5 位
发明专利授权量	3	2005 年的 2.6 倍
国际专利申请量	4	2005 年居第 10 位
指　　标	年均增长率	总　　量
高技术制造业总产值	17.3%	7.62 万亿元
技术市场交易额	20.0%	3906 亿元

到 26.6%。正如近年来美国、印度等国外一些主流媒体在评论中国模式时所指出的，"中国模式强调通过教育来积累人力资本，从而为将来的经济发展奠定了基础"；"中国的优势在于不断增长的经济、政治稳定性以及大量的才华横溢的人力资源"。温家宝曾指出，世界都在谈"中国崛起"，人们议论最多的是 GDP，但我以为"中国崛起"的标志是在人才、是在教育。[①] 分析中国经济快速发展的轨迹和人力资本积累轨迹，我们可以清楚地发现，人力资本投资是最有价值的投资，对经济增长更具有倍增效应。

▶ 2. 人才投入是赢得未来的战略性投入

人才是一种可持续开发的资源，人才优势是最需培育、最有潜力、最可依靠的优势。放眼未来，经济全球化和一体化趋势不断增强，物质资源日益短缺，人类发展越来越依赖于科学技术进步，国与国之间的竞争越来越表现为以人才和科技为基础的综合国力竞争，加大人才投入成为世界抢占科技、产业发展制高点的战略举措。

◀ 后危机时代各国人力资本投入战略

当今世界正处在大发展大变革大调整时期，国际金融危机蔓延加剧了世界各国综合国力的竞争，人才竞争的国际化趋势愈加明显，人才"全球流动、全球配置、全球定价、全球争夺"愈演愈烈，一场"没

---

① 温家宝：《"中国崛起"的标志是在人才、在教育》，新华网，2011 年 2 月 27 日。

有硝烟的人才战争"已经拉开帷幕。

当前，发达国家普遍把发展新兴产业作为化解国际金融危机、占领经济发展制高点的战略措施，纷纷采取增加投入、建立园区等措施，抢夺新兴产业各类人才，特别是对低碳新能源、生物医药、航空航天、海洋开发等新兴产业人才的争夺日趋激烈。为加强对人才吸引，提升国家的人才竞争力，近几年主要发达国家纷纷制定了人才投入计划，对人才、科技、教育的投入规模巨额增长，显示了对科技创新、人才投入的极大重视。金融危机爆发后，尽管发达国家失业率上升，面临日趋严重的就业压力，但这些国家却纷纷放宽了技术移民的条件，增加了对人才引进的鼓励，提高科研经费的比例，从而寻求科技创新对就业增长的带动力。

相关链接

各国加大人才投入力度

2010年11月，在庆祝加拿大首席计划创立10周年纪念会上，加拿大工业部长托尼·克莱门特宣布，加拿大政府将投入2.756亿加元继续支持310个新的席位计划，以使加拿大强化其大学研发在国际上的领先地位。这是加拿大的优秀首席计划在近几年最大的投入规模。2009年，韩国利用其世界级研究型大学计划，从海外招聘了284名顶尖学者，在未来5年中，将为他们提供8300亿韩元的研究资助。

美国是世界上自然资源最为丰富的国家之一，但美国并没有局限于物质资源的开发，而是坚持以人才投资为导向，把更广阔的视野放在人力资源的开发利用上。美国高度重视科技、教育工作，不断加大科技投入，改革教育体制，提升美国国家竞争力；通过不断修改移民法案，增加对本国急需人才的引进。为了应对金融危机冲击，美国《复苏与再投资法案》安排史上最大一笔联邦拨款（1000多亿美元）用于振兴教育；美国总统奥巴马表示，要将未来10年基础研究的经费翻一番，设立180亿美元的教育资助计划，进行全面的移民改革，实行更宽松的"绿卡"政策和H—1B签证计划，吸引全球更多的优秀人才，以加强美国在科学、技术和创新领域的领导地位。2011年，奥巴马政府推出了旨在确保经济增长与繁荣的新版《美国创新战略》。指出，美国未来的经济增长和国际竞争力取决于其创新能力。美国将空前加大对联邦资助的研究项目的支持力度，并不断为三个主要基础研究机构（国家科学基金会、能源部科学局以及国家标准与技术研究院）的投资翻番而努力。2011财年预算承诺未来10年投入1000亿美元，以撬动更多的研发投资。

2010年，欧盟公布了未来十年的经济发展计划，即"欧盟2020战略"，提出了欧盟在未来十年内关注重点，即科技创新、研发、教育、清洁能源及劳动力市场自由化。加强人力资本竞争力所在的基础（科技创新、研发、教育），是欧盟成员国关注的焦点。欧委会在欧盟发展战略中设定了一系列具体目标，如到2020年，研发投入占欧盟总体GDP比重由1.9%增加至3%。增加科研投入，提高教育普及率成为欧盟成员国各自国家行动计划中的重要量化指标。2011年，欧洲研究理事会（ERC）对"启动资助计划"投入达到7.3亿欧元，计划为500—600名有能力的研究人员提供资助[1]。2010年英国新政府上台后，推出了总投资额超过2000亿英镑的《国家基础设施规划》，重点支持低碳经济、数字通信、高速交通系统和基础科研等方面的基础设施建设，投入数十亿英镑支持基础科研[2]。

◀ 加大人才投入是可持续发展的必然选择

未来十几年，我国经济社会发展仍处于可以大有作为的重要战略机遇期，既面临难得的历史机遇，也面对诸多可以预见和难以预见的风险挑战。从国际看，和平、发展、合作仍是时代潮流，世界多极化、经济全球化深入发展，世界经济政治格局出现新变化，科技创新孕育新突破，国际环境总体上有利于我国和平发展。同时，国际金融危机影响深远，世界经济增长速度减缓，围绕市场、资源、人才、技

---

① 中国科学技术信息研究所：《全球科技人才工作要览》2009年第18期。

② 黄堃：《统筹、市场、投入：英国力促科技创新与经济协同发展》，载《科技日报》2012年6月8日。

术、标准等的竞争更加激烈，我国发展的外部环境更趋复杂。从国内看，工业化、信息化、城镇化、市场化、国际化深入发展，人均国民收入稳步增加，经济结构转型加快，科技和教育整体水平提升，劳动力素质改善，这些将推动经济社会发展和综合国力再上新台阶。同时，我国发展中不平衡、不协调、不可持续问题依然突出，经

人力资本、物力资本投入占 GDP 总量比例

济增长的资源环境约束强化，投资和消费关系失衡，科技创新能力不强，产业结构不合理，制约科学发展的体制机制障碍依然较多。未来一段时期，中国将进入人口老龄化快速发展阶段。2009 年，全国 60 岁及以上老年人口已达到 1.67 亿。在"十二五"期间，人口老龄化将呈现老年人口数量多、老龄化速度快、高龄趋势明显的特点。随着中国老龄化的开始，劳动力人口的增长速度逐渐放缓，中国经济的长远发展需要人口优势从廉价劳动力时代转为人力资本时代。

温家宝在 2010 年全国人才工作会议上强调，"人才投入是赢得未来的战略性投入，是效益最大的投入，在这方面要舍得花钱。"人才作为一种智力资源，其开发同样要遵循一个投入和产出的原理。没有投入，壮大人才队伍、优化人才结构、实现人才资本优先积累就会成为一句空话。促进人才优先发展必须加大人才资本投入，走人才资本优先积累之路。我们可以清醒地看到，在人才投入上我国与发达国家相比，还存在相当大的差距：一是国家投入严重不足。长期以来，我

七　人才投资效益最大

国人才投入明显低于物质投入，与发达国家相比差距更大。据有关资料显示，我国人力资本投入和物力资本投入分别占 GDP 总量的 2.5% 和 30%，两者之间的倍数为 12 倍；而美国人力资本投入和物力资本投入分别占 GDP 总量的 5.4% 和 17%，两者之间的倍数仅为 3.15 倍；韩国人力资本投入和物力资本投入分别占 GDP 总量的 3.7% 和 30%，两者之间的倍数为 8.1 倍。2010 年，我国财政性教育经费支出占 GDP 总量的 3.7%，远低于世界 4.6% 的平均水平。二是科研投入力度不够。2010 年，我国研究与开发（R&D）经费支出占国内生产总值的比例为 1.76%，而绝大多数发达国家都在 2.5% 以上，日本超过 3%，以色列甚至超过 4%。三是社会力量对人才投入的机制尚未形成。我国人才投入单一，政府、社会、用人单位和个人多元化的人才投入体系还没有建立，市场对人才投入的调节作用未有效发挥，风险投资等社会投入缺乏税收、贴息等政策引导。对于一个国家来说，人才投资是一种战略性和先导性的投入，是推动整个国家的经济发展，提升综合国力和国际地位的重要因素，是改善全体国民福利、实现和谐发展的重要保障。我们必须切实增强加

相关链接

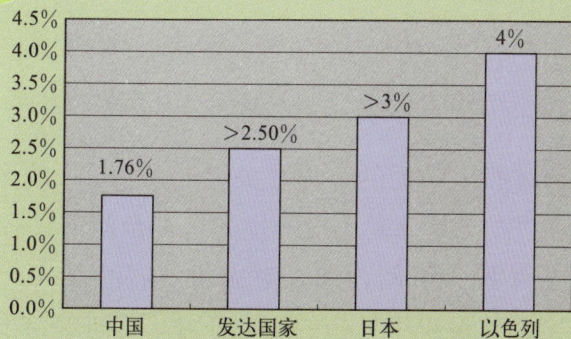

2010 年相关国家 R&D 经费支出占 GDP 比例

大人才投入的紧迫感，把人才投入作为人才优先发展、加快建设人才强国的战略基点，加大教育、科技和卫生等各项社会事业投资力度，优先保证重大人才工程投入资金，这是未来中国实现可持续发展的必然选择。

相关链接

人力资本的投资情况是判断一个国家的进步与否的标准之一。人力资本要求把人作为经济生活的一个中心来看待，并要乐于投资。对公司来说，人力资本很重要，对一个国家来说，人力资本更为重要。一个国家对人力的教育、技术培训、健康卫生等方面的投资多少，决定着这个国家会不会实现经济可持续发展。任何一个国家的发展，市场经济下的人力资本投资方面关系到可持续发展，要想可持续发展就是要加大人力资本的投资。

——[美] 加里·贝克尔

3. 构建多元化人才投入机制

　　人才投入效益的多样性决定了人才投入的多元化特征。人才发展规划提出，"实行人才投资优先，健全政府、社会、用人单位和个人多元人才投入机制，加大对人才发展的投入，提高人才投资效益"。落实全面建设小康社会的历史任务，促进经济发展方式转变，对我国人才发展提出了前所未有的紧迫需求。整体上看，我国人才投入总量偏低、规模较小，远不能满足服务科学发展、建设人才强国的需要。因此，要加大人才投入，加快构建多元化的人才投入机制。

充分发挥人才投入主体作用

　　政府、企业和个人是人才投入的三大主体。人才投入系统性强、涉及面广，需要充分发挥政府、企业和个人在人才投入上的积极性。

一是充分发挥政府在人力资本投资中的主导作用。人力资本投资中存在负外部性，会导致市场失灵，出现投资偏失，而政府的人力资本投资具有极其重要的示范和引导作用，能够弥补市场调节造成的种种缺陷，纠正投资偏向和投资缺位，保证人力资本投资的机会均等和公平公正性。进一步明确政府人才投入的基本职能和责任，服从服务于国家发展战略目标，提供基础性投入，满足全社会人才发展的基本需求，比如基础教育、基础科研等，着力解决市场机制不能有效解决的人才投入问题。同时，要充分发挥各级政府在人才投入政策上的导向作用，坚持公共性、全局性和战略性原则，在投入重点和使用方向上，加强政策引导，更好发挥市场对人才投入的基础性配置作用。

二是充分发挥企业在人力资本投资上的主体作用。企业是技术创新主体，也是人力资本投资主体。

企业成为人力资本投资主体

进入知识经济和信息化时代以来，企业越来越成为人力资本投资的主体。如德国西门子公司在国内外拥有60多个培训中心，有700多名专职教师和近3000名兼职教师从事新员工第一职业培训、大学生精英培训和领导后备人选的精英培训。日本电器公司专门开设了国际培训中心，形成了以国际企业人、驻外人员、当地雇员为对象的国际培训体系，采取轮岗、集中培训、单独培训等方式，有针对性地进行语言培训、国际实务培训、国际经营培训、外派前培训、高级经营者培训、海外留学、海外业务进修等。欧盟委员会2007年10月8日发布的报告称，全球最大的制药企业辉瑞公司的研发经费居世界之首，2006年达到81.8亿美元。在2011年10月18日发布的《欧盟产业研发投入报告》中显示：2010年全球大公司研发投入比上年增长4%，该报告按照研发投入高低共收录了1400家公司的相关数据，2010年，这些公司研发总投入4560亿欧元，占净销售额的3.3%。

七 人才投资效益最大

典型案例

新疆：专项资金支持重点人才工作

2012年，新疆自治区各级财政共计提取人才发展专项资金3亿余元，支持开展10项重点人才工作，分别是：领导干部公选；面向全国公开招聘人才管理改革试验区高层次人才；基层人才高级职称直接认定；高层次人才培养计划；选送第二批普通高校毕业生赴援疆省市培养；召开引进高层次人才座谈会；建立人才发展规划体系和实行人才工作目标责任制；启动实施重点人才工程；援疆干部人才创先争优竞赛活动；优秀人才事迹宣讲活动。

这种主体地位和作用，在知识经济和信息化时代显得尤为突出。人力资本投资越来越成为世界各国企业的核心竞争战略。英特尔公司每年研发投入就高达83亿美元，占整个企业营业收入539亿的15%。相比之下，我国企业人力资本投资主体作用发挥不够。2010年，我国大中型工业企业研发投入仅占当年主营业收入的0.93%，而主要发达国家的这一比例是2.4%—4%。要通过创新财税金融政策、改革人才投入管理体制，引导和推动企业成为人力资本投资主体。

三是充分发挥家庭和个人在人力资本投资上的重要作用。重视家庭教育和子女教育投资，是中华民族的优良传统，也是我国人力资本积累的比较优势。改革开放以来，家庭投资个人教育呈逐年上升趋势。相关资料显示，1985年，家庭教育支出占生活消费支出的2.1%，到1996年，上升为5.2%；居民家庭教育支出的平均年增长率为101.4%，而同时期家庭生活消费支出的平均年增长率仅为34.4%。20世纪90年代以来，家庭的教育支出以平均每年29.3%的速度增长，明显快于家庭收入的增长，也快于国内生产总值的增长。2011年我国城市家庭平均每年花在子女教育方面的费用，占家庭经济总支出的35.1%。[①] 要制定政策措施，支持和鼓励个人和家庭积极主动地进行

---

① 《城市家庭教育支出占收入三成：教育资源分配不均》，载《中国青年报》2012年3月16日。

人力资本投资。

健全多元化投入机制

坚持人才投资优先保证的战略方针，加大政府人才发展投入力度，充分运用财税政策，鼓励和引导社会、用人单位和个人加大人才投入，构建充满活力、开放有序的多元化人才投入新机制。

一是政府人才投入要扩大规模、优化结构。加快建立财政性人才投入稳定增长机制，逐步提高财政性人才投入占地区生产总值的比例，确保国家教育、科技支出增长幅度高于财政经常性收入增长幅度，卫生投入增长幅度高于财政经常性支出增长幅度，进一步优化人才发展投入结构。中央财政人才投入要重点向职业教育、科技创新和经济社会发展重点领域倾斜，重点支持高层次、高技能、紧缺性人才培养和引进。加强对中西部地区人才发展的财政支持，引导中西部地区加大人才投入。

二是创新机制，引导社会力量参与人才投入。发挥财税政策导向作用，通过税收减免、贴息等手段，鼓励企业和社会

典型案例

上海：创新人才投入机制
优先扶持创业人才

上海市对创业人才加大创业扶持力度，推进创新创业基地建设。2011年，市财政专门安排落实"3个10亿元"，发挥专项资金的示范、引导和放大效应，加快形成政府推动、社会参与、市场运作的中小企业融资服务体系。浦东新区依托"浦东科投"和"张江科投"平台，投入20亿元，通过"资本金+利息"模式，为人才创新创业提供融资服务；开展"银政合作"，引导商业银行放宽审贷标准、扩大放贷规模、建立信贷审批绿色通道，建立风险共担机制。

组织投资人才发展，建立人才发展专项基金，创新产业研发资金投入机制，发展创业风险投资基金。鼓励企业成为 R&D 投入的主体，

KEXUERENCAIGUAN

科学人才观理论读本

苏州：打造中国"创投湖"

2011年7月，经中央人才工作协调小组批准，苏州沙湖股权投资中心设立"千人计划"创投中心，以集聚更多国内外知名创投基金，营造更好的创业氛围，吸引和支持更多海外人才回国创新创业，打造中国的"创投湖"，为全国其他地区提供经验借鉴；同时，为使创投中心更好地运作，设立"千人计划"创投基金，以中央财政资金为引导基金，地方财政资金配套，广泛吸收社会资金参与，形成一定的规模优势，重点支持初创期的企业，大力支持海外人才回国创业。

加大对研发的投入，促进科技成果产业化；通过所得税、房产税减免和研发费用加计扣除等，鼓励科技园区、企业和个人科技创新创业；提高企业教育经费提取比例，加大职工培训经费规模，引入竞争机制，培训项目逐步实行招投标。充分调动行业协会、专业组织投资人才的积极性，发挥其专业性和公益性特点，通过基金会、资格认证等形式，在国家急需紧缺人才培训和引进上发挥作用。

三是制定政策，鼓励个人和家庭投资教育。个人是人才投资的

武汉：促进科技人才和金融资本有机融合

武汉市抓住建设区域金融中心机遇，在东湖高新区打造"资本特区"，积极促进科技人才和金融资本有机融合，助推海内外高层次人才投资创业，让政府成为天使投资人。高新区每年设立1.5亿元专项资金，资助高层次人才创业。对引进的世界一流创新团队，最高给予1亿元的经费资助；对引进的海外领军人才，给予500万元的扶持资金、500万元的风险投资资金、年利息额50%的银行贷款贴息的资金支持；对入选国家"千人计划"的高层次人才，区财政给予300万元资助。目前，高新区已投入3.46亿元，支持300位海内外人才成功创新创业。

直接受益者，具有较大的投资动力。相关研究表明，对于劳动者来说，教育投资的私人收益率可以达到8％—10％。要制定政策调动个人投资教育培训的积极性，引导其根据市场需求进行人力资本投资，提

典型案例

天津：千万股权激励高新人才

为吸引高新技术人才创新创业，天津滨海高新技术产业开发区出台了《科技型企业股权激励先行先试工作暂行办法》，在"自主创新资金"中设立"股权激励专项资金"，最高奖励1000万元用于高新技术人才认购企业股份。

高投资的针对性和有效性，降低投资风险；要扫除人才流动的制度性障碍，通过促进人才流动实现人才价值提升；完善收入分配制度，鼓励知识、技术等生产要素参与收益分配，探索人力资本参与利润分配的有效办法，为个人人力资本投资获得回报提供制度保证。

人才投入涉及各级政府、不同部门、各类科研和教育机构以及用人单位尤其是企业，是一个庞大的系统工程，需要在政府人才工作部门、用人单位和人才投入部门间建立一套规范高效、权责对称的工作机制，确保人才投入机制与人才培养、吸引、选拔使用、激励机制相互协调，形成合力，科学合理配置人才资源，为各类人

典型案例

石嘴山：建立人才奖励制度

宁夏石嘴山市设立"塞上杰出英才奖"、"海外留学回国人员成就奖"、"科技创新奖"，每3年集中评选一次，对入选人员给予3万—50万元的奖励。改进和规范市政府功勋奖、特殊津贴、"351人才工程"评选活动，市政府特殊津贴奖励标准由每月100元提高到300元。设立"人才工作创新奖"，对重点人才开发项目实行"以奖代补"。

才全面协调可持续发展提供强有力的资金和政策保障。

加大重大人才工程投入

组织实施重大人才工程，是加大人才投入力度的有效举措。世界各国为加快推进本国人才战略，普遍组织实施了一系列重大人才工程。如韩国的《国家战略领域人才培养综合计划（2001—2005）》、日本的《240万科技人才开发综合推进计划（2002—2006）》、澳大利亚的《创新行动计划（2001—2005）》。这些人才工程都是由具体行动计划（项目）和一系列配套的政策措施构成，具有很强的针对性、明确的适用范围以及可量化的任务要求，力求有限时间、大投入、高成效。这些人才工程的实施对于各国加大人才投入力度、打造人才竞争优势、实现人才战略目标发挥了十分重要的作用。

2010年出台的《国家中长期人才发展规划纲要（2010—2020年）》，从全局和战略的高度顶层设计了12项重大人才工程，中央财政初步预算投资1066亿元。这样大规模的专项人才投入也是新中国成立以来第一次。人才发展规划实施以来，各地各部门普遍结合实际组织实施了一系列"含金量"高、带动力强的重大人才工程，并在省市两级普遍设立了人才发展专项资金，人才投资规模和投入力度前所未有。实施重大人才工程对于加强人才队伍建设、培养急需紧缺人才、优化人

> **典型案例**
>
> ## 广东：加大投入引进人才
>
> 广东省财政给予入选的创新科研团队1000万元至1亿元专项工作经费，给予入选的领军人才各500万元专项工作经费和100万元住房补贴（税后）。前两批团队和领军人才，省财政资助总额达10.35亿元。除省财政投入资金外，各市也积极出台政策，提供配套资金。为确保财政资助资金发挥最大效用，在加强资金监管的同时，率先推出一次性全额拨付省财政资助资金、人力资源成本支出比例最高可占30%、团队带头人和领军人才拥有经费处置权等系列创新政策。

才结构布局、推进人才制度创新具有引领性、带动性、示范性作用，是落实人才发展规划的战略抓手，是推动人才事业发展的重要载体。要继续加大重大人才工程投入力度，建立重大人才工程投入优先保证机制，为人才工程实施提供稳定持续的财政资金保障。要进一步规范人才工程资金管理，确保投入合理、管理有序、使用规范、效益明显，更为直接有效地促进重点领域、重点产业和重点学科的人才发展。

提高人才投资效益

一是建立健全人才投入绩效考评制度。针对人才投入的不同内容制定相应的绩效指标和管理办法，建立人才投入资金使用的跟踪监测、绩效评价与问责机制，保证人才投入管理的规范、高效。二是科学编制人才投入预算，强化预算约束。规范人才投入专项资金项目库管理，合理确定支出内容和标准，增强预算透明度；发挥人大、财政、审计、社会的监督作用，保证预算资金的合理使用。三是建立人

相关链接

中央和地方加大人才投入力度

目前，全国31个省（区市）、新疆生产建设兵团省级财政人才工作专项经费预算超过130亿元。全国各市（地、州）级财政人才工作专项经费预算累计超过87亿元。中央国家机关36个部委系统设立人才工作专项经费24个，计划"十二五"人才工作专项经费达到195亿元。2010年，北京市加大了公共教育、科技和医疗卫生投入，人力资本投入占GDP的比例达到了18.4%。2011年，广东省东莞市推出了"10亿元工程"，连续5年每年10亿元进行全球揽才。江苏省无锡市提出，到2020年全市人力资本总投入达到1500亿元，占GDP比例18%，从2012年开始，每年投入4亿元用于人才引进、培养，投入5亿元用于科技成果产业化、研发机构建设，市（县）区各级人才投入不低于本级财政一般预算收入的3%。

相关链接

　　2011 年 6 月财政部会同有关部门印发了《关于加强对各地 2011—2012 年财政教育投入状况分析评价的通知》，从财政教育支出增幅、财政教育支出比例、教育附加征收率和土地出让收益教育资金计提率四个方面对各地投入情况进行评价，并将各地投入情况及时报告。

才投入协调机制，整合人才投入资源，加强业务协作，提高人才投入管理工作水平。

八 人才发展以用为本

人才发展以用为本，是人才发展理论的重大创新，是总结国内外人才资源开发经验，对我国当前人才发展实际的规律性认识，是人才工作必

人才，只有大胆使用，才能培养出来。我们要开一条路出来，让有才能的人很快成长，不要老是把人才卡住。人才不断涌出，我们的事业才有希望。

——邓小平

须遵循的重要方针。坚持以用为本，就是要把充分发挥各类人才作用作为人才工作的根本任务，围绕用好用活人才、提高人才效能来培养人才、引进人才，推进政策创新、体制机制创新，解决人才发展中的突出问题，为科学发展提供有力的人才保证。

▶ 1. 人才发展的核心价值

　　人才发展以用为本，着眼于人才能力素质的培养开发、人才智慧才干的充分发挥和人才使用效能的提高，强调以实际需要为主导，才与用相统一，个人特长与国家需求相结合，人的全面发展与经济社会发展相适应，最大限度地开发人的价值、实现人的自我价值。人才发展的核心价值在于人才能力的充分施展和人才效能的充分开发，达到人才能力、业绩和价值实现的有机统一。

"用"是人才成长的关键

和氏之璧，井里璞耳；
良玉修之，则成国宝。
——《意林·晏子》

人才发展坚持以用为本，是做好人才发展各个环节工作的内在要求。培养、吸引和使用是人才工作的三个主要环节，无论是培养人才、吸引人才，还是使用人才，都要求把"用"作为根本出发点和落脚点。在人才培养、吸引、使用三个环节中，"用"处于核心位置，培养、吸引是手段，使用才是目的；育才、引才，关键在用才。

从人才培养环节讲，"用"是培养人才的前提条件。育才的根本目的是要培养造就为人类社会发展进步创造财富和价值的有用之才，只有围绕经济社会发展需求来培养人才，才能提高人才培养的针对性、实效性。从现阶段来说，就是要培养一大批适应我国现代化建设需要的各类人才。人才培养如果脱离经济社会发展需求，就会降低人才投入效益，造成人才的极大浪费。同时，"用"也是发掘人才潜力、拓展知识、增长才干的有效路径。每个人都具备一定的基本素质，具有一定的发展潜力，通过使用，给他发挥才能的空间，才能就可以得到培养。在人力资源开发中，"使用"就是最具实效的培养，使用人才的过程就是对人才培养的过程，人的才能也只能通过使用的路径和渠道才能培养出来。《汉书·李寻传》说："马不伏枥不可以趋道，士不素养不可以重国 ①"。只有用，才能激发潜人才的活力，让潜人才有条件成长为显人才。人可以有多条道路成才，但每一条都离不开"用"。人才越使用越能够从实践中学习本领、增长才干；越使用越能够发现自身的不足，找到前进的方向，更上一层楼。在中国革命战争

---

① 大意是指：马没有平时的训练调养，就很难跑远路。人如果不具备良好的素质，就不可以被国家重用。

八　人才发展以用为本

人力资本这一特定资本是劳动者受到教育、培训、实践经验、迁移、保健等方面的投资而获得的知识和技能的积累，亦称非物力资本。从投资和收益的角度来看，人才只有在不断的实践、培训与教育中才能更好地进行能力的迁移、知识的积累，才能更好地体现其价值远远大于"物质资本"。

——［美］西奥多·舒尔茨（1979 年诺贝尔经济学奖获得者）

时期，我们党把一大批工人、农民、小知识分子、旧军人出身的普通人物，培养成为能征善战的优秀将领。其奥秘之一就是培养人才与使用人才相统一，从战争中学习战争，在战争实践中百炼成钢。

从人才吸引来看，引进人才是党和国家各项事业发展的需要，为用而引；人才看重的也是能够更好发挥作用的平台和条件，因用而来。只有坚持以用为本，人才才能引得进、留得住，才能产生辐射效应，吸引更多的优秀人才，形成人才引进工作的良性循环。2008 年我国实施的吸引海外高层次人才"千人计划"，就是着眼于现代化建设紧迫需要，抓住世界金融危机的有利契机，大力引进急需紧缺创新创业人才的战略举措，在全球范围内产生了越引规模越大、越引影响越广泛的"滚雪球"效应。同时，在吸引人才过程中，只有用好用活现有人才，给每一个人才提供发展平台和空间，才能吸引更多外来人才。

典型案例

秦穆公唯才是用

秦国大臣公孙枝知道百里奚是个人才，建议秦穆公引进到秦国担任自己的职位。百里奚一直颠沛流离：晋国打败虞国，他当了俘虏，晋国把他当陪嫁奴隶，他逃亡后被楚国人抓住喂牛。秦穆公请来百里奚当相国。百里奚推荐了自己的朋友蹇叔及其两个儿子以及自己的儿子，都得到重用。他们充分施展各自才华，对秦国政治、军事、外交工作起了巨大的作用，帮助秦穆公成为春秋五霸之一。百里奚被誉为"秦国第一名相"。

中国"绿卡"吸引海外人才

自 2008 年党中央实施"千人计划"以来，公安部已为 202 名外籍引进人才和家属办理了"绿卡"。同时，简化为"千人计划"引进人才的外籍家属办理"绿卡"程序。

正如孔子所说："近者悦、远者来。"在春秋战国时期，秦穆公使用人才不论身份，因重用奴隶身份的百里奚而引来蹇叔等众多人才，遂称霸于诸侯。要想吸引外来人才，就必须敢用、真用、重用已有人才，给予他们充分的信任、足够力度的支持，以开放的姿态、优惠的政策、宽广的舞台、有力的措施，为引进的人才提供创新空间、机遇和各类支持，充分发挥引才的示范效应。

从人才使用来看，用好用活人才更是核心要求。人才作为一种特殊的资源，其价值完全在于使用。作为个体的人才越用越聪明，作为整体的人才越用会越增多。[①] 只有使用才能创造价值，才能可持续发展。使用人才不是简单地把一个人放在一个岗位上，而是要遵循人才发展规律，运用人才评价、流动、激励等综合手段，做到人岗相适、人事相宜，充分调动人才的积极性，发挥人才的创造性。使用人才的过程就是对人才不断开发的过程，人才没有发挥作用的空间和平台，必定被耽误浪费。我们所说的岗位成才，就是通过使用加强岗位历练，根据岗位需要有针对性地进行人才开发，有效地弥补其知识、技能和能力等方面的不足，更好地发掘人才潜质，发挥人才价值。人才资源越用越丰富，越用其潜能发挥得越充分。只

才以用而日生，
思以引而不竭。
——（清）王夫之《周易外传·震》

---

① 参见李源潮在 2011 年 12 月全国人才工作座谈会上的讲话，载《求是》2012 年第 3 期。

有用好用活人才，才能最大限度地发挥人才效能、实现人才价值。

◤ "用"是人才价值实现的根本

人才发展坚持以用为本从根本上讲是为了解放人才、解放科技生产力，促进人才价值实现和人的全面发展。从人才本体的角度来看，人才的最高需求是追求自我价值的实现，最大的愿

> 人所做的一切努力都与他的利益有关。人的活动的直接目的在于符合人自身的利益。
> ——马克思

望是才华和成果得到社会的认可；从人才管理的角度来看，只有通过使用才能实现人才价值的最大化，人才工作的最高目标是促进人才的全面发展。因此，人才贵在使用，只有用其所能、任其所宜，才能最大限度地实现人才的价值；只要合理使用，人人皆可成才。

人才只有在使用中才能获得价值的认定和发展。马克思在《资本论》中论述人的才能与使用之间的因果关系时指出："我们把劳动力或劳动能力，理解为人的身体即活的人体中存在的，每当人生产某种使用价值时就运用的体力和智力的总和①。"这一论断可以从两个方面理解：一方面揭示了人才价值是在创造社会财富过程中得以发现和认定的，不能生产某种使用价值的才能是没有实际意义的；另一方面又阐明了人才的使用理念和使用方式对人才能力的提高和发展具有决定意义。

人才的最高追求是自我价值的实现。马克思发现，资本主义不是没有解放生产力，而是没有解放人。社会主义是一种制度，也是一种价值体系，主要体现在促使劳动者在劳动中发现自己、解放自己和塑造自己。"以用为本"的"用"是打通人才价值与人才价值实现的关键环节，也是持续优化人才开发与管理机制的重要突破口。其关键点

---

① 《马克思恩格斯全集》第二十一卷，人民出版社 2003 年版，第 434 页。

就在于它以用好用活人才、促进每个人才的全面发展为最高价值。这种价值是社会主义制度的优越性所在，是科学发展观中"以人为本"理念的升华。所以，"以用为本"揭示出人才的价值在人本身，而不是某种使用工具。其实践意义就在于使用方能发现人才价值，用好方能真正解放人才。

人才价值实现是内在素质通过实践转化为外在贡献的过程。"路不险，则无以知马之良；任不重，则无以知人之才"。从人才价值实现途径看，人才价值实现过程是人将自身良好内在素质通过社会实践转化为社会财富的过程。在人才价值转换过程中，个人通过教育和实践锻炼，不断调整、更新和提升原有才能，实现才能的结构性增值。科学人才观强调以贡献论人才、凭实绩用人才，通过贡献、实绩使无形的人才价值有形化。实践是检验真理的唯一标准，也是检验人才是否有真才实学的标准。坚持"以用为本"，就是坚持实践检验标准，将实践效果和实际贡献作为甄别人才的根本尺度，不断提升人才选拔和使用质量。只有以"用"为导向，把国家发展需要、社会需求和个人特长禀性有效结合起来，建立人才培养结构与经济社会发展需求相适应的动态调控机制，实现才与用的有机统一，才能最大限度地实现人才自身价值和社会价值。

"用"是影响人才发展的核心因素

相关链接

我国毕业生难以适应工作需要

麦可思公司（Mycos）对 2008 届本科毕业生就业状况调查显示：全国本科毕业生专业对口的平均比例为 71%，而哲学仅为 32%。即使专业对口，由于培养手段只是知识型灌输，大量毕业生无法适应工作需要。数据显示，中国现有的 160 万研发工程师中，大约只有 16 万人适合在跨国公司工作。我国工科大学生只有 10% 可以达到跨国公司标准，而在一些发达国家这一数字达到 75%，同为发展中国家的印度也达到了 25%。

贯彻落实科学发展观，人才使用问题至关重要。当前，人才能力得不到充分施展，人才效能得不到充分开发，人才价值得不到充分体现，人才发展跟不上经济社会发展，"用"是当前人才发展面临的突出问题，主要表现在三个方面：

相关链接

（单位：%）

72.6%　71.8%　70.9%　69.0%　68.0%

2005年　2006年　2007年　2008年　2009年

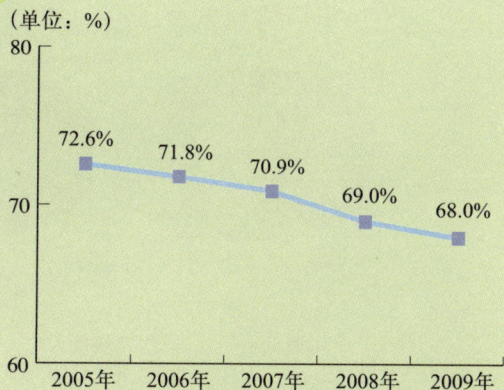

我国高校毕业生一次就业率

资料来源：麦可思公司调查数据。

一是不适用，培养出来的人才用不上。人才培养结构与经济社会发展需求相脱节。一方面，由于人才培养方式简单、方法陈旧等原因导致培养出来的人才与经济社会发展需要相脱节，人才质量不高、结构不合理，主要表现在：产业领军人才、高层次技术专家和高技能人才严重匮乏，研发力量相对薄弱，人才配置结构不适应产业升级的需要等方面。一边是高校毕业生就业难，一边是用人单位找不到所需人才、有的地方急缺人才。另一方面，在人才资源配置上，存在着"错位"问题，导致人才与需求的专业不对称，用不对路，用不对口。学非所用、用非所学，不能把人才放在最合适的岗位上，人才资源的最大潜力、最大效益发挥不出来。

二是不够用，人才结构性短缺。高端人才和重点产业、重点领域高技能人才严重不足。人才资源是第一资源，我国虽是人口大国，却不是人才大国。经过多年的积累和发展，人才总体规模虽然很大，但人才总量占总人口的比例依然低于发达国家水平。我国人才整体素质并不高，不仅高层次创新型人才匮乏，而且大量的应用型人才也

人才发展以用为本

科学人才观理论读本

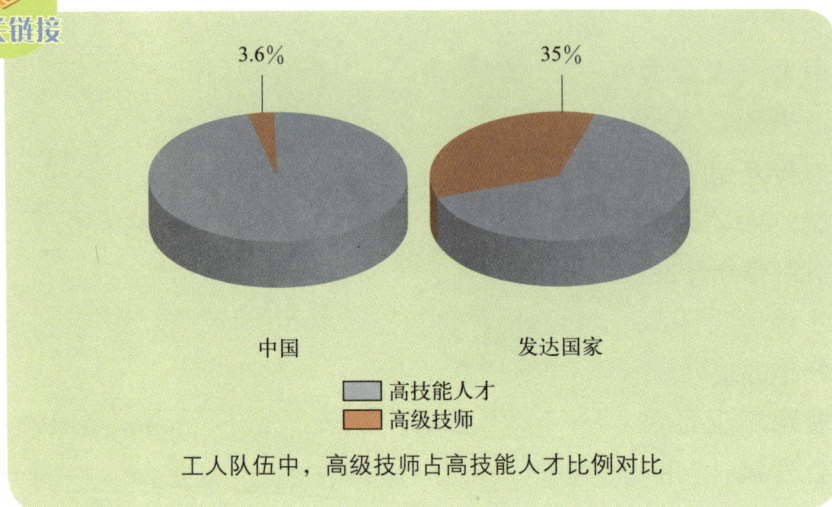

工人队伍中，高级技师占高技能人才比例对比

供不应求，存在结构性短缺。与发达国家相比，我国引领世界科技发展、商业潮流的高层次创新型人才极其匮乏，人才创新能力不强，重点产业、重点领域高技能人才严重不足。发展战略新兴产业急需大量新能源、信息技术、生物、高端装备制造、新材料等领域的科技和技能人才，但我国这方面人才缺口巨大。2010年，我国高技能人才资源2863.3万人，其中高级技师102.9万人，仅占3.6％，而发达国家工人队伍中高级技师占

我国科技人才缺口较大

2010年，我国制造业产值占全球制造业的19.8％，已高于美国的比重（19.4％）成为世界第一大工业制造国。中国有"世界工厂"的称号，但技术人员只占工人队伍总数的23％，而发达国家工人队伍中技术人员高达75％。

我国每千人中从事研究和开发的工程师和科学家只有0.5个，日本是5.1个。根据预测，到2020年我国就需要在经济重点领域培养开发急需紧缺专门人才500多万，在社会发展重点领域培养开发急需紧缺专门人才800多万。

35%。我国现代金融、房地产、居民服务和其他服务业、文化体育等现代服务业人才相对不足，2010年，上述行业的专业技术人才分别占专业技术人才总量的3.8%、2.0%、1.0%和1.6%。

三是不能充分使用，人才浪费严重。在人才工作中，还存在"重引进、轻使用"现象，片面强调人才的输入量和占有量，较少评价使用效率，造成了许多人才缺乏充分施展才能的舞台和条件，人才积极性、主动性和创造性受到不同程度的影响，出现了人才"花瓶化"现象。此外，部分用人单位搞"唯学历论"，把学历等同于能力，人才培养盲目跟"学历文凭风"，提升学历层次花再多钱也愿意，开展针对性技能培训花再少的钱也不愿意；搞"唯资历论"，在用人过程中只问资历不问能力，论资排辈，不敢用年轻人。不能充分使用人才导致人才浪费严重，人才被埋没，作用发挥有限，人才效能低。根据中国社会科学院有关专家对7000份有效问卷调查分析，2005年我国人才的能力发挥有效指数只有74.2%，也就是说，扣除10%的正常损耗，有15.8%的能力被浪费掉了，即人才浪费指数是15.8%。据此，测算出仅2005年一年我国人才浪费总规模就超过2500万人，导致的

相关链接

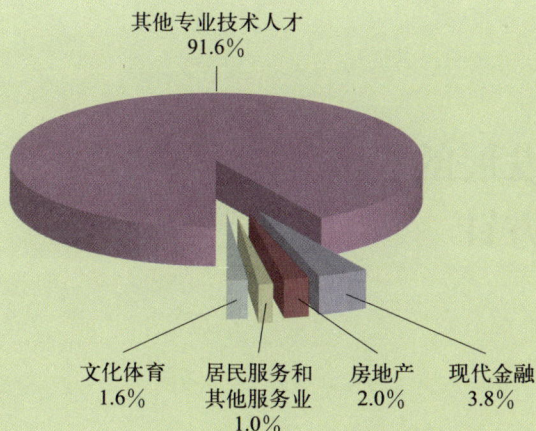

现代服务业专业技术人才相对不足

其他专业技术人才 91.6%

文化体育 1.6%
居民服务和其他服务业 1.0%
房地产 2.0%
现代金融 3.8%

KEXUERENCAIGUAN

科学人才观理论读本

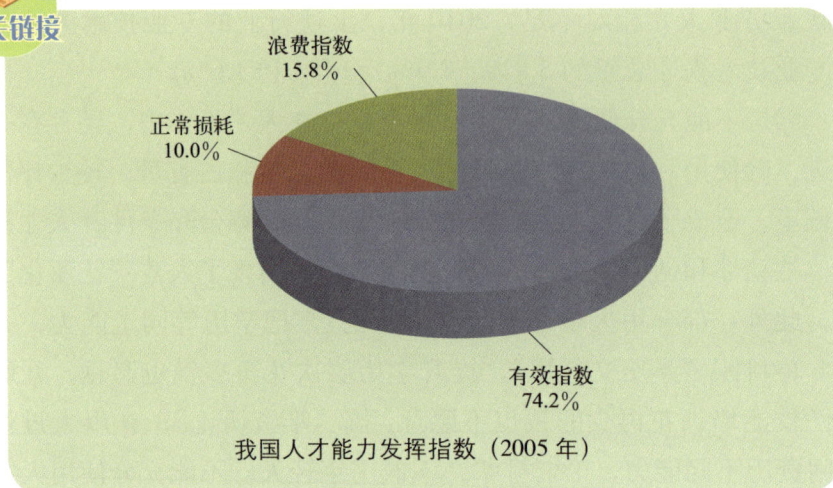

浪费指数
15.8%

正常损耗
10.0%

有效指数
74.2%

我国人才能力发挥指数（2005 年）

经济消耗和经济损失超过 9000 亿元。

上述问题充分反映出我国人才发挥作用的条件和环境有待改革和完善。"不是不堪为器用，都缘良匠未留心①"，"用"的问题更多是由于选贤任能、让优秀人才脱颖而出、施展才华的机制不够健全，解决人才使用机制问题显得越来越紧迫。

2. 人才发展的重要方针

人才发展以用为本是重大理论创新，体现了对人才资源重要价值

———————————
① （唐）褚载《移石》。

和作用的深刻理解和自觉把握，是人才工作必须遵循的重要方针，是促进人才健康成长的根本途径。

贯彻落实以用为本方针

"以用为本"方针体现出解放人才与解放科技生产力的高度统一性、人才个体与社会整体在根本利益上的高度和谐性。人才工作坚持以用为本的方针，要着眼于促进人才全面发展，激发人才活力，充分发挥人才作用，着力解决思想观念、政策导向、体制机制等方面存在的突出问题。习近平曾指出："懂人才是大学问，聚人才是大本事，用人才是大智慧。各级领导干部要有爱才之心、识才之眼、容才之量、用才之能，坚持用当适任、用当其时、用当尽才，为人才发展营造良好环境。"[①]

在思想观念上坚持以用为本，就是要解放思想，破除"官本位"、"任人唯亲"、"求全责备"、"论资排辈"等陈腐观念，特别是影响和制约人才发挥作用的思想观念问题。克服用人上唯学历、唯职称倾向，摒弃讲关系、讲身份、讲资历等用人上的陈规陋习，要破除不科学的选人用人标准，以发挥人才的潜力、价

相关链接

不追求学历，只崇尚创业

2000年，甲骨文创始人拉里·埃里森对1000名耶鲁大学毕业生发表演讲时说："我，埃里森，地球上第二富有的人，是个辍学生；比尔·盖茨，地球上最富有的人，是个辍学生；保罗·艾伦，地球上第三富有的人，也退了学；迈克·戴尔，地球上第九富有的人——他的排位还在不断上升，也是个退学生。史蒂夫·鲍尔默也很富有，但是他只能排到第11位，他是研究生时辍的学。"10年之后的富豪排行榜次序有所变化，但这几个不关注学历和文凭的学生依然都是超级富豪。

---

① 习近平：《以改革创新精神加强党的建设 努力实现"十二五"时期良好开局》，载《人民日报》2011年1月23日。

相关链接

发展高职教育促进经济社会发展

我国高等职业教育在高等教育大众化进程中发挥了决定性作用。近3年来，我国高等职业教育为全国850万个家庭实现了高等教育"零"的突破；为服务各地小微企业提供了重要的人力资源贡献，全国高职学校毕业生有近六成在300人以下规模企业就业，其中在50人以下小微企业的约三成；为三线城市发展、推动区域均衡发展作出了积极贡献，高职毕业生有35%在学校所在市就业，68%在学校所在省区就业；在服务"三农"、服务新农村、促进农村经济持续发展中发挥了不可替代的引领作用，2011年全国涉农高职学校达到343所，占高职学校总数的27%。

——《中国教育报》2012年7月13日

值为目标，不拘一格，扬长避短，"举大德，赦小过"，对开拓创新的人才，容忍其缺点、宽容其失败。正确对待资历，"无求备于一人"，有才就用，重点看能力和价值创造，崇尚精于业务具有真才实学的人才。以"能力发挥"、"能力胜任"为标准，敢用那些认识处理问题的角度、方法常常新于众人、高于众人，善于独立思考、勇于标新立异、不断开创新局面的人才。

在政策导向上坚持以用为本，就是要紧紧围绕有利于人才发挥作用、提高人才效能来研究制定政策。毛泽东曾告诫我们："政策和策略是党的生命。"能否把握时代发展的脉搏、结合实际情况作出科学正确的决策，直接关系到事业发展的成败。制定人才政策应坚持以用为本的导向，培养人才的政策，要以科学发展的需求为导向，围绕国家重大发展战略、产业结构调整方向制定人才培养规划、调整人才培养结构；引进人才的政策，要以人才发挥作用为导向，将人才引向经济社会发展主战场，围绕提高自主创新能力、提高产业核心竞争力制定重点人才引进政策。

在创新体制机制上坚持以用为本，就是要着眼于用好用活人才、提高人才效能，改革完善培养开发、评价发现、选拔任用、流动配置、激励保障等一整套用人机制。要坚持需求导向，根据提高自主创新能力和产业结构优化升级的需要，调整人才培养结构，加强创新型人才、高技能人才的培养。按照分类指导的原则提高政府宏观人才调控与服务能力，强化人才培养引进与经济社会发展的衔接，提高人才培养质量，改善人才总量结构。要坚持唯才是举、机会均等，破除人才使用中不合理的学历壁垒和歧视性政策，在实践中发现人才，以贡献评价人才。坚持竞争择优、双向选择，形成与社会主义市场经济相适应的人才选拔使用机制；强化市场配置人才资源的社会功能，完善合理的人才流动机制，实现政府人才与企业人才、公有制经济组织人才与非公有制经济组织人才之间的有序流动。

▶ 丰富发展以用为本内涵

人才发展坚持以用为本方针，必须在理论与实践的结合上不断丰富和发展"用"的内涵。

"用"就是为人才提供能够充分发挥才干的

相关链接

木有所养，则根本固而枝叶茂，栋梁之材成。
——（宋）林逋《省心录》

平台。为人才提供施展才华的舞台、成功的机会、适宜的工作条件和良好的资源支持，是实现人尽其才、才尽其用的基础条件。马克思认为，人通过劳动改变身外的自然，也就同时改变他自身的自然。他使自身的在自然中沉睡着的潜力发挥出来。要不是每一个人都得到解放，社会本身也就不能得到解放。① 在实践中坚持以用为本的方针，就是要为各类人才搭建更多施展才华的平台，通过营造制度环境，让人才的智力活动、创造性活动在经济社会发展中的分量越来越重，使人才的创造力获得越来越多的自由发展空间。

---

① 《马克思恩格斯文集》第九卷，人民出版社 2009 年版，第 310 页。

"用"就是让人才能够持续获得发展与提升。通过"用",使人才在工作岗位上获得历练,促进人才资源合理配置,是实现人才能力提升、潜能勃发的最主要和最有效的手段。要使人才在使用中不断提升自我素质和能力,就必须拓宽人才成长渠道,打通各类人才职业发展和专业提升通道,使每个人的成才之路越走越宽广,实现"条条道路通罗马",而不是"一条道走到黑"。早在我国西汉时期,古人就针对不同人才的特点采取不同的选拔方法。"取人之贤,而甄别贤不贤用选举……取人之能,而甄别能不能,则用考绩……取人之知,而甄别知不知,则用考试。"[1]因此,用好用活人才,使人才得到持续发展与提升,就必须不断丰富人才选拔使用的方式、方法,让人才在使用中找到最大限度发挥作用的最佳位置。

典型案例

广州:筑巢引凤吸引人才

广州市开发区按照世界一流的标准,大力打造"4个100万"的一流创新载体,形成招才引智的独特优势。一是针对种子期和初创期企业需求,建设了100万平方米的孵化器;二是针对高成长性企业需求,正在建设100万平方米科技企业加速器,已经建成并投入使用面积达20万平方米;三是针对国际化人才生活需求,建设了美国人学校、日本人学校、科技人员公寓、员工楼等共计100万平方米的宜居生活配套设施;四是针对生物医药、新材料、电子信息三大主导产业共性技术需求,建设了100万平方米公共技术服务区。

"用"就是让人才能够主动进行创新与创造。通过搭建平台、创造条件,激发人才的创新活力和创造潜能,提高人才资本对经济增长的贡献率,对经济社会发展产生推动作用,这是实现人才价值的根本目标。人才的特征突出表现为创造力强、能够为组织带来绩效、开创事业发展新局面,这些开拓创新型人才往往个性鲜明,敢于挑战传统和权威。因

---

[1] 《汉书》卷49《晁错卷》。

此，要营造宽松和谐、鼓励创新创造的社会氛围，克服人才使用上的"官本位、行政化"倾向，树立不滥赏无功之士、不挫伤有为之才的用人导向，激励越来越多的人才勇于创新创造，创新智慧就会如清泉出涧、奔流不息，全社会就会形成人才辈出、各得其所、各展所长的生动局面。同时，以用为本

打破常规用人

东汉末年，封建统治者取士普遍以门第、品行、资历作为首要条件，士人分品做官已是不成文的规定。而曹操当权后打破陋习，三下《求贤令》，"唯才是举，吾得而用之"，要求广泛推荐有"治国用兵之术"的人，"常格不破，大才难得"。

不能把人才当工具、当机器，使用人才不同于使用机器或工具，机器或工具越用越老化，人才越用越有活力。在人才使用过程中，要加强培训开发，促其不断成长发展，持续激发其内在创新创造活力。

"用"就是让人才的创新创造能够合理实现价值回报。合理、充分的激励与认可，是激发人才释放效能的催化剂和强心剂。以用为本尤其强调强化激励、待遇留人。在市场经济条件下，人才资源与一切商品一样，拥有自己的价值，人才的培养也有成本和产出的问题。对付出创造性劳动、做出突出贡献的人给予充分体现其价值的物质回报和社会尊重，就是尊重人才价值，尊重人才劳动，尊重人才成果。在个人价值实现过程中，政府给荣誉，市场来配置，企业等市场主体给报酬。对人才创新创造激励，紧扣使用来激励人才，完善根据人才业绩和贡献给予合理报酬、体现人才价值的薪酬体系和奖励机制，切实做到一流人才一流待遇、一流业绩一流报酬。

"用"就是要树立有容乃大的用人观。既要有海纳百川的用人胸怀，又要有众溪归流的用人机制。古人云："为上者，最怕器局小，见识俗。"用人要有包容的雅度，器局小，就不能容才聚才；见识俗，就不能知人善任。人才发展以用为本，就是要坚持从党的事业和发展大局需要出发，讲五湖四海，海纳百川，包容个性，善待差异，宽容缺点，用其所长，不拘一格选用人才。在人才使用上，要建立以岗位

典型案例

山东东岳集团："以价值体现价值，用财富回报财富"

山东东岳集团是一家从乡镇企业发展起来的民营高科技企业，地处淄博市桓台县唐山镇。虽然地理环境没有任何优势，但他们坚持"以价值体现价值，用财富回报财富"的用人理念，提出：有真才实学就大胆使用，有多大能力就有多大舞台，有多大贡献就有多大回报，吸引了21名博士、38名硕士、396名本科大学生，大学专科以上学历人员1820人，约占员工人数的44%。依靠先进的用人理念和高效的创新团队，东岳集团从一个仅有38名员工和2只小转炉的小企业，成长为中国氟硅行业龙头企业、亚洲规模最大的氟硅材料生产基地。东岳集团的用人经验说明，需要的人才能不能引得进，优秀人才能不能留得住，各类人才能不能用得好，根本是要看能否让人才拥有干事的舞台，获得合理的待遇，受到应有的尊重。

职责要求为基础，以品德、能力和业绩为导向的人才评价发现机制，将用人标准与选人方式统一起来，增加人才使用的活力，将各类人才聚集到党的各项事业中。要坚持不求所有，但求所用，大胆突破制约人才流动的身份、所有制、户籍、人事档案等体制机制障碍，促使人才在自由流动中最大限度地实现自我价值。

3. 把用好用活人才放在首位

坚持人才发展以用为本方针，必须把用好用活人才作为人才工作的核心环节，在使用中培养，为使用而引进，以使用来激励，充分调动各类人才的积极性和创造性。要着力解决人才不适用、不够用、不能充分使用等问题，让各类人才各得其所、用当其时、才尽其用。

用当其长促使人人成才

用人用其所长，就是要扬长避短，善用他的特长，把他放到最适合于发挥他的优势的岗位上。这对干部本人、对党的事业都有好处。用非所长，对干部本人、对党的事业都是一种损失。

——江泽民

用当其长，就是只要把每个人的优点和长处都充分发挥出来，扬长避短，让人人都可以找到合适的工作岗位，突显个性，发挥天赋，创造价值，人人皆可成才。人之所以成为人才，就是因为自身素质和长处得到发挥。用好用活人才，首先就是要用当其长。只要使用得当，人人都有可用之处。人各有所长也各有所短，这种差别是由人的天生禀赋、后天实践和兴趣爱好所形成的。成才者大多是扬其长而避其短的结果。不同类型、不同特长、不同兴趣的人才发挥作用的方式不尽相同，人才培养、使用水平对于激发人才发挥才干的程度也不同。既要避免大材小用，浪费人才资源；也要避免小材大用，贻误国家事业。要做到培养与使用相结合，用其所能、用其所宜、用其所长、用其所愿，真正让各类人才创业有机会、干事有平台、发展有前途，在事业舞台上各展所长，各得其所。用其所长还要将人才放到合适的团队和群体之中发挥作用。现代社会分工愈来愈精细，要充分考虑人

骏马能历险，力田不如牛；坚车能载重，渡河不如舟；舍长以就短，智者难为谋；生才贵适用，慎勿多苛求。

——（清）顾嗣协《杂兴》

相关链接

春秋战国时，管仲第一次提出用人要"任其所长"的理论，他在《形势解》中说："明主之官物色，任其所长，不任其所短，故事无不成，成功无不立。"军事家孙子也阐述道："故善战者，求之于势，不责于人，故能择人而任势。"大意是高明领导者的注意力放在"任势"上，而不苛求部属，因而能选到适当的人才，利用有利的形势。

才的短处和长处，做到优势互补，发挥人才"强强联合"的团队效应，通过团队的力量延伸个体的才华，为人人都能成才提供条件和环境。

用当其时促使人尽其才

用当其时，就是在人才发挥作用的最佳时期及时启用人才，充分发挥其才干。人才作用发挥有着自身规律，用当其时是由人才成长年龄规律决定的。人才在学习和创造的最佳年龄内取得成果的可能性最大，而在最佳年龄之外取得成果的可能性就较小。一个人，即使很有才能，如果长期闲置不用，就会"贬值"，其知识就会"过时"，其能力就会"氧化"，其创造力和工作热情就会下降。因此，合理把握人才使用的时机，及时发现、大胆起用各类优秀人才，使人才在黄金时期充分施展才干，是实现人尽其才的内在要求，也是尊重和实现人才价值的根本保证。

知识连线

人的创造力周期理论

人的创造力是一个由低到高、到达顶峰后又逐渐衰落的过程。人的一生创造力高峰大约可维持 20 年左右，处于高峰期间，最能使人发挥出最大的创造力。

—— [美] 库克

人才的成长并不是一个均衡发展的过程，而是存在一个抛物线状的漫长生命周期，从萌芽发展、成熟鼎盛直至衰退薄暮。因此，要把握时势，及时使用，尤其在人才的创造力处于最活跃的高峰期及时使用，为其提供搏击长空的机会和舞台。用当其时体现人才成才的基本规律，就是要将人才的才华用到火候、用到极致、用到刀刃上。"君要花满县，桃李趁时栽。"[①] 人才资源与其他资源相比更具时效性，对年轻优秀人才一定要早发现、早扶持、早使用，让他们在创造的高峰时期唱主角、挑大梁，发挥出最大潜能，只有用当其时，才能人尽其才。同时，由于人们的性格、经历等不同，既有大器早成，也有大器晚成。"君子藏器于身，待时而动[②]"，成功对一个人来说，并没有时间的限制，处于各种年龄段的人都可以大有作为。所以我们也要重视使用各种年龄段的优秀人才，防止人才资源的浪费。用当其时，还要增强人才使用上的时代紧迫感，抓住党和国家各项事业大发展的有利时机，为各类人才干事创业搭建平台、创造条件，促使人人成才、人尽其才。

> **相关链接**
>
> 用人之道，当自其壮年心力精强时用之。
>
> ——金世宗·完颜雍

> **相关链接**
>
> 有人对公元1500—1960年全世界1249名杰出自然科学家和1928项重大科学成果进行统计分析发现，自然科学发明的最佳年龄区是25—45岁，峰值为37岁。也就是说，人才也有"保鲜期"，要在人才最佳时期使用人才。

---

① （宋）辛弃疾：《水调歌头·和赵景明知县韵》。

② 《易经·系辞下》。

KEXUERENCAIGUAN

科学人才观理论读本

用当其位促使才尽其用

典型案例

毛遂自荐与用人不当

战国时期，毛遂在危难时刻自荐，说服楚王和赵王联盟，挫败了秦军的侵犯，在关键时刻发挥了关键作用，这一事件演变为人人皆知的成语"毛遂自荐"。

史载：在毛遂自荐第二年，燕国大将栗腹大举进攻赵国。毛遂被国君强行委任为大军统帅，毛遂怎么推辞都推不掉，只有服从命令、挂帅上任。由于用人不当，结果在战场上一败涂地，毛遂满腔羞愤之余以自刎结束了生命。

用当其位，就是把人才的素质能力与岗位的实际需求结合起来，建立科学的竞争择优机制，力争把每个人才都放到最合适的岗位上，发挥每个人才的作用和天赋，做到才尽其用。用当其位，需要为各类人才的发展提供公平公正的机会和竞争的平台。规范岗位聘任流程，设计合理的岗位任职资格和职位说明书，通过职务分析和对人才的工

典型案例

"好钢要用在刀刃上"

美国哈佛大学一项研究显示，人才的开发效益在缺乏合理使用和有效激励时，只能发挥20%—30%，而在科学合理的使用和良好的激励下，将发挥到80%—90%，这充分说明了人才合理使用的重要性。岗位好比舞台，人才好比演员，选人者自然就是导演。导演必须根据舞台的大小和角色的需要来选定演员。用当其位要坚持适才适用原则，做到充分尊重个性差异和兴趣特长，不仅要考虑人才的专长，而且还要考虑他们的气质类型和兴趣特征，尽可能地安排他们到最适合的工作岗位上去，实现人与事的最佳组合。

作能力分析测评，以岗位职责要求为基础，以品德、能力和业绩为导向，建立人才胜任力模型，提高人才适岗率。以人与事的总量、结构、质量的匹配度人与工作负荷的合理性。人员使用效果等方面为基础，认真做好人力资源配置状况的分析，合理配置人才资源，实现人与岗位的动态匹配。用当其位，还要完善人才流动配置机制，促进人才合理流动。人才只有在流动中才能找到发挥作用的最佳位置，才能最大限度地发挥自己的才能，提升并实现自我价值。

九 坚持高端引领

高端引领是指在经济社会各个领域培养造就一批走在时代前列、站在世界前沿、能够代表未来发展方向的高端人才，充分发挥他们在经济社会发展和人才队伍建设中的引领作用。

"千军易得，一将难求。"国际一流的科技尖子人才、国际级科学大师、科技领军人物，可以带出高水平的创新型科技人才和团队，可以创造世界领先的重大科技成就，可以催生具有强大竞争力的企业和全新的产业。

——胡锦涛

坚持高端引领是根据我国经济社会发展需要以及人才队伍建设实际提出的一项人才发展的重要指导方针。贯彻落实科学人才观，加强人才队伍建设，必须坚持高端引领。

1. 人才队伍建设的战略重点

在科技与创新日益成为经济社会发展重要原动力的今天，高端人才的战略意义和作用比以往任何历史时期都更加突出，高端人才的规模和水平越来越体现着一个国家和地区人才资源的整体水平和综合实力，高端人才越来越成为世界各国竞相争夺的焦点。

推动科学发展的稀缺资源

工业革命以来的实践反复证明，高端人才通常是新理论、新方法、新技术、新产业、新时代的引领者和开拓者。

一个高端人才在科技与创新上的贡献往往就能对一个组织、一个行业、一个地区、一个国家乃至整个世界产生难以估量的影响。福特汽车公司开发的流水线作业方式，提高了全球制造业的工业效率。比尔·盖茨开创了把软件当作产业来做的先例，催生了全球软件产业。2010 年，全球软件与信息服务业产值达到 8 万多亿元，占全球 GDP 总量的 2%。英国柏纳斯发明的互联网技术不仅对全球经济发展产生巨大推动作用，而且对人类生活方式的影响也是广泛而深远的。我国科学家屠呦呦在青蒿素方面的科学成就被美国《细胞》杂志称为，"对人类健康的改善所起的作用和意义是立竿见影的"。

虽然近年来我国高端人才队伍建设取得较大成绩，少数高端人才还获得国际公认的科学大奖。但与发达国家相比，我国是发展中国家

相关链接

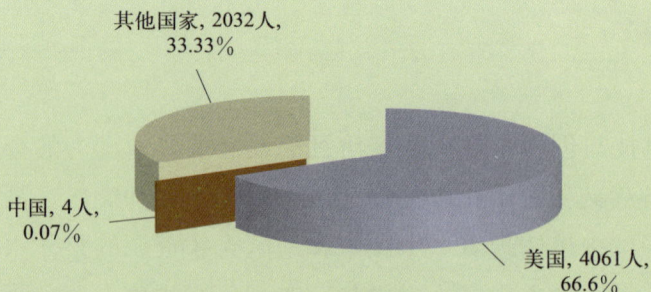

其他国家, 2032人, 33.33%
中国, 4人, 0.07%
美国, 4061人, 66.6%

科学引文索引各学科前 250 名高被引论文作者分布状况

的特点还很明显，高端人才仍十分短缺，尤其缺乏具有世界一流水平的科学家和战略性新兴产业领军人才。在 158 个国际一级科学组织及其 1566 个主要二级组织中，参与领导层的我国科学家还很少。在 1997—2006 年科学引文索引（SCI）数据库收录论文中，各学科排前 250 名论文被引用频次较高的作者中，我国科学家占比也很小。象征世界最高科学水平的诺贝尔奖，至今还与我国科学家无缘。对比中美两国富豪排行榜前 20 人，美国科技产业富豪最多，占 40%，而我国科技产业富豪只占 10%，我国富豪最多的领域是房地产业，占比达到 40%。虽然近年来我国也涌现出一批像施正荣、邓中翰这样优秀的科技创业领军人才，但像比尔·盖茨、乔布斯那样在世界上家喻户晓的科技产业领军人才，仍然是我们的期待。

提高国际竞争力的关键因素

目前，我国与外部世界的联系日益紧密，国际经济金融环境、能源资源市场、国际经济规则等对我国发展的影响越来越深刻、越来越直接。这既为我国更大程度上在全球范围内优化配置资源、更有效地利用两个市场两种资源提供了机遇，也给我们的发展带来了许多不确定性。2008 年发生的国际金融危机对我国的影响至今仍未退去，欧债危机的影响又接踵而来。面对越来越复杂的国际经济环境以及我国原有的比较优势正在改变的现实，如何捕捉新机遇，把握对外开放主动权，提升我国参与国际合作与竞争的能力，关键还在高端人才。

第一，优化国际贸易结构，急需大批高端研发人才、高端贸易人才和高端服务业人才。目前，我国出口贸易虽然总量很大，但主要集中在低端制造业，缺乏自主品牌的高技术产品，现代服务业包括金融业务在贸易结构中的比例还很低。随着国际经济持续低迷以及我国劳动力成本上升，我国出口贸易面临前所未有的压力。提升我国国际竞争力，必须尽快实现出口结构转型升级，扭转我国服务贸易占全球服务贸易总额相对较低的局面，提高我国在全球产业分工中的地位。统计表明，目前人才已成为制约我国贸易结构优化的关键问题。研发人员占从业人员百分比与主要发达国家差距较大，高端研发人才非常稀缺，严重制约我国制造业结构升级。我国现有高级金融专家只有1.1万人，预计到2020年需新增28.9万人；现有商务营销高级人才4700人，预计到2020年需新增3.5万人；其他如现代物流、工业设计等专门人才急需紧缺程度也相当严重，这些都影响我国生产性服务业和高端服务业的发展。

第二，加快实施"走出去"战略，迫切需要一批具有全球战略眼光、市场开发意识、管理创新能力和社会责任感的优秀企业家。跨国公司是经济全球化的主导力量，是一个国家核心竞争力的重要体现。自中央提出实施"走出去"战略、加快培育我国的跨国公司和国际知名品牌以来，我国对外投资合作快速发展。截至2011年底，我国有1.8万家企业在全球178个国家和地区投资，对外直接投资3220亿美元，境外资产总额超过1.5万亿美元。境外从业人员达540多万人。但是，总体来看，我国企业"走出去"还处于起步阶段，在国际市场真正站稳脚跟的企业还较少，能够在行业发展中居于引领地位并参与主导本行业在全球范围内的利益分配和生产要素配置的企业更少，2010年末我国对外投资存量仅占全球存量的1.6%。这在一定程度上也反映出具有全球战略眼光、精通国际法律和市场规则的高层次

相关链接

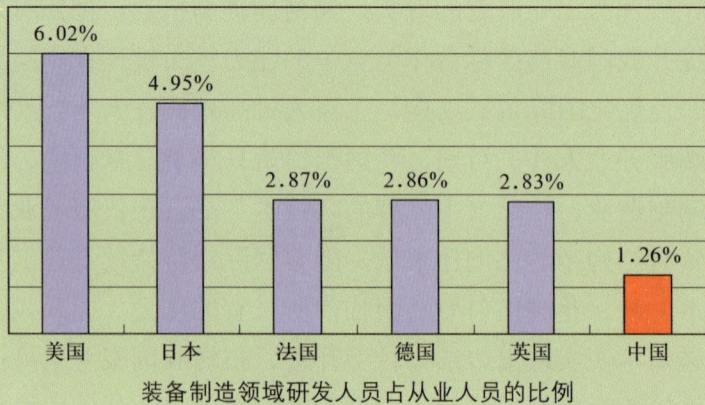

装备制造领域研发人员占从业人员的比例

经营管理人才在我国还相当缺乏。

第三，积极参与全球经济治理，急需一批具有国际化视野、精通国际化规则的高端国际化人才。在现代市场经济发展中，全球经济组

织和行业协会扮演着极其重要角色。他们掌握着行业规范、行业标准的制定及实施和监督，参与行业许可证的发放和资质审查，对各国经济发展影响巨大。作为世界上最大的发展中国家，我国必须要积极参与全球经济治理和区域合作，提高我国在国际经济舞台上的话语权，推动国际经济秩序朝着更加公正合理的方向发展。目前，我国在参与由政府主导的全球组织已经取得较大突破，比如，我国在世界银行的投票权从2.77%提高到4.42%。但在一些由市场主导的国际行业协会，我国的参与程度则严重不足。随着经济全球化的深入发展，现代企业越来越注重通过加入行业学术组织或行业协会第一时间参与到行业标准和游戏规则的制定中。如果等他人制定出标准和规则以后，再来被动学习、理解和跟进，则将丧失市场的主动权。

引领人才队伍建设的标杆

历史一再表明，高端人才不仅在推动事业发展上有巨大作用，而且在人才培养和促进队伍建设上也发挥着重要作用。有了毛泽东、朱德、陈毅的正确领导，才有了井冈山革命队伍的迅速发展壮大；有了钱学森、邓稼先、王大珩、彭桓武等一批高端人才的带领，我国航天科技人才队伍才从无到有，并在很短时间内缩小与先进国家的差距，进入国际领先行列。高端人才的特点，决定了他们对整个人才队伍建设的引领带动作用。

一是高端人才代表未来发展方向，对其他人才尤其是青年人才具有强大的引导和示范作用。高端人才常常成为人们尤其是年轻人才学

相关链接

战略科学家：朱光亚

　　20世纪50年代末，35岁的朱光亚被任命为中国核武器研制的科学技术领导人。直至退休，他都始终处于我国核武器发展科技决策的高层。在核武器技术发展的每一个重要关键时刻，都凝聚了他的智慧和决心。无论是发展方向的抉择和决策，还是核武器研制和核试验关键技术问题的决策，他都起到了主导作用，为中国特色核武器事业的持续快速发展作出了卓越贡献。他主持起草的《原子弹装置科研、设计、制造与试验计划纲要及必须解决的关键问题》是当时中国原子弹研制科技工作的重要纲领性文件，对我国在当时科学、工业基础薄弱的条件下，很快完成中国第一个原子弹装置的研制起了重要作用。

习和模仿的对象。抗日战争时期，由于延安的共产党人真正抗日，吸引了成千上万的热血青年知识分子不惜舍弃一切甚至生命，奔赴延安。在20世纪80年代，我国数学家陈景润的事迹被报道后，也吸引了成千上万的优秀学生报考理工科院校，一时间，"学好数理化，走遍天下都不怕"被广为传颂。同一年代，以比尔·盖茨、戴尔为代表的大学生创业成功后，在美国也掀起了大学生创业热潮。自20世纪60年代开始，雷锋精神激励和教育了一代又一代年轻人。榜样的力量是巨大的。抓住了高端人才队伍，就能带动和促进整

相关链接

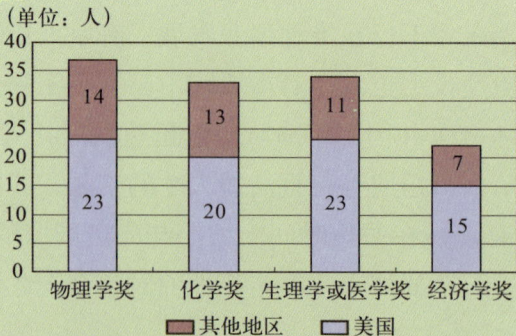

（单位：人）

其他地区：物理学奖14，化学奖13，生理学或医学奖11，经济学奖7
美国：物理学奖23，化学奖20，生理学或医学奖23，经济学奖15

1985年以来美国科学家获得诺贝尔科学奖比例

个人才队伍建设。

二是高端人才能力水平杰出，能够带动身边人才发展。人才成长有个规律，一个人能走多远，关键看他身边都是些什么人。一般来说，高端人才必有其过人之处，他们对客观世界的看法，对所从事领域的敏锐性，以及分析问题和解决问题的方法，等等，常常有其独到之处。高端人才身边的人耳濡目染，最容易学习到其独到的经验方法，往往成长也很快，甚至出现人才聚集效应和人才辈出局面。如，美国著名物理学家费米，带出了著名的华人科学家杨振宁、吴健雄。据统计，自1985年以来，126名诺贝尔科学奖获得者中有81人是美国科学家或拥有美国永久居留权的科学家。在我国科学发展史上，这类例子也很多，著名教育家蔡元培、著名物理学家叶企孙身边都曾聚集一批精英，并培养了一批在国内外享有盛名的科学家。著名数学家熊庆来不仅自己是千里马，在数学研究领域作出重要贡献，而且他发现和培养、提携了一大批优秀人才，这些优秀人才又继承了他的慧眼识才、真心爱才、苦心育才的传统，开创了我国数学领域人才辈出的局面。

相关链接

数学家熊庆来师承链

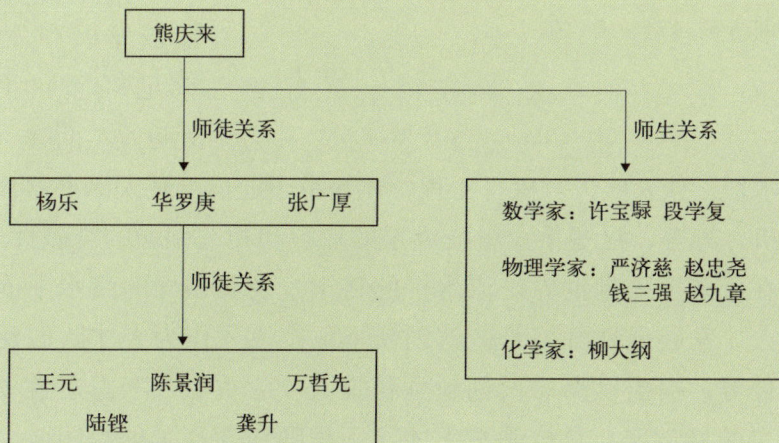

熊庆来

师徒关系 ——→ 杨乐　华罗庚　张广厚

师生关系 ——→

数学家：许宝騄　段学复

物理学家：严济慈　赵忠尧
　　　　　钱三强　赵九章

化学家：柳大纲

师徒关系 ——→ 王元　陈景润　万哲先
　　　　　　陆铿　　龚升

2. 突出培养吸引
高端人才

当前，我国改革发展正处于关键时期，急需在各领域培养造就一批像钱学森那样的高端人才。加强人才队伍建设，必须要从战略高度来认识高端人才在我国经济社会发展中的极端重要性和紧迫性，加大高层次人才培养力度和引进力度，为提高国际竞争力和建设人才强国提供强大支撑和持久动力。

培养造就高层次科技领军人才

经典语录

> 把尽快地培养出一批具有世界第一流水平的科学技术专家，作为我们科学、教育战线的重要任务。
>
> ——邓小平

从我国的发展历程看，高层次科技领军人才在相关领域发展中发挥了举足轻重的作用。无论是"两弹一星"、杂交水稻、载人航天、探月工程，还是量子通信、载人深潜器、超级计算机，等等，这些重大科技成果的取得和相关领域的突破性进展，关键在于有了一批世界一流水平的科学家及其领导的高水平创新团队。人才发展规划将培养造就创新型科技人才作为人才队伍建设的首要任务，提出以高层次创新型科技人才为重点，努力造就一批世界水平的科学家、科技领军人才、工程师和高水平创新团队。针对我国当前现状，培养造就高层次科技领军人才要着重抓好以下几个方面工作：

第一，着力提升产业结构和科研水平，形成高端产业、前沿课题与高层次科技人才相互促进的良好环境。一流事业吸引一流人才，一流平台造就一流人才，一流人才又催生新的事业，人才发展与事业发展就是在二者相互作用下螺旋式上升的。培养造就高层次科技领军人才，必须鼓励发展先进装备制造业，培育发展战略性新兴产业，加快发展生产性服务业，大力发展现代农业、现代能源产业及文化创意产业，全面提高信息化水平，全面提升各产业的科技含量，确保科研课题一流、科研设备条件一流和科研管理体制一流，使科技人才处于世界科技前沿，加强产学研用合作培养人才工作力度，形成高端产业、优势学科和高端人才紧密融合、互动共生的局面。

第二，着力营造良好市场环境，创造公平竞争机会，进一步推动发展更多依靠创新驱动，让科技人才的能力水平得到充分发挥。目前，我国许多企业的生存和发展，并不是依靠科技与创新，而是依靠政府政策的惠及。在这种导向下，企业更加重视的是新项目上马、政策扶持、产品价格的调整等，而不是技术创新。企业在市场比拼的不是科技能力，也不是管理水平，比的是政府公关能力，看谁得到政府更多的支持；比的是对国家产业政策的敏感性，看谁对国家政策领悟得准、领悟得快。在这种市场环境下，企业根本不需要依靠科技人才在市场上攻坚破难，

典型案例

江苏：注重以高层次人才引领区域创新发展

近年来，江苏省把引进高层次人才与产业集聚结合起来，既立足产业实际，又敢于催生新的产业，形成了以高层次人才引领高新技术产业集聚的发展态势。目前江苏全省拥有留学人员创业园、软件园等科技孵化器200家、面积941万平方米。全省在孵企业11421家，培育了一批高新技术产品群。人才在高新技术产业的发展中得到价值实现，从而吸引更多的人才前来创业发展。

科技人才在企业中发挥作用的空间有限。要培养造就高层次创新型科技人才，必须营造公平竞争的市场环境，推动企业真正把科技创新摆在战略地位，为科技人才发展提供内生动力。创新型科技人才的成长，需要破除制约创新型科技成长的一些体制机制障碍，也最终需要依靠市场机制的完善。

第三，着力营造良好学术环境，完善知识产权保护制度，发展创新文化，在全社会培育创新意识和科学精神。科技创新是需要投入的，是需要科技人才付出大量心血的，只有建立起良好的学术环境，才能真正保证这种投入和付出实现良性循环，从而为高层次创新型科技人才成长培育健康的土壤。目前，我国知识产权保护法规还不健全，执法力度也不够，一些侵权企业不仅没有受到应有的惩罚，反而在市场越来越壮大。与此同时，科学技术研究中的急功近利、抄袭剽窃、弄虚作假等不良风气也还没有得到根本遏制。这种状况不改变，就没有企业愿意创新，就不可能形成科技人员潜心研究与创新的良好氛围。因此，必须通过相关法规建设，从根本上保护企业、个人的创新积极性。

第四，着力建设开放的强大的科研环境，鼓励小发明、小创造、小成果。纵观世界科技发展史，几乎所有的原始创新都是由少数人甚至个别人通过小规模科研而

典型案例

河南：加强高层次创新型科技人才队伍建设

近年来，河南省站位建设中原经济区大局，深入推进人才强省战略，紧紧围绕创新型河南发展要求，大力实施创新型科技人才队伍建设工程，培养造就了一批创新型科技领军人才和团队，带动河南自主创新能力持续提升，有力推动了经济社会又好又快发展。五年来，全省共有5人入选两院院士，6人作为第一完成人获国家科技进步一等奖，22人入选旨在培养院士后备人才的"中原学者"，支持省级创新型科技团队147个，科技创新杰出人才和杰出青年674人，形成了一支梯队衔接、结构合理的创新型科技人才队伍。

实现的。与此同时，在创新体系之外作出发明创造的也大有人在。在我们今天生活中，有许多产品，如电灯、电话、汽车、飞机、电视、青霉素、胃镜等，其发明人在发明之前几乎都是名不见经传的小人物。爱因斯坦也是在发现相对论、获得诺贝尔奖之后才被大学聘用的。互联网的发明甚至可以称得上是欧洲高能物理研究所柏纳斯不务正业的结果。总结这些人的成功经验，除他们对发明创造具有浓厚的兴趣并有顽强的毅力之外，其中

相关链接

我国错失页岩油气技术高端人才发展的良机

20世纪50年代，页岩油产量曾占我国石油产量的一半，有一批以朱亚杰院士为代表的专家从事相关研究。可是后来，随着大庆等一批油田的发现和开发，页岩油开发终因成本高等原因逐渐淡出人们的视野，该领域专家们也因得不到支持纷纷调整研究方向。直到近年美国在该领域的成功引起国际轰动，我国才有新的学者跟进，但原来从事该领域的专家们都已退休甚至离我们而去。

一个很重要的原因就是他们都拥有一个开放的科研环境，他们当中有些人甚至只有中学学历、小学学历，还有些人根本就不是专职研究人员，但这些人能够通过公共学术机构、科研机构查阅相关资料，进行学习、实验和试验。相比而言，我国目前的公共学术机构和科研机构

相关链接

新世纪以来我国科学家获得国际重大科学奖情况

时间	获奖科学家	工作单位	科学奖励
2012年	王澍	中国美术学院建筑艺术学院	普利策建筑学奖
2011年	屠呦呦	中国中医研究院	拉斯克临床医学奖
2006年	吴文俊	中科院数学与系统科学研究院	邵逸夫数学奖
2002年	刘东生	中科院地球环境研究所	泰勒环境奖
2001年	袁隆平	国家杂交水稻工作技术中心	沃尔夫农业奖

科技领军人才孕育产业爆发力

　　江苏省吴江市实施科技领军人才创业工程，重点支持在各种新兴产业领域带技术、带项目、带资金来创业的高层次人才（团队）。2008年以来吸引了200多名海内外高层次人才带资金、带项目来创业发展。领军人才中80％以上有着海外留学背景，领军人才项目主要涉及生物医药、电子信息、新材料、新能源四大新兴产业。2010年销售收入超1000万元以上的公司已有3家。

开放明显不足，这使得蕴藏在基层和民间的科技创新力量没有得到充分释放，许多真正靠技术吃饭的小公司、小企业甚至科技人才个体，他们所从事的技术发明创造得不到有效支持与发展。培养造就高层次创新型科技人才，必须重视全社会的科技创新力量。加快建立开放的强大的科研环境，充分挖掘各个方面的创新创造潜力，十分必要，也十分迫切。今后，国家投资建设的科研设施，包括国家重点实验室、工程中心等，不管建在哪里，都要向企业开放，作为技术开发的公共平台，各部门、各单位自有科研设施，也要以适当方式开放。

　　第五，不断完善创新型科技人才发展的政策体系。要着力在产学研合作培养人才、促进人才向企业流动、强化创新绩效和创新质量导向、改进科技评价奖励方式、改革科研管理制度和科技资源配置方式、支持科技人员潜心研究、健全科技成果转化激励机制、充分激发科技人才的创新创业活力等方面加强政策研究，遵循人才成长规律，针对创新型人才成长的特点制定相关政策。对于难度较大、突破性较强的政策，可通过人才特区先行先试，积累经验，力求以点上突破带动面上的体制机制创新，努力营造优秀科技人才脱颖而出的良好环境。

大力引进和用好海外高端人才

　　大力引进海外高层次人才，是党中央统筹国内国际两个大局，为更好实施人才强国战略、建设创新型国家作出的一项重大战略决策。

长期以来，以留学人才为主体的海外高层次人才一直是我国高层次人才队伍的重要来源。新中国成立之初，以钱学森、李四光、邓稼先、吴文俊等杰出科学家为代表的海外留学人才回到祖国，为发展新中国的工业、科研、教育和国防建设事业建立了卓越功勋。目前，国家重点项目学科带头人中72%是"海归"，81%的中科院院士、54%的工程院院士也是"海归"，在现代化建设中发挥领军和骨干作用。

大力引进和用好海外高端人才，不仅能够使我国在较短时间内拥有一批世界一流人才，而且对提高我国自主创新能力，增强科技活力，发展战略性新兴产业，建设创新型国家都将起到重要的推动作用。

针对当前现状，大力引进海外高端人才，要着重把握好以下几点：

一是注重海外高端人才引进与使用的关系，克服人才引进"面子工程"。海外高端人才的最大价值就在于他们的引领作用。要发挥他们的引领作用，必须把他们放到能够真正发挥科技领军作用的岗位上，并使他们享有履行职责的权利。要借鉴我国老一代留学回国专家使用的经验，以及韩国20世纪七、八十年代对引进人才的做法，充分信任、放手使用。国家是为发展需要而引，人才是因价值实现而来。坚持以用为本，吸引更

相关链接

我国在主要发达国家留学生状况

据教育部统计，从1978年到2011年底，各类出国留学人员总数达到224.51万人，学成后回国人员81.84万人。目前，以留学生身份出国在外的还有142.67万人，其中，110.88万人还正在进行相关阶段的学习和研究，31.79万人学成后留在海外工作。预计在学成后留在海外工作的人当中，45岁以下、具有助理教授或相当职务以上的约有10.6万人。这些人才大多在信息技术、生物制药、高新材料研发等高新技术领域和金融等现代服务业领域工作，是国内急需的人才。

相关链接

发达国家高端人才竞争新特点

进入新世纪以来，通过在全球设立研发机构使用高端人才资源、拓展市场空间成为发达国家高端人才竞争的一种新趋势。只要哪个国家有人才优势，他们就将研发机构设立到那儿。苏联解体之后，跨国公司纷纷进驻独联体国家尤其是俄罗斯。印度软件人才形成优势之后，跨国公司又纷纷到印度设立研发机构。近年来，巴西在深水油气勘探开发技术方面发展很快，各石油巨头立即跟进。美国斯伦贝谢公司，25 个研发机构有 6 个研究中心、7 个技术中心分别设在巴西、英国、日本、中东、俄罗斯、中国等 13 个国家。随着我国科学技术的不断进步和人才队伍的快速发展，目前世界 500 强企业有 470 多家在我国建立研发中心。

多更高层次的海外优秀人才，从而形成海外高端人才引进的良性循环。只有坚持以用为本，才能更好实现人才自身价值和社会价值的有机统一。

二是注重海外高端人才引进的方式方法，不能为完成目标而降低引才标准。进入新世纪以来，发达国家一方面继续重视引进他国高端人才，另一方面大力支持跨国公司或科研机构到人才相对优势的国家直接设立分支机构，将他国高端人才为我所用。引进海外高端人才，既要注重把他们引回来，也要注重在当地使用。要根据海外高端人才的类别和岗位特点，采取灵活多样的方式方法。有些在国际科技一线的顶尖人才，可以不要求全职回国。对于目前国内比较薄弱的科技领域，不能为海外高端人才提供良好平台的，应积极借鉴跨国公司的做法，鼓励国内企业和科技机构直接到海外设立科研机构，吸引当地优秀人才。

三是注重安排好他们的生活，使他们真正感受到对人才的尊重。受文化、环境差异的影响，那些在海外工作生活多年的高端人才，妥善安排好他们的生活条件，真正让他们有宾至如归的感觉。对于那些真正的外国人才，要更多借鉴国际通行做法，如子女就读补贴、探亲补贴、家庭安置补贴等，保障他们应有的权益。

发挥重大人才工程引领作用

重大人才工程是落实国家人才发展规划、实施人才强国战略的重要抓手。胡锦涛强调指出，"深入实施重大人才工程和政策，培养造就世界水平的科学家、科技领军人才、卓越工程师、高水平创新团队。"实施重大人才工程引领高端人才队伍建设，要着重抓好以下两方面：

一要组织实施好"千人计划"和"国家高层次人才特殊支持计划"（简称"万人计划"），加快我国高端人才队伍建设步伐。依托国家重点创新项目、国家重点实验室和国家高新区等创新创业平台，在中央国家有关部门和地方分层次、有计划引进一批能够突破关键技术、发展高新技术产业、带动新兴学科的战略科学家和创新创业领军人才。加快启动"万人计划"，通过设立科学家工作室、培养中青年科技创新领军人才、扶持科技创新创业人才、支持重点领域创新团队和建设创新人才培养示范基地等措施，突出培养和造就一批高层次创新型科技人才。同时，加强

相关链接

"千人计划"和"万人计划"

为更好地统筹国内国外两种人才资源，造就宏大的高层次创新创业人才队伍，中央人才工作协调小组组织实施了"千人计划"和"万人计划"。

"千人计划"从2008年开始实施，计划用5—10年时间，引进并有重点地支持2000名左右海外高层次人才回国（来华）创新创业。目前已引进的2793名海外高层次创新创业人才，在突破重大关键技术、推动战略新兴产业发展、带动新兴学科、促进人才机制创新等方面都发挥了重要作用。"万人计划"从2012年开始实施，用10年左右时间，有计划、有重点地遴选支持1万名左右自然科学、工程技术和哲学社会科学领域的杰出人才、领军人才和青年拔尖人才。这两个国家级人才引进和支持计划，形成了相互衔接、相互促进的高层次创新创业人才开发体系。

九 坚持高端引领

人才与项目、基地的有机结合，利用国家科技计划项目实施和重点创新基地建设，加强对科技人才的锻炼培养和引导支持。

二要是以实施重大人才工程为载体，推进人才体制机制创新，营造高端人才良好发展环境。重大人才工程不仅是人才队伍建设的重要抓手，而且是人才工作体制机制和政策创新的重要载体。要通过重大人才工程的组织实施，结合开展人才管理改革试验区试点，探索高端人才培养开发、评价发现、选拔使用、流动配置和激励保障等机制以及人才管理体制的有效途径，探索建立与国际接轨的科学研究和科技开发、创业机制以及管理机制，努力为高端人才搭建充分发挥作用的平台。

3. 以高层次人才带动人才资源整体开发

加强人才队伍建设，既要突出高层次人才这个重点，也需要发挥高层次人才的引领作用，带动人才资源整体开发。俗话说，水涨船高。只有培养造就了宏大的高素质人才队伍，才能不断涌现出高层次人才。同时高层次人才又带动和促进整个人才队伍建设，最终形成人才辈出的生动局面。

构建高端引领的人才队伍建设布局

以高层次人才带动人才资源整体开发，首先必须处理好高层次人才与人才资源整体之间的关系，要根据经济社会发展要求和我国实际，形成合理布局。根据人才发展规划要求，我国未来一段时期人才队伍建设的总体目标是：造就宏大的高素质人才队伍，突出培养创新型科技人才，重视培养领军人才和复合型人才，大力开发经济社会发展重点领域急需紧缺专门人才，统筹抓好党政人才、企业经营管理人才、专业技术人才、高技能人才、农村实用人才以及社会工作人才等人才队伍建设，培养造就数以亿计的各类人才，数以千万计的专门人才和一大批拔尖创新人才。

未来十年，我国经济社会发展面临着前所未有的战略机遇期，推动工业化、信息化、城镇化、市场化、国际化深入发展，迫切需要培养造就一支规模宏大的高素质人才队伍。要围绕建设创新型国家，把培养造就创新型科技人才尤其是世界一流的科学家和科技领军人才摆在更加突出的位置；要适应经济社会发展重点领域对人才的紧迫需求，大力开发先进制造业、现代服务业和战略性新兴产业发展急需紧缺的各类创新型人才和应用型人才；要适应经济建设、政治建设、文化建设、社会建设以及生态文明建设的需要，形成以创新型人才培养为先导、以应用型人才开发为主体、以高层次和高技能人才为重点、各类人才队伍建设统筹推进的总体布局。

坚持突出重点统筹推进人才队伍建设

人才队伍建设是全面系统培养开发人才的根本，突出重点是提高整个人才队伍质量的重要保证。坚持突出重点统筹推进各支人才队伍建设，要重点把握好以下几点：

一要围绕经济社会各个方面发展的需要，整体推进六支人才队伍建设。党政人才、企业经营管理人才、专业技术人才、高技能人才、农村实用人才以及社会工作人才是我国人才队伍的主体，任何一支队伍对经济社会发展的影响都是全局性的。因此，必须加强对各支队伍的统一领导、统一规划，统筹安排部署，整体推进，实现人才数量充足、结构合理、整体素质和创新能力显著提升，满足经济社会发展对人才的多样化需求。

二要以高层次人才为重点，全面系统推进各支人才队伍建设。要按照加强党的执政能力建设和先进性建设的要求，以中高级领导干部为重点，造就一批善于治国理政的领导人才，大力培养政治坚定、勇于创新、勤政廉洁、求真务实、奋发有为、善于推动科学发展的高素质党政人才队伍。要按照提高现代经营管理水平和企业国际竞争力的要求，以战略企业家和职业经理人为重点，大力培养一大批具有全球战略眼光、市场开拓精神、管理创新能力和社会责任感的优秀企业家和一支高水平的企业经营管理人才队伍。要按照提高专业水平和创新能力的要求，以高层次人才和紧缺人才为重点，大力培养宏大的高素质专业技术人才队伍。要按照走中国特色新型工业化道路和产业结构优化升级的要求，培养一批具有世界水平的科学家、科技领军人才、工程师和高水平的哲学社会科学专家、文学家、艺术家、教育家，一大批技艺精湛的高技能人才，一大批社会主义新农村建设带头人，一大批职业化、专业化的高级社会工作人才。与此同时，要注重各支队伍中不同层级、不同岗位、不同专业、不同年龄、不同性别、不同民族之间人才发展的协调性，使各层级、各类别人才共同发展，使整个人才队伍形成合理梯队布局，提高整体功能。

三要加强六支人才队伍建设的政策协调，形成各支队伍共生共荣的良好局面。党和国家各项事业发展，需要各类人才共同努力。六支人才队伍的划分，只是分工不同。为促进各支人才队伍发展，需要制定一些反映各类人才队伍性质特征、体现各类人才自身特点及成长规律的特殊政策。统筹推进六支人才队伍建设，必须重视各支队伍特殊政策的协调性，使各类人才都能各得其所、各展其长。

统筹城乡、区域、产业人才资源开发

目前，我国人才队伍结构性矛盾还很突出。实现我国全面协调可持续发展，提高发展质量，必须按照统筹城乡发展、统筹区域发展、统筹经济社会发展、统筹人与自然和谐发展、统筹国内发展和对外开放的要求，在重点建设高层次人才队伍的同时，充分发挥市场在人才资源配置中的基础性作用，加快人才结构调整，促进人才在城乡、区域、产业、行业和不同所有制之间的合理流动和优化配置。要加强政府宏观调控，鼓励和吸引人才到西部地区、民族地区、贫困地区和农村工作，引导人才向中小城市、中小企业和基层流动，推动区域之间、机关事业单位与基层单位之间的人才协调发展。要紧紧围绕西部大开发、振兴东北等老工业基地、中部地区崛

典型案例

湖北：统筹城乡人才资源开发取得新进展

　　近年来，湖北省充分发挥省科教人才资源十分丰富的优势，引领和带动农村实用人才队伍建设。全省已有40多个县市与高校、科研院所建立紧密的共建关系，3600多名科技人员常年活跃在农村一线，通过项目对接、成果转化，为农村培养骨干科技人才。每年选派3000多名大学生到农村支农、支医、支教和扶贫，先后选派1700多名大学生到村任职，并通过大学生创业"扬帆计划"，带动农村实用人才发展。

起、东部地区率先发展战略的实施，建立与之相适应的人才交流合作机制，有针对性地吸引、调配和补充急需紧缺人才和重点人才，以保证重大发展战略的顺利实施。要根据建设社会主义新农村的需要，大力加强农村实用人才队伍建设，促进城乡之间人才工作的协调发展。

典型案例

温州：注重加强非公有制企业人才队伍建设

　　近年来，浙江省温州市针对非公有制企业数量多、规模大，对人才需求紧迫的特点，提出"政策倾斜、企业主体、优先开发、优化服务"方针，加快建设一支敢为人先、勇于创新、充满活力的非公有制企业人才队伍。目前，非公有制企业人才达53.9万人，占全市人才总量的60.2%，经营管理人才、专业技术人才、高技能人才数量分别占全市三支队伍总量的90.1%、64.9%、91.8%。非公有制企业人才队伍有力推动了温州转型发展、科学发展。

九　坚持高端引领

要高度重视非公有制经济组织和新社会组织人才工作，促进不同所有制组织之间人才工作的协调发展。

相关链接

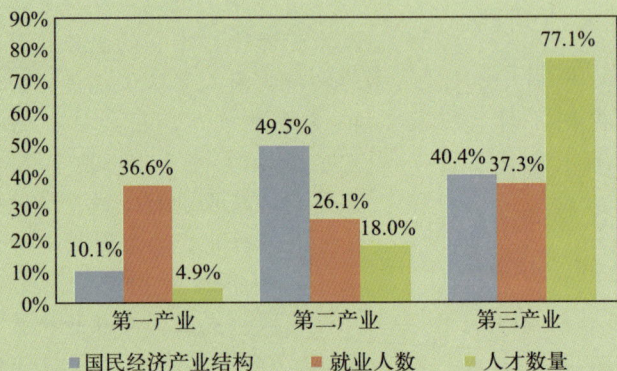

我国产业、行业人才分布状况

十 遵循人才系统开发规律

从根本上讲，科学人才观是尊重客观实际和人才开发规律，指导人才开发实践系统化、科学化的人才发展理论。人才开发是不是反映客观规律，是不是按照客观规律办事，是衡量和检验人才开发是否科学的重要尺度。

1. 正确认识和把握
人才开发规律

人才开发规律是对符合人才成长规律和人才发展规律要求的人才资源开发利用实践经验的归纳概括。理论和实践工作者综合国内外学者研究成果及古今中外人才开发利用经典案例，概括总结出人才开发的一些重要规律。

系统培养开发规律

系统培养开发是人才能力发展特点和人才成长规律的本质要求。人才资源开发与管理是一个涉及多要素、多层次、多结构、多环节、多部门的系统工程，必须运用系统思维方式、系统工程方法从根本上总揽全局、统筹谋划、整体推进。

从某种程度来说，系统培养开发是人类对自身发展及成才规律科学认识的结果，是人才资源开发利用科学化、现代化的重要标志。

马克思指出，人是社会关系的总和。在人类历史进程中，社会进步与人的发展是社会发展的两个方面，两者构成了辩证的关系。人才不是天生的，人才发展是由人才个体与社会环境共同作用的结果。在人的成长过程中，周围环境对人的影响无处不在，人才发展除个人因素之外，还受到生产力水平、工作环境、政策制度环境、家庭环境、社会氛围等许多方面的影响，有时一件很小的事情或偶发事件，也有可能对人才成长产生重大影响。人才培养开发，必须着眼于人才成长的各个方面统筹推进。

从能力发展特点来看，人的能力发展是个长期渐变过程，并且有着一定的内在规律。通常来说，最先发展的是认知能力，如视力、听力、简单思维能力等，再慢慢地就有了观察力、辨别力、记忆力、模仿能力等，再后来就有了想象力、创造力、操作能力、社交能力等，直到从事专业工作所需要的专门能力或特殊能力。"十年树木，百年树人"说的就是这个道理。各类人才都是在日积月累、循序渐进中成长的。想走捷径，常常事与愿违，欲速则不达。目前，各类学校对人才的培养基本上都是按照能力发展顺序系统规划、科学培养。

当然，由于个体差异，每个人的能力发展进程不完全一致，成才时间也不相同。但能力发展规律仍在起作用，如果不按规律办事，必

典型案例

美国 Bronx 高中系统培养人才经验

美国纽约有一个 Bronx 科学高中，这个 1938 年建立的高中培养了 7 名诺贝尔物理学奖获得者，美国物理学会把这个高中列为学会的 16 个物理传奇地点之一。这所中学十分注重课堂教学与课外学习相结合，十分注重教师传授与共同研讨相结合，给学生提供较多自主学习、自主创造和研究的空间。毕业于这所高中的诺贝尔物理学奖得主 Schwartz 说，正是同学间的讨论激发了他对物理的兴趣。诺贝尔物理学奖得主 Glashow 和 Weinberg 印象最深刻的是他们在中学参加的"科幻小说俱乐部"，俱乐部成员围着实验桌讨论物理。

典型案例

韩国系统培养理工科人才

　　韩国理工科人才系统培养从五个方面推进：一是改善理工科大学教育制度，通过个性化的教育课程提升理工科人才的质量。二是通过培育世界水平研究型大学和研究机构，强化理工科研究生的研究环境，系统培养和开发核心研究人才。三是加强优秀人才国际交流，增加理工科人才参加海外教育和研究活动的机会，支持大学生赴海外开展实践活动等。四是促进官产学合作的基础设施建设，支持中小企业设立研究机构，强化对理工科人才的继续教育和再教育，扩大对战略技术领域研究生院优秀实验室的支持等。五是加强科技人员创造性研究环境的改善，提高科技人员的待遇，将政府出资的面向研究机构的稳定性人员费用比例，从2008年的30.8%提高到2011年的70%。

将受到规律的惩罚。我国北宋时期方仲永，幼年天资过人，五岁作诗能"指物作诗立就"，而且"文理皆有可观者"，其父以为是天才，不让他好好学习，而带他四处找机会表现，以博取夸赞和奖励，结果导致他十二三岁时已经"不能称前时之闻"，二十岁就"泯然众人矣"。相反，遵循能力发展规律，一步一个脚印，踏踏实实，一定有所进步，有时甚至取得意想不到的成效。爱迪生上小学时竟被学校以低能儿的名义而开除，但他的家长没有放弃他，让他在家坚持学习，最终成为大发明家。在上学时被老师和同学称为"呆子"、被村里人称为"傻瓜"的牛顿，最后也成为著名科学家。由此可见，人才培养开发不能急于求成，要尊重人的知识能力逐渐发展的特点，持续开发。

　　从人才成长过程来看，一个人成才是个体与群体、主体与客观环境相互作用的结果，是一个相当复杂的系统演进过程。系统工程理论认为，凡系统都具有全局性、关联性、综合性、实践性的特征，人才资源开发必须遵循系统演进的规律，对人才的培养、吸引、使用等环节和评价、流动、管理、激励等方面进行系统思考和整体设计，用系统论的思想与方法，发现薄弱环节和关键缺陷，解决突出问题，在目标管理、机制设计、要素整合等方面，提高人才培养开发的针对性、实效性，增强人才开发的整体效应和社会效益。实践证明，系统培养开发人才是快出人才、出优秀人才的不二法则。

◀ 实践成才规律

实践出真知，实践也出人才。实践成才是人类在长期社会实践中形成的一条重要经验，是人才开发的基本途径。人类的所有知识都来自于社会实践活动，人的能力也是在改造客观世界的实践活动中形成和发展的。社会实践不断地向人们提出新要求，人的能力就是在这些新的要求推动下不断解决新的矛盾、新的问题中逐渐发展起来的。可以说，人类最新、最实用的知识和经验大都产生于社会实践。正因为如此，在人才培养开发中，社会实践方法至今仍保持旺盛的生命力。古往今来，许多人虽然没有上过几年学但仍能为社会作出巨大贡献，不是他们没有知识，只不过他们的知识、才干和经验都是在实践活动中学习、形成和发展的，是在干中学习和积累的，是在使用中丰富和提高的。

经典语录

> 读书是学习，使用也是学习，而且是更重要的学习。从战争中学习战争——这是我们的主要方法。没有进学校机会的人，仍然可以学习战争，就是从战争中学习。革命战争是民众的事，常常不是学好了再干，而是干起来再学习，干就是学习。
>
> ——毛泽东

在实践中锻炼干部，在使用中培养人才，是我们党培养开发人才的一条根本途径。毛泽东、邓小平等老一辈无产阶级革命家，之所以具有超人的胆识、丰富的政治经验和卓越的治党治国治军才能，这与他们长期从事革命和建设的伟大实践，经受过各种难以想象的艰难困苦磨砺和尖锐复杂的斗争考验是分不开的。

人才共生规律

在人类发展历史上，曾多次出现过人才辈出、群星灿烂的现象，形成了人才共生规律。所谓人才共生也叫群落效应，指人才的生长、涌现通常具有在某一时期、地域、单位和群体相对集中的倾向。具体表现为"人才团"、"人才链"现象，就是在一定的空间和时间内，人才不是单个出现而是成团或成批出现，形成众星捧月之势。主要表现为四种共生效应：一是地域效应，表现为人杰地灵。某一地区因为历史文化传统或其他原因，往往产生、汇集了某一方面的大量人才，处在这个地域的人，如果努力会比其他地域的人更容易成才。我国历史上出现的宋代以黄庭坚为代表的江西诗派和清代以朱彝尊为代表的浙西词派，反映的就是这种现象。二是时代效应，表现为时势造英雄。不同的历史年代，有不同的需求，从而推动相应领域的人才大量产生。 我国春秋战国时期出现的诸子百家；唐宋时期涌现出的以李白、杜甫和苏东坡、辛弃疾、李清照为代表的众多文学家和诗人；欧洲文艺复兴时期造就的大批哲学家、文学家、科学家、艺术家、建筑师、诗人等，都曾呈现出一个群星灿烂的英才辈出时代。三是师承效应，表现为名师出高徒。孔子七十二弟子，个个不凡。被誉为一代师表的叶企孙在主持清华大学物理系和理学院期间，有 57 名学生后来成为院士，包括王淦昌、彭桓武、王大珩、陈芳允、邓稼先、朱光亚、周光召、王希季等 10 位"两弹一星"元勋，以及杨振宁、李政道、林家翘、钱伟长、王竹溪等杰出人才。英国剑桥大学卡文迪许实验室，自建立以来共产生 29 名诺贝尔奖获得者，成为世界科学史上少有的人才辈出的研究机构。创建于 1956 年的美国 GE（通用电气公司）克劳顿管理学院迄今已培养出 168 名世界 500 强的 CEO（首席执行官），被《财富》杂志称为"美国企业界的哈佛"。除此以外，现实生活中许多特殊工艺人才和特殊表演技巧人才，至今仍是依靠一些特殊人才的师徒口口相授、手把手传承。四是团队效应，表现为众星捧月。在一个特定时期内，或者在一个特定区域内，一群优秀杰出人

研发机构聚集区域加速人才共生

被誉为世界石油之都的休斯顿集中了5000多家与能源相关的公司，全美油气上市公司前200强中，有45家总部设在这里，世界各大石油公司及技术服务公司也都在这里设立分部和研究机构，成为当今世界石油高层次人才最集中的区域。底特律汽车城是美国三大汽车总部所在地，世界十大汽车公司全部在这里建有研发中心，世界前五十强的供应商中，有46家在这里建有研发机构。目前全世界大约有75家资质为5等的软件研发企业，其中有45家在印度，而这其中又有将近30家在班加罗尔。大量高层次人才集中聚集，是保证这些地区在相关领域优秀人才源源不断的关键所在。

才相互碰撞、相互启发、相互促进、共同成长、共同提高，并带动大量优秀人才源源不断地涌现出来。目标科学、结构合理、功能互补、人际关系融洽的团队，更有利于一大批成员都取得杰出成就。在当代，美国硅谷地区的信息产业人才、休斯顿地区的能源类人才、底特律地区的汽车产业类人才，印度班加罗尔的软件人才，群体共生和团队共生现象就十分明显。自古以来，以才生才、人才共生就被作为人才培养开发的一条重要途径。 根据人才共生规律，在人才开发上应积极探索人才共生的内在机制，以利于大批培养和大批发现人才。

扬长避短规律

古人云：尺有所短，寸有所长。[1] 人各有所长也各有所短，这种差别是由人的天赋素质、后天实践和兴趣爱好所形成的。成才者大多是扬其长而避其短的结果。每个人在能力上都有长处与短处，有的人擅长管理，而有的人则喜欢做具体事情，还有的人喜欢钻研。即便是

---

[1] 《楚辞·卜居》。

同一种能力指向，也有大小程度之分，有的人能力超强，有的则水平一般。科学开发利用人才，根据人才个性差异化、人才成长多样性特点，用其所长，避其所短，让每个人都在其合适的职业和适当的岗位上发挥作用，人人皆是人才。反之，不尊重差异化特性，把人才错位使用，或者不能用其所长，最终会导致人才浪费甚至扼杀人才。宋徽宗赵佶在书画方面虽做得很成功，创造了瘦金体，在古玩典藏、乐、琴、诗等方面也称得上颇有造诣，但他没有用对地方，是个很失败的政治家，落得"亡国之君"称号。

人的能力差异是客观现实。也正是因为每个人的能力指向不同，能力大小不同，才会出现三百六十行、行行出状元。扬长避短开发人才规律要求我们要善于发现每个人的长处，并用其所长。要坚决克服论资排辈和求全责备的做法，用当其时，让人才在其最佳创造期内充分施展才华。要平等对待每一种职业和每一个人，不能因为人的能力指向不同或者能力大小不同而产生歧视。运用扬长避短规律开发人才资源，要切实做到不以言容而舍才，不以小疵而掩

相关链接

扬长避短都是才，西邻五子食不愁

《西邻五子》说："西邻有五子，一子朴，一子敏，一子蒙，一子偻，一子跛；乃使朴者农，敏者贾，蒙者卜，偻者绩，跛者纺；五子皆不愁于衣食焉"。西邻公对五个孩子，根据其不同的情况，因人而异，安排不同的工作，让朴实无华的务农，机智敏捷的经商，瞎眼的卜卦，驼背的搓麻，跛脚的纺纱。如此安排，既发挥了各人的长处，又避开了各人的短处，可以说是"人尽其才、才尽其用"之典范。

才，不以妒谤而毁才，不以好恶而弃才，不以卑微而轻才，真正做到"智者用其谋，愚者用其力，勇者用其威，怯者用其慎"，使每个人的专长和比较优势得到最大限度的发挥。

价值认可规律

按照价值认可规律开发人才，是由人的需求特性所决定的。根据马斯洛关于人的需求层次理论，当人的生存、安全需求被满足之后，一个普遍特性就是渴望被尊重，希望人格与自身价值被社会认可。"士为知己者死，女为悦己者容"，古往今来，概莫能外。这一特性在人才身上表现得更为突出，且越是高层次人才表现得越明显。可以说，实现自我价值是人的最高层次需求，每个人都期望自己的理想、才华得到最大程度的社会认可和价值实现，这是人之所以成才的最强大的内驱力。因此，充分尊重人才价值、科学开发人才价值、合理评估人才价值、有效实现人才价值，是促使人人成才的根本路径。人才资源开发要遵循价值认可规律，营造尊重人才、关心人才、爱护人才的社会环境，完善人才智力开发、才能评估、价值实现的科学机制，尤其是要健全人才自由流动的市场机制，人才只有在自由流动中才能找到发挥作用的最佳岗位，才能最大限度地实现自我价值。实践证明，优秀人才总是流向更有利于他们成长和发挥作用的地方。

典型案例

商鞅的不同结局

战国时期卫国的商鞅，三个国君对他采取了三种态度，结局完全不一致。秦孝公把他当人才看、用其所长，最终使秦国在十几年内就出现兴盛局面，为后来秦始皇消灭六国、统一中国奠定了坚实基础。魏惠王根本就没把他当人才看，置之不理，在魏国宰相公叔座向他举荐商鞅时，他还对左右侍臣说："公叔座糊涂了，实在可悲啊！他让我重用公孙鞅来管理国家大事，这岂不是太荒谬吗？"直到后来秦魏两国交战，魏国割地求和，并迁都大梁，魏惠王才感慨万端地说，"我悔恨过去为什么不听公叔座的话重用商鞅啊！"秦惠王知道商鞅是人才，但他看到的只是商鞅的短处，最终听信谗言，杀了商鞅。

越是高层次人才，流动范围越广、流动频率越快，国际化人才往往还在国际间流动。由于人才具有追求自我价值实现的特性，人才开发利用往往并不一定需要全部从头开始，有时可以通过价值认可直接收割他人的人才培养成果。与其他人才开发方式相比，价值认可更省时省力，效果更显著。在过去的几十年中，西方发达国家运用这种人才开发规律，吸收了世界各国大量优秀人才，比如美国主要是通过移民政策吸纳他国人才。据统计，在当今世界上，被公认的 20 个创新型国家和地区聚集了全球 95％以上最具有创新活力的高层次人才。随着科学技术的迅猛发展和国际竞争的日益加剧，运用价值认可规律开发人才将会越来越普遍，并大有愈演愈烈之势。在 20 世纪八、九十年代，我国东部沿海地区率先发展商品经济，也运用了价值认可规律，一时间在全国范围内形成了各类人才"孔雀东南飞"的现象。2008 年，我国开始实施的"千人计划"，也是运用这一规律，在短短的三年内，吸引了数千名海外高层次人才回国创新创业，取得了显著成效。

按照价值认可规律开发人才，要求我们必须充分尊重人才价值，并自觉运用价值规律开发利用人才资源。进一步加大知识产权保护力度，使人才相关权益不受侵犯，保护人才创新创造的激情和活力。进一步完善人才培养开发、评价发现、流动配置机制，使人才价值不断得到提升。只有这样，各类创新创业人才才能源源不断地涌现出来。

优势集成规律

从某种程度上说，人才是环境的产物。在人才成长过程中，总要受到方方面面的因素影响。如果这些因素对人才的影响都是积极向上的，必然会加速人才的成长。这就是人才资源开发利用中的优势集成规律。根据各方面优势在人才成长中的集成方式不同，优势集成规律又表现为两种效应。一是优势累积效应，主要表现在人才成长过程中各个阶段的优势逐渐积累，最终实现量变到质变的飞跃。如，一个受过良好教育的名牌大学毕业生，进入一个国内顶级研究所，并有幸

典型案例

比尔·盖茨创业成功
体现优势累积效应

著名的美国微软公司董事长比尔·盖茨，其成功不仅得益于他的IT天赋，得益于美国良好的创业环境，得益于他的创业伙伴保罗·艾伦，也得益于他的良好家庭背景。他的父亲是当地著名律师，母亲是银行董事，外祖父曾任国家银行行长，这使比尔·盖茨从小就受到良好的学校教育，接触电脑也比一般孩子要早得多。良好的家庭经济条件，也使得他比一般同学更有条件退学创业。这些优势逐渐累积，就成就了一个伟大的商业奇才。

跟随著名科学家参与国家级科研攻关项目，其在科研领域的成功概率自然比没有这些条件的人才要高得多。通常来说，优势累积效应尽管对每个人成才或成功非常有利，但在各个阶段都得到优势也是十分不易的，因此，需要社会各方面共同努力才有利于优势累积效应的形成。

二是优势叠加效应，主要表现在各方面优势集中作用在优秀人才上，促进人才快速成长。如果说优势累积效应是体现在时间上的优势集成，那么优势叠加效应则是体现在空间上的优势集成。在人才开发实践中，人们总是自觉或不自觉地遵循和利用这一规律。比如，各级各类学校中的试验班，选拔最优秀学生，配备最优秀教师，并创造有利条件，其毕业生自然比非试验班毕业生成绩好。目前，我国各级各类人才计划、人才工程之所以能够培养造就一大批优秀人才，是因为这些计划、工程体现了优势集成规律中的优势叠加效应，从人选、工作条件、政策等多个方面进行优势叠加，为人才快速成长提供了有力保障。

优势集成规律表明，人才成长与优势积累或优势叠加的效率和程度呈现相关关系。只要我们根据各类人才成长特点的要求，把与人才成长过程中的相关因素进行正向叠加，就有助于人才尽快成长，也有利于培养更多的优秀人才。

2. 系统培养开发人才

贯彻落实科学人才观，体现在人才培养开发中，首要一条就是遵循系统培养开发人才规律。

发挥政府主导作用和市场配置基础性作用

近年来，我国在注重建立终身教育体系、强化院校教育、重视毕业后专业教育及继续教育三个方面有机衔接的基础上，在人才系统培养开发上进行了许多行之有效的探索。如，在人才发展规划上，注重与教育规划、科技规划相结合，提高人才培养开发的针对性和有效性；在人才素质培养上，强调德才兼备，注重人才全面发展；在人才结构优化上，注重从基层一线培养人才，注重青年人才开发，注重国内国外两种人才资源的利用，注重区域人才开发的统筹等。然而，这些做法更多的都是由政府来主导。全面系统培养开发各类人才，应该更加注重政府主导与市场机制

相关链接

根据完善社会主义市场经济体制的要求，全面推进机制健全、运行规范、服务周到、指导监督有力的人才市场体系建设，进一步发挥市场在人才资源配置中的基础性作用。

——《中共中央　国务院关于进一步加强人才工作的决定》

典型案例

上海生命科学研究院
推行"岗位聘用＋项目聘用"的用人制度

近年来，中科院上海生命科学研究院大力推行"岗位聘用＋项目聘用"的用人制度，对科技领军人才、学术技术带头人、高水平技术支撑和优秀管理人才，采取岗位聘用方式，保持相对稳定。对于根据阶段性科技任务需求而聘用的青年人才、博士后、访问学者等，实行相对灵活的项目聘用。同时，还采取长期聘用合同和有限期聘用合同相结合的方式，保持适当的人才流动率。

相结合。

在人才培养开发中，市场机制的作用是通过价值规律在教育培训机构、人才个体及用人单位三者之间实现供需协调。与计划经济时期相比，市场更能及时反映供求关系变化的信息，从而提高人才培养开发的针对性和有效性。党的十七大报告指出，要深化对社会主义市场经济规律的认识，从制度上更好发挥市场在资源配置中的基础性作用。这就要求我们在人才培养开发中，必须通过制度设计更好地发挥市场配置的基础性作用。

当然，市场不是万能的，市场的作用有其盲目性的一面。作为一个人口大国，同时也是高层次人才相对不足的发展中国家，单纯依靠市场不可能解决人才发展中的所有问题，尤其是那些体现国家意志的发展战略，如西部大开发、振兴东北老工业基地、社会主义新农村建设等，可能得不到人才的有力支持。只有在国家宏观调控下充分发挥市场的基础性作用，并使之制度化，才能做到人尽其才、才尽其用，使科学人才观落到实处，实现经济社会全面协调可持续发展和人的全面发展。

以团队建设系统培养开发人才

科技团队建设是现代科技发展的必然要求。一方面，已有学科不断分化且越分越细，新学科、新领域不断产生，科技人才尤其是高层次科技人才在研究领域上越来越尖窄、越来越深入；另一方面，重大科技项目、科技产品又朝着结构越来越复杂方向发展，需要不同学科、不同领域之间相互交叉、结合与融合，综合性、系统性、整体化越来越明显。《2011年世界知识产权报告——创新的新动态》指出，"复杂技术"的专利活动增长迅速，同时国际合著的同行评议的科技论文以及国际合作专利的份额不断上升，这在一定程度上也反映了世界创新的新变化。在当今时代，任何高科学技术成果无一不是多学科交叉、融合的结晶。像牛顿、爱因斯坦、爱迪生那样凭借个人单打独斗作出重大科技创新的年代已一去不复返。反而，利用团队培养造就高层次科技人才则是大势所趋。

团队培养开发人才，要注重产业集群、集聚、集约发展，形成人才高度密集优势。要注重强强联合，让高

典型案例

安徽：组织推进
"115产业创新团队"建设

近年来，安徽省紧密结合经济社会发展对高层次人才的需求，认真实施"115产业创新团队"建设工程，依托省重点产业项目评审设立100个产业创新团队，面向海内外选聘100名团队带头人及500名助理，集中开展科技攻关、新产品研发和科技成果转化。目前，已分四批评审设立了包括奇瑞公司"发动机研发"创新团队在内的128个产业创新团队，共集聚培养7000名高层次人才参与创新项目研发，取得500余项达到国际、国内领先水平的创新成果，一大批成果填补了国内空白。2011年，全省高层次人才较上年增长30%，专利授权量较上年增长104%，发明专利授权量较上年增长82.3%。

层次科技人才在同一研究方向、同一课题上相互交流、相互碰撞、相互促进、共同提高。进入新世纪以来，诺贝尔物理学奖、化学奖、生物学或医学奖、经济学家奖多数都由2—3人同时获得，这也从一个侧面反映出强强联合的发展趋势。在引进海外人才时，要注重团队引进、成建制引进。与此同时，也要注重以高层次科技人才为领军人物和以不同学科优秀人才为骨干的团队建设及各层次的人才梯队建设，提高高层次科技人才的领军能力，为进一步提高他们的学术水平提供组织保证。

注重人才能级结构和梯次配备

人才培养开发，不仅要注重人才知识能力的开发，提高人才整体素质，而且要注重人才结构的调整与优化，尤其要注重各层级人才的合理搭配和不同年龄段人才的梯次配备。

典型案例

航天科技集团：注重人才能级结构和梯次配备

中国航天科技集团公司将科技人才分为骨干、专才、将才、帅才和科学大家5个层次，并总结出"工程实践，培养骨干；长期积累，成就专才；一专多能，培育将才；艰辛历练，造就帅才；重德修身，成就大家"的育才规律。近年来，他们按照这一规律有意识地把那些具有较强的专业能力和组织协调能力的骨干向将才、帅才培养，对那些执著专业、精于钻研，但性格相对内向、甘于寂寞的专才，鼓励他们在专业上向纵深发展，成为更高层次的专家，努力做到因才施育、因才施用。

任何一个经济社会组织的发展，都需要各个层级的人才来支撑。既需要高端人才，也需要大批初中级人才。即便是世界最尖端技术的研究机构，其人才能级结构也需要一个合理的搭配。技术含量相对较低的实验操作及资料信息整理等事务性工作，就并不一定需要高层次人才。对于一个特定组织而言，高层次人才固然重要，如果超出客观实际需要过量配备或过度开发高层次人才，不仅影响整体效率，也会影响人才队伍整体功能的发挥。社会主义事业建设需要各个层次的人才资源，高中低端人才各有其用武之地，只要用对地方，就是最为宝贵的资源。高端人才开发在经济社会发展和人才队伍建设中起着引领作用，必须格外重视，重点培养。同时，要注重中端和低端人才的培养，实现人人都能成才。

注重人才梯次配备，既是发挥人才队伍整体功能的需要，也是人才队伍实现良性循环的根本保证。一般来说，老年人才经验丰富，青年人才最具创造力，中年人才则介于二者之间，且更加稳健。发挥人才队伍整体作用，必须注重人才年龄结构的合理配备，不仅要在队伍整体上形成合理的年龄结构，而且在各层级也要形成老中青"三结合"，发挥各个年龄段人才的优势。实践证明，各级各类人才在年龄上体现老、中、青优化配置，对于形成新老交替的良性循环，始终保持人才队伍活力，保证事业发展后继有人，是非常重要的。

形成人才培养开发整体合力

加强人才培养开发相关部门的协调配合，形成整体合力，是系统培养开发人才的组织保证。人才发展规划确立的17个重点领域人才开发，大都涉及多个部门管理、多个产业和行业，跨度大、交叉多。比如，防灾减灾人才广泛分布在各级各地的党政机关、企事业单位、社会组织、基层自治组织和军队、武警等武装力量中，目前，国家减灾委员会就包括民政部、国土资源部、红十字总会等30多个成员单位。因此，防灾减灾人才开发单靠一个或几个部门是很难落实的，必须整合各方面力量共同推动。

系统培养开发人才，要充分发挥组织部门牵头抓总作用，加强人才培养开发相关部门相互之间的联系、沟通与合作，构建左右衔接、上下贯通的人才工作机制。要克服部门利益、局部利益对人才资源的不合理分割，克服部门之间人才政策相互脱节、相互掣肘的

相关链接

发挥妇联特殊优势　培养女性科技人才

　　女性科技人才队伍是国家科技人才队伍的重要组成部分。为了完善女性科技人才队伍建设政策，促进女性科技人员全面发展，2010年全国妇联启动女性高层次人才发展政策的研究工作，并建立了全国妇联、中组部、人社部、教育部、科技部、国家自然基金委等部门协作推进机制。

　　2011年初，科技部和全国妇联联合发布了《关于加强女性科技人才队伍建设的意见》，根据女性科技人才发展不同阶段的特点和需求，提出了相应的政策措施。

现象，按照统一领导、分类管理原则，科学划分各部门职责。与此同时，还要调动人民团体、企事业单位、社会中介组织等社会力量广泛参与人才工作的积极性，形成全社会关注和参与人才培养开发的强大合力。

3. 重视青年人才培养

　　源源不断培养造就大批优秀青年人才，把各方面优秀青年人才集聚到党和国家事业中来，是关系党和国家事业继往开来、薪火相传的根本大计。贯彻落实科学人才观，遵循人才开发规律，必须把培养造就青年人才作为人才队伍建设的一项重要战略任务抓紧抓好。

十　遵循人才系统开发规律

毛泽东重视青年人才

毛泽东同志历来重视、发现、培养青年人才，他在一则读书批注中写下过这样一段话："青年人比老年人强，贫人、贱人、被人看不起的人、地位低的人，大部分发明创造，占百分之七十以上，都是他们干的。百分之三十的中老年而有干劲的，也有发明创造。这种三七开的比例，为什么如此，值得大家深深地想一想。结论就是因为他们贫贱低微，生命力旺盛，迷信较少，顾虑少，天不怕、地不怕，敢想敢说敢干。如果党再对他们加以鼓励，不怕失败，不泼冷水，承认世界主要是他们的，那就会有很多的发明创造。"[①]

◀ 青年人才是祖国的未来、事业的希望

胡锦涛指出："一个有远见的民族，总是把关注的目光投向青年；一个有远见的政党，总是把青年看作是推动历史发展和社会前进的重要力量。"[②] 青年人才是祖国的未来、事业的希望，主要体现在三个方面：

第一，党和国家各项事业归根结底要青年人才来接班。青年人才代表着党和国家各项事业的未来和希望。青年兴则事业兴，青年强则国家强。只有在人才队伍中不断形成"长江后浪推前浪、青出于蓝而胜于蓝"的局面，党和国家的事业才能朝气蓬勃、长盛不衰。从这个意义上说，永葆中华民族生机与活力，确保老一辈无产阶级革命家开创的社会主义事业代代相传，确保我国社会主义现代化建设取得成功，确保国家长治久安，青年人才是关键。

第二，加速推进社会主义现代化建设，实现全面建设小康社会奋斗目标，需要青年人才发挥主力军作用。实践证明，青年人才朝气蓬

---

① 引自张贻玖：《毛泽东读史》，中国友谊出版公司1991年版，第97页。

② 胡锦涛：《迈向新世纪 创造新业绩——在共青团第十四次全国代表大会上的祝词》，载《人民日报》1998年6月20日。

相关链接

中国青年技工在世界技能大赛取得佳绩

世界技能大赛，又称国际技能奥林匹克运动会。在这个技能大舞台上，年轻人担当主角，参赛选手绝大部分是22岁以下的年轻技术工人。

2011年，在第41届世界技能大赛上，我国首次派出的代表团即取得优异成绩。来自中国石油天然气集团第一建筑公司的裴先峰在焊接项目比赛中获得银牌，其他5名中国选手在数控车、数控铣、计算机辅助机械设计、美发、网站设计等项目比赛中获得优胜奖。中国队参赛选手总平均分在所有参赛代表队中名列第二。

勃、思想解放、富有改革创新精神，是整个社会力量中最积极、最活跃、最有生气的一支力量。目前，我国青年人才已经成为整个人才队伍的主体，45岁以下的青年人才，占党政人才队伍比例达62.7%，占企业经营管理人才比例达78.6%，占专业技术人才比例达78.9%。青年人才的整体素质强不强，拔尖人才多不多，青年人才的主力军作用能不能得到很好的发挥，直接关系到改革开放各项任务的完成和现代化建设目标的实现。

第三，未来综合国力竞争，需要青年人才去拼搏。在科技创新越来越成为推动经济社会发展最重要的动力源的时代，未来综合国力竞争越来越体现在科技创新上。而从人才成长规律来看，青年人才是科技创新的主力。青年人才思维最活跃，最富有创新激情和创造能力，敢于向未知的世界进军。青年人才的快速成长，是科技进步、技术创新的希望所在。世界上许多重大的科学发明创造都是在青年科学家手中完成的，许多著名科学家都是在风华正茂的年龄就完成了他们最重要的科学发现。2010年，我国科技人力资源总量达到5700万人，其中接近80%是青年人才，创造潜力巨大。我们必须进一步加大青年人才培养开发力度，形成我国人才竞争的比较优势，为提高自主创新能力、抢占未来科技与经济发展制高点、提高我国未来综合竞争力提供源源不断的高水平的后备人才大军。

完善和优化青年人才培养开发机制

伟大的时代召唤青年人才，辉煌的事业期待青年人才。改革开放和加快建设社会主义现代化为青年人才成长提供了良好机遇。重视青年人才培养，必须进一步解放思想，放开胸襟吸纳青年人才，放开视野发现青年人才，放开手脚使用青年人才，不断完善和优化青年人才培养开发机制。

要不断完善青年人才的评价发现机制，为优秀青年人才脱颖而出创造条件。尊重青年人才成长特点，评价青年人才既要注重实际贡献和实践导向，多从鼓励创新、创造、创业的角度来评价，克服唯论文、唯学历倾向，杜绝简单化评价科技人才科研产出的做法；也要注重青年人才的长处和潜力，多从发展的角度来评价，克服重资历、求全责备倾向。通过完善青年人才评价机制，营造青年人才公平竞争的环境，引导青年人才树立正确的价值观和业绩观，激励他们人人争作贡献，人人立志成才。坚持把人才评价与发现人才结合起来，拓宽优

典型案例

"百人计划" 培养青年才俊

1994 年中科院提出"百人计划"，旨在全球范围内招聘青年优秀人才并择优予以支持，将其培养成能领兵带将的学术、技术带头人，并通过对优秀人才的支持形成科研群体，从而全面提升中国科学院的创新能力和创新水平。截至 2011 年底，"百人计划"实际招聘人数达 2237 人。其中已有 51 人当选为两院院士，160 余人成为研究院所负责人，450 人获得国家杰出青年科学基金资助，36 人成为国家自然科学基金委"创新群体"负责人，近 700 人成为"973"计划、"863"计划、国家自然科学基金重大重点项目等国家重大科技项目负责人。

典型案例

中国商飞：依托重大工程培养造就
青年英才

近年来，中国商用飞机有限责任公司坚持在大型客机项目中发现人才、使用人才、锻炼人才、成就人才。公司实施"商飞之星"人才培养行动计划，围绕理想信念、业务知识、对外交流、岗位锻炼等板块，重点培养70后、80后科技骨干和管理骨干。目前，公司35岁以下的处级管理人才占到49%，科技人才占近90%，青年已成为型号研制的骨干力量。公司近20个科研创新团队都由"70后"青年担当主力，百余项国家专利都由青年科技人才领衔申报。

秀青年人才的发现渠道。注重通过各类评先推优活动和各种竞赛活动发现人才，注重从各类国家重大工程、重大科研项目和重大人才计划中发现人才，注重在实践和基层一线发现人才。坚持走群众路线，健全举才荐才的社会化机制，为各类优秀青年人才脱颖而出创造良好条件。

要不断健全优秀青年人才培养制度，为青年人才全面提高综合素质创造条件。按照德才兼备的要求，不断完善优秀青年人才培训制度和学习制度，注重青年人才的道德素质教育，为青年人才全面发展创

典型案例

重庆：创新青年人才发现机制

2006年以来，重庆市坚持每年举办一届中国重庆·青年人才论坛，吸引32.6万名市内外青年人才报名参加，征集建议意见16.7万条。渝北区青年农民王万强，中专毕业后在家开办养殖厂，他向该区分论坛提交了关于推进城乡统筹发展的论文，得到区领导高度重视，其论文被送交区人大作为议案建议参考。该论坛已成为重庆吸引、发现和培养优秀青年人才的竞赛场，成为研讨富民兴渝大计的大平台、展示人文精神和改革发展形象的示范窗。

造条件。坚持在实践中培养人才，不断改进国家重大工程项目、科技项目的用人办法，让更多优秀青年人才参与到国家各项科技计划中来，通过压担子、给舞台，让这些青年人才在实际工作中经历千锤百炼，经历风雨洗礼，经历成败考验。不断完善青年人才双向交流制度、挂职锻炼制度和服务一线制度等，使更多优秀青年人才到基层一线去，到艰苦环境中去，到祖国和人民最需要的地方去，与人民群众打成一片，在基层一线增长见识、砥砺品质、强化本领。

◀ 大胆提拔和放手使用青年人才

青年人才是国家的未来。新老交替、新陈代谢是客观规律，党和国家各项事业发展最终将由青年人才来接棒。贯彻落实科学人才观，遵循人才开发规律，必须坚决破除和摒弃"论资排辈"、"求全责备"、"官本位"、"枪打出头鸟"等陈旧观念，大胆

> **经典语录**
>
> 要充分相信青年人，绝大多数是会胜任的。个别人可能不称职，也不用怕，以后可以改选掉。这样做，基本方向是不会错的。
>
> ——毛泽东

提拔和放手使用青年人才，并营造良好舆论环境，为青年人才成长保驾护航。

大胆提拔和放手使用青年人才，首先要充分相信大多数青年人才的胜任能力。要以发展的眼光多看青年人才的长处，多看青年人才的潜力。虽然与中老年人才相比，青年人才在工作阅历和实际经验等方面相对欠缺，但这是客观条件造成的。应当看到，在解决一些新问题方面，青年人才比中老年人才更有优势，青年人才不仅在知识结构上比中老年人才更胜一筹，而且青年人才没有思想禁锢，"初生牛犊不怕虎"，因而最具创造潜力、最具创造锐气，多让他们去尝试和实践，就可能探索出解决问题的新途径、新方法、新经验，从而取得新成绩。

大胆提拔和放手使用青年人才，应当发挥青年人才生力军和突击

队的作用，大胆起用新人、能人、年轻人，让他们尽早在实践中摔打，在实践中成才，在实践中锻炼接班本领。对那些有发展潜力、有培养前途的年轻人才，可以放到合适的岗位上进行摔打和磨

经典语录

要破格选拔人才，不要按老规矩办事，要想到这是百年大计。

——邓小平

炼，一旦他们在实践中成熟起来，再大胆起用。对看准了的优秀青年人才，要敢于放手使用，让青年人才独挑重担。诸葛亮出山之前没有治军从政的实际经验，但刘备慧眼识才，大胆起用他，结果他帮刘备建立蜀国，奠定了"三分天下"的局面。

大胆提拔和放手使用青年人才，应当营造青年人才干事创业的良好环境。坚持以用为本，从信息、技术、资金、政策、制度等方面不断改进和完善青年人才创新创业机制和条件，有时甚至可以适当破点"格"、开点"绿灯"，制定一些特殊政策，解除他们的后顾之忧，解除他们的思想包袱，让青年人才创新环境变得更加宽松，让青年人才创业条件变得更加优越。国家各类研究资助计划，要放宽对申请人资格的限制，扩大对青年人才的资助力度。各部门、各单位的科研资金分配，也要适当向青年人才倾斜。鼓励和支持中老年人才传帮带、甘当人梯，扶植和

典型案例

为杰出青年人才开辟"特殊通道"

2008 年来，中南大学每年拿出 3000 万元专项经费对 35 岁以下青年优秀人才进行重点支持。每年选派近百名青年教师出国深造。

23 岁的大四学生刘路攻克国际数学难题"西塔潘猜想"后，学校高度重视，不仅为其量身打造培养方案，特批其提前毕业硕博连读，还破格将其聘为教授级研究员，成为我国目前最年轻的教授级研究员。2008 年以来，该校引进的青年才俊中，有 33 人获得教育部"新世纪人才支持计划"资助，成为科研教学的生力军。

帮助青年人才成长。鼓励人才管理改革试验区大胆探索青年人才特殊政策，支持青年人才创新创造创业。遵循学术研究自身规律，遵循各类人才成长规律，拓宽各类青年人才职业发展通道，为青年人才立足岗位成才、才尽其用创造良好条件。注重舆论导向，及时做好青年人才的心理疏导，

典型案例

破除旧观念，不拘一格用人才

早在上初三时，邓露就获得全国物理竞赛一等奖。2005年，他以优异的成绩从华中科技大学毕业。2009年，他在美国路易斯安那州立大学土木工程专业获得博士学位后，进入国际石油巨头埃克森公司工作，担任高级研究工程师。2011年，他被湖南大学作为海外青年高层次人才引进，并入选我国首批"青年千人计划"名单。2012年，28岁的他被湖南大学破格聘任为建筑工程系的教授和博导。

近年来，湖南大学开设绿色通道，面向海内外广泛招聘杰出人才，通过在海内外媒体发布公告、参加国际学术会议等形式，不拘一格引进海外各类人才。

为他们的健康成长带来心理"阳光"，为青年人才的干事创业营造良好环境。

4. 加强人才开发分类指导

在我国，开发利用人才资源是一项内容丰富、涉及广泛而复杂庞大的社会系统工程。贯彻落实科学人才观，全面提高人才开发科学水平，必须遵循各类人才成长规律和尊重客观现实、一切从实际出发，

在把握共性、总体规划基础上，坚持分类指导。

加强人才开发的宏观指导

由于各类人才作用不同，发展基础也不相同，因此对各类人才开发的目标要求是不一致的。尤其是各类人才成长既有相通之处，又各具特点，因而对各类人才开发的对策措施也不完全一致。这就决定了对各类人才开发必须要根据各自的客观实际、各自的目标要求以及各自的成长特点进行指导。

一要发挥政策在各类人才开发中的导向作用。实践证明，政策法规是加强宏观指导的重要手段。加强对各类人才开发的指导，首先必须加强对各类人才成长特点及培养开发规律研究，努力建立符合各类人才成长特点的人才政策法规体系，发挥政策导向作用。要及时发现和总结各类人才培养中的有益经验和做法，形成各具特色的人才培养、人才使用、人才激励等政策和制度规范，使各类人才开发按照各

相关链接

青年英才开发计划

人才发展规划提出，从 2010 年至 2020 年，着眼于人才基础性培养和战略性开发，提升我国未来人才竞争力，实施青年英才开发计划，主要包括三项子计划：

一是"青年拔尖人才支持计划"，在自然科学、哲学社会科学和文化艺术等重点学科领域，每年重点培养扶持 200 名青年拔尖人才，到 2020 年共培养 2000 名左右；

二是"基础学科拔尖学生培养试验计划"，在高水平研究型大学和科研院所的优势基础学科建设一批国家青年英才培养基地，按照严入口、小规模、重特色、高水平的原则，每年选拔 1200 名拔尖大学生进行专门培养，到 2020 年共培养 12000 名左右；

三是"未来管理英才培养计划"，为培养造就未来国家所需的高素质、专业化管理人才，每年从应届高中、大学毕业生中筛选 200 名优秀人选送到国外一流大学深造，进行定向跟踪培养，到 2020 年共培养 2000 名左右。

相关链接

六支人才队伍建设目标

队　伍	目标要求	2015 年数量（人）	2020 年数量（人）
党政人才	要按照加强党的执政能力建设和先进性建设的要求，以提高领导水平和执政能力为核心，以中高级领导干部为重点，造就一批善于治国理政的领导人才，建设一支政治坚定、勇于创新、勤政廉洁、求真务实、奋发有为、善于推动科学发展的高素质党政人才队伍。	—	—
企业经营管理人才	要适应产业结构优化升级和实施"走出去"战略的需要，以提高现代经营管理水平和企业国际竞争力为核心，以战略企业家和职业经理人为重点，加快推进企业经营管理人才职业化、市场化、专业化和国际化，培养造就一大批具有全球战略眼光、市场开拓精神、管理创新能力和社会责任感的优秀企业家和一支高水平的企业经营管理人才队伍。	3500 万	4200 万
专业技术人才	要适应社会主义现代化建设的需要，以提高专业水平和创新能力为核心，以高层次人才和紧缺人才为重点，打造一支宏大的高素质专业技术人才队伍。	6800 万	7500 万
高技能人才	要适应走新型工业化道路和产业结构优化升级的要求，以提升职业素质和职业技能为核心，以技师和高级技师为重点，形成一支门类齐全、技艺精湛的高技能人才队伍。	3400 万	3900 万
农村实用人才	要围绕社会主义新农村建设，以提高科技素质、职业技能和经营能力为核心，以农村实用人才带头人和农村生产经营型人才为重点，着力打造服务农村经济社会发展、数量充足的农村实用人才队伍。	1300 万	1800 万
社会工作人才	要适应构建社会主义和谐社会的需要，以人才培养和岗位开发为基础，以中高级社会工作人才为重点，培养造就一支职业化、专业化的社会工作人才队伍。	200 万	300 万

资料来源：《国家中长期人才发展规划纲要（2010—2020 年)》。

自的规律、各自的法律规范有序推进。要注重吸取发达国家在各类人才开发上的成功经验，提高各类人才政策法规的系统性、科学性、前瞻性，更好指导各类人才开发实践。

二要发挥人才工程在各类人才开发中的引领作用。一般来说，人才工程都是各类人才队伍建设中的战略重点，对各类人才开发具有引领带动作用。如果能有效设计好各类人才队伍中的人才工程，并切实落实好人才工程，就能使各类人才开发特色更加明显、针对性更强，进而形成各类人才开发协调发展、和谐共荣的局面。

典型引路推进人才开发

典型案例

云南：以典型引路推动人才工作

2007年7月，生物学博士盛军作为博士服务团成员，到云南省服务锻炼。在云南工作的几年中，他充分运用自身专业优势，在科研成果转化、产业培育开发、产品市场开拓、创新团队培养等方面做了大量富有成效的工作，为推动云南生物产业特别是普洱茶产业的发展作出了贡献。

云南省对这一典型高度重视，组织省内新闻媒体对他的先进事迹开展了全方位、多形式的宣传报道，极大激发各类人才创新创业创优的活力和热情，形成尊重创新、崇尚创业、支持创优的良好风尚。

加强对各地各部门各行业领域人才开发的指导，既要根据各地各部门各单位在建设人才强国中各自承担的任务要求，结合不同地区、不同部门、不同行业领域和各单位的实际，分类推进人才强省、人才强市、人才强县和人才强企、人才强校、人才强院，形成完整的人才开发体系，也要注重典型引路，以点带面，以先进带后进，推动全局，确保各地各部门各行业领域人才开发工作扎扎实实地向前推进。要针对人才发展中的重大问题、关键难题，深入基层、深入一线，认真总结提炼人才发展实践经验特别是基层创造的鲜活经验，把它上升为普遍适用性的政策和制度规范在全国推开。尤其是要注意发现和总结人才工作先进典型和优秀人才事迹，加大宣传力度，树立正确导向，运用典型推进工作。

注重激发基层人才开发活力

人才开发是一项社会系统工程，需要各方面、各层级的大力配合。加强人才开发分类指导，必须注重分层指导，充分调动各层级特别是基层的积极性。基层是人才培养开发的主体，人才培养开发的各项工作最终要依靠基层去完成、去实现、去检验成效。在人才培养开发上，基层往往能创造出大量鲜活的、朴素的、实用的经验。全面系统培养开发各类人才，建设人才强国，必须尊重基层培养开发人才的首创精神，充分调动他们的积极性、主动性和创造性，努力形成上下结合、上下联动，共同培养开发人才的强大合力。

相关链接

探索创新拔尖人才培养模式

近年来，一些高校结合学校特点和学科特色在拔尖创新人才的培养方面进行了积极而有益的探索。2001年，北京大学开办"元培实验班"，采用教授引导、小组自学、学生报告、集体讨论、评论的形式，使学生真正理解基本方法，自我发现问题和不足，实践创新过程。清华大学的"数理基础科学班"，浙江大学"竺可桢学院"，南京大学"匡亚明学院"，复旦大学"复旦学院"等也都进行多样化探索，并初步形成一套符合拔尖创新人才成长规律的人才培养模式。

十一　推进改革创新

创新是一个民族的灵魂，是一个国家兴旺发达的不竭动力，也是一个政党永葆生机的源泉。坚持把改革创新作为推动人才发展的根本动力，是科学人才观的重要理念，也是人才工作充满生机与活力的根本保证。

相关链接

"创新"顾名思义，即创造新的事物。《广雅》："创，始也"。创新一词出现很早，如《魏书》有"革弊创新"，《周书》中有"创新改旧"等。

1.改革创新是人才发展的根本动力

以改革创新精神推进人才发展，就是要破除束缚人才发展的思想观念和制度障碍，解放思想、解放人才、解放科技生产力，构建充满活力、富有效率、更加开放、有利于科学发展的人才发展体制机制，促使人才创新智慧和创造活力竞相迸发，促使各类人才大量涌现。

人才发展关键在体制机制

科学培养人才，广泛聚集人才，用好用活人才，都需要体制机制作保证。完善人才工作体制机制，对实施人才强国战略、促进人的全

经典语录

体制改革有一个很重要的内容，就是有利于选拔人才。改革经济体制，最重要的、我最关心的，是人才。改革科技体制，我最关心的，还是人才。

——邓小平

面发展更带有根本性、全局性、稳定性和长期性。

体制机制创新之所以是人才发展的关键，是由体制机制的性质、特点及其在人才发展中的重要作用决定的。体制是有关组织形式的制度，机制是系统内部各部分的机理即相互关系。体制机制决定着人才队伍的创造活力和竞争实力。一是体制机制对人才发展带有根本性。人才发展，根本是环境，核心在制度。好的体制机制，有利于培养、吸引、用好人才；没有好的体制机制，育才、聚才、用才就得不到保证。世界各国之间激烈的人才竞争，从根本上讲是人才制度竞争，制度优势决定人才竞争优势。二是体制机制对人才发展带有全局性。体制机制涉及人才发展方方面面，既涉及人才培养开发、评价发现、选拔任用、流动配置、激励保障等宏观管理机制，又涉及住房、医疗、就业、子女教育、社保福利等微观管理制度，牵一发而动全身。推进人才体制机制改革创新既要加强人才资源开发宏观调控，又要坚持市场配置人才资源的发展取向；既需要顶层设计、整体部署，又需要统筹改革的力度、发展的速度和社会的可承受度，是一项复杂的系统工程，是一项长期而艰巨的任务，需要有一个从局部探索到全面推进的过程，很难一步到位，也不可能一蹴而就、毕其功于一役。三是体制机制对人才发展带有长期性、稳定性。体制机制是经过长期的政策创新、文化积淀、制度变迁而形成的，有的是以

经典语录

深化人才工作的体制改革，必须遵循人才资源开发规律，坚持市场配置人才资源的改革取向，加强和改善宏观调控，建立充满生机和活力的人才工作体制和机制。

——胡锦涛

工资制度设计助推创新型国家建设

韩国过去在工资制度安排上，排第一位的是公务员，第二位的是企业家，第三位的是科学家。后来通过立法，把科学家放第一位，科学家的工资可以超过部长级，企业家放第二位，公务员放第三位，这样充分调动了科学家的积极性和创造性，结果韩国现在已经进入创新型国家行列。这个典型例子，反映出制度设计对全局产生的深远影响。

法律的形式固定下来的，具有长期稳定性和长远影响力。当前解决我国人才发展和人才管理的突出问题，最需要解决的不是短期问题，而是长期问题。长期问题更多的是体制机制问题，而不是具体的政策问题。因此，体制机制创新，是激发人才活力、充分发挥人才作用的制度保障，也是人才队伍由大变强的关键所在。未来十几年我国人才发展最具有根本性的战略任务，就是要以深化改革为动力，把创新人才工作体制机制作为人才工作的根本着力点，努力建立一套既顺应世界发展潮流，又符合我国国情、充满生机和活力的人才发展体制机制，最大限度地释放人才的创新动力和创造活力，推进人才队伍全面协调可持续发展。

▶ 体制机制活力来自改革创新

人才工作的活力取决于体制机制，体制机制的活力来自改革创新。体制机制创新是激发人才创新创造活力的根本举措，是解决人才发展突出问题的关键措施，是打造我国人才竞争新优势的战略举措。贯彻落实科学人才观，改革创新是根本动力。胡锦涛在 2003 年全国人才工作会议上强调指出，要进一步完善人才工作管理体制、健全人才工作机制，着力解决制约人才工作发展、制约人才发挥作用的突出矛盾和问题，形成用事业造就人才、用环境凝聚人才、用机制激励人才、用法制保障人才的良好环境，为人才事业发展增添蓬勃活力和强大动力。唯有进行体制机制改革创新，才能把我国人才资源的巨大潜力释放出来，把人才的规模优势转化为人才的质量优势，最终成为我国参与国际人才竞争的可持续的战略优势。

典型案例

专利制度长期带动美国人才创新

美国是第一个把专利权写入宪法的国家，1790年，美国颁布了第一部专利法，1802年成立国家专利局。爱迪生发明工厂的启动资金是他第一次转让专利权所得，以后他的每一项发明都为下一项发明提供资金。这是他得以完成2000多项发明的物资基础之一。仅一个爱迪生就使美国政府在50年内的税收增加了15亿美元，全世界的资本用在与他的发明有关的事业上的金额达到157.25亿美元。专利制度确保发明创新直接与经济利益挂钩，使人们认识到脑力活动可以直接转化为物质收入。人的智力与生产力挂起钩来，美国这样的国家就有了腾飞的智力基础。

2003年全国人才工作会议召开以来，我国人才工作体制机制改革创新在探索中不断完善。随着改革开放的深入，影响和制约我国人才发展的体制机制性障碍，特别是一些深层次矛盾和问题逐渐显现，有的是计划经济体制遗留下来的，有的是体制机制改革滞后造成的。主要有：一是在人才管理上条块分割、职能交叉、多头管理的体制尚未根本改变，用人单位和人才的自主权尚未真正落实，人才导向"官本位"、行政化倾向还很严重，人才资源配置的市场化、社会化程度不高；二是以品德、知识、能力和业绩为核心的各类人才科学评价标准和评价机制尚不健全，人才评价"重论文、重学历"的导向依然十分严重；三是有利于优秀人才成长的选人用人机制还不够完善，人才流动中户籍、档案、社会保障等制度性障碍依然存在，人才激励保障机制尚不健全，人才创新创造活力不足，等等。这些问题，都是制约人才发展的体制机制性障碍，如果不从根本上加以消除，就会严重影响人才队伍的活力，严重制约人才作用的发挥，严重制约先进生产力的发展。因此，必须进一步解放思想、解放人才、解放科技生产力，从根本上解决人才体制机制问题。

增强人才发展机制活力，需要从培养

南京：实施"科技九条"政策

2012年初，南京市联合江苏省科技厅、教育厅制定出台《深化南京国家科技体制综合改革试点城市建设，打造中国人才与创业创新名城的若干政策措施》（简称"科技九条"）。

"科技九条"为科技创业者彻底打消这种顾虑，明确规定离岗创业的科技人员，三年内可以保留其原有身份和职称，档案工资正常晋升；鼓励在宁全日制高校允许在校学生休学创业，作为其参加学习、实训、实践教育的时间，并按相关规定计入学分。

开发、评价发现、选拔任用、流动配置、激励保障五个方面，形成更加科学、更具系统的一整套机制。一是坚持以国家发展需要和社会需求为导向，以提高思想道德素质和创新能力为核心，完善现代国民教育和终身教育体系，注重在实践中发现、培养、造就人才，构建人人能够成才、人人得到发展的人才培养开发机制。二是建立以岗位职责要求为基础，以品德、能力和业绩为导向，科学化、社会化的人才评价发现机制。三是改革各类人才选拔任用方式，科学合理使

杭州：出台高技能人才直接认定办法

杭州市出台高技能人才直接认定办法，对在杭州市范围内大中型企业工作，在企业的生产经营实践中具有绝招绝活、业绩突出、贡献较大、已被行业或企业公认达到高级技师或技师水平的生产一线技能劳动者，予以高级技师或技师职业资格的认定。对非大中型企业的劳动者，由行业主管部门代行相关手续的，也可申请参加认定。

典型案例

中国科学院"人才新政"优化人才队伍结构

中科院在用人制度上实行"按需设岗、按岗聘任、择优上岗、动态更新",给予了研究院所充分的自主权,形成以岗位聘用为核心的专业技术聘任制、管理人员实行职员制度,实行以岗位绩效考核为基础,强化能力、业绩和贡献的分配制度,形成了公平竞争、职务能上能下、待遇能高能低,有利于优秀人才脱颖而出的良好制度环境。人才机制创新造就了一大批科技人才。

中国科学院院属机构部分高层次人才数量及占比情况

类 别	数量（人）	全国占比（%）
中国科学院院士	293	40.3
中国工程院院士	60	7.6
国家最高科技奖获得者	8	40.0
"973"计划首席科学家	254	34.5
国家杰出青年科学基金获得者	905	34.8

注：数据截至 2011 年底。

用人才,促进人岗相适、用当其时、人尽其才,形成有利于各类人才脱颖而出、充分施展才能的选拔任用机制。四是根据完善社会主义市场经济体制的要求,推进人才市场体系建设,完善市场服务功能,畅通人才流动渠道,建立政府部门宏观调控、市场主体公平竞争、中介组织提供服务、人才自主择业的人才流动配置机制。五是完善分配、激励、保障制度,建立健全与工作业绩紧密联系、充分体现人才价值、有利于激发人才活力和维护人才合法权益的激励保障机制。

2. 推进人才工作理论、实践和制度创新

　　思想解放引领理论创新，理论创新推进政策创新，政策创新引导制度创新，最后将成熟的政策提升到法制层面。其中，解放思想是前提，政策创新是手段，制度创新是突破口，人才法制建设是保障。

经典语录

　　创新人才工作体制机制，要重点围绕用好用活人才、提高人才效能来进行。要注意从人才培养开发、评价发现、选拔任用、流动配置、激励保障等方面形成更加科学、更具活力的一整套机制。要对人才工作体制机制进行整体设计，加大人才工作重点、难点问题攻坚力度。

——胡锦涛

以思想解放引领人才理论创新

　　思想是行动的先导。改革开放以来我国人才工作的每一次重大进步，都伴随着思想解放和人才理论创新。邓小平提出知识分子是工人阶级的一部分的重要理论，释放了全国人民创造的积极性和创新活力。江泽民提出人才资源是第一资源的重要思想，形成了人才强国的

战略构想。党的十六大以来，胡锦涛提出科学人才观的重要论断，制定了人才强国战略规划，形成了建设人才强国的巨大推动力量。实践充分证明，没有思想解放，没有理论创新，就没有今天我国人才发展的大好局面。

推进理论创新要在解放思想、解放人才、解放科技生产力上加大力度。解放思想，就是要大力营造有利于人才脱颖而出的思想环境；解放人才，就是要加快形成富有活力的人才体制机制；解放科技生产力，就是要全力促进潜在的科技创新资源转化为现实生产力。解放思想对人才发展具有基础性、先导性、引领性作用，是解放人才、解放科技生产力的前提，就是要打破陈规陋习，自觉地把思想认识从各种不合时宜的观念和做法中解放出来，充分认识人才在创造和发展先进生产力中的关键作用，做到思想上重视人才，发展上依靠人才，工作生活中关心爱护人才，充分激发人才的活力和潜能。解放人才，实质就是要把各类人才被落后思想观念和僵化体制机制束缚或压制的创新活力或发展潜能，在深刻的思想解放和积极的改革创新中充分地释放出来，形成推动发展的巨大能量。解放人才归根结底就是为了解放科技生产力，依靠人才推进科技创新、产业创新、商业模式创新，进而推动经济发展和社会进步。

当前，不符合科学人才观要求的落后思想观念仍然成为制约人

典型案例

海宁：探索"人才＋科技＋民资"模式

浙江省海宁市2011年举办首届"长三角"科技博览会暨第二届浙江民营资本与海外智力合作交流大会，对人才、科技、资本进行集中展示和对接，积极构筑"人才＋科技＋民资"三位一体新模式，为民营资本、创投基金投资战略性新兴产业和人才科技项目的产业化搭建交流合作平台。来自海内外的近500名高层次人才携带最新科研项目，与1100多家长三角地区的民营企业开展了对接。同时，海宁市政府联手投资管理公司，成立了首期规模2亿元的浙江海宁创业风险投资基金。

才发展、进而影响科学发展的突出问题。比如嫉才妒才、轻才贬才、"枪打出头鸟"等落后观念还很有市场；"人才资源是第一资源"的理念尚未深入人心，在实际工作中重财轻人、见物不见人，重招商引资轻招才引智现象仍普遍存

典型案例

吉林："以赛代评"选拔高技能人才

2011 年以来，吉林省实施了"千名首席技师打造计划"，通过"以赛代评"的方式，选拔出一批高技能人才给予重奖和培养，创新了高技能人才评价模式。2011 年首席技师职业技能竞赛过程中，全省共有 23 万人次参加 56 个职业工种的竞赛，省内企业重视技能型人才、关心技能型人才成长的氛围日益浓厚。首批首席技师中，有 2 人获国家科技进步二等奖，5 人获中华技能大奖。

在；激励人才时容易犯"红眼病"，"既想马儿跑得好，又想马儿不吃草"；使用人才时只认年头不问业绩，"按照资历往下排，一茬一茬顺着来"；选拔人才时容不得优秀人才"冒尖"、"出头"，"是龙得盘着，是虎得卧着"。这些都说明新旧人才理念在一定范围内冲突还很激烈，思想不解放仍是横挡在人才发展面前的"拦路虎"。解放思想、解放人才、解放科技生产力仍是一项长期而艰巨的任务。要落实人才强国战略，加快建设人才强国，在日益激烈的国际人才竞争中赢得主动，必须不断推进思想解放、理念创新，以人才发展的新思想新理念引领人才事业的新发展。

进一步解放思想、解放人才、解放科技生产力，必须推动人才理论创新，一要把积极普及和应用科学人才观作为主要内容和方向；二要把对人才发展重大问题的理论思考和研究，与破解人才工作面临的突出矛盾和问题结合起来，增强理论创新的指导性；三要具备国际视野，密切关注国际人才竞争新趋势；四要加快人才理论研究骨干队伍建设，加强人才理论重大问题研究。

以政策创新带动体制机制创新

以政策创新带动人才工作体制机制创新，是人才工作改革创新的重要路径，也是保证改革积极稳妥、有序推进的有效方法，有利于实现人才成长和创新创业体制机制的重点突破。人才发展规划在对人才管理体制机制创新作出总体部署的同时，还单独提出实施 10 大政策，有针对性地提出了创新的主攻方向和主要举措，着力解决当前人才发展急需解决的突出问题，以此带动人才管理体制机制创新。政策是用来解决突出问题的，如果没有实质性的政策突破，不能解决现实问题和突出矛盾，就不可能带动体制机制创新。因此，要抓住影响人才发展的"瓶颈"问题，制定政策措施重点突破，并及时总结好经验，把好的措施办法、成熟的人才政策尽快上升为制度规范。近年来，各地根据新形势新任务对人才工作的新要求，加大力度，集中攻坚，着力

典型案例

我国现代科研机构的改革试验田
——北京生命科学研究所

2005 年底，由科技部会同中编办、发改委、教育部等 7 部门和北京市共同组建的北京生命科学研究所，自成立之初就采用全新的运行机制：学人治所的管理机制、稳定的经费支持机制、学术自主的研究机制、匿名的国际同行评估机制、优胜劣汰的竞争机制……新机制催生新活力：截至 2012 年 6 月，北生所的科研人员仅在《自然》、《科学》、《细胞》等三大国际顶尖科学刊物上就发表高水平论文 24 篇，在国内同类研究机构中遥遥领先；在 2012 年 2 月揭晓的首届"霍华德·休斯医学研究所（全球规模最大的非营利性医学研究机构）国际青年科学家奖"中，北生所的 4 名青年科学家榜上有名，在全球 28 名获奖者中独占 1/7。正如国际科学指导委员会所评价的那样：北生所是一个绝好的成功尝试。世界上没有任何其他研究所能在如此短的时间里，在国际科研领域占据如此重要的席位。

典型案例

青海："柔性政策"引才引智

青海省出台政策，让人才"户口不迁、关系不转、双向选择、自由流动"，突破了人才区域、行业、所有制的限制。目前，共吸引5500人次高层次和急需紧缺人才来青海服务。其中，直接调入或与用人单位签订长期合作协议的高层次人才952人，以"候鸟"形式特聘为省科技顾问的国内知名专家121名，从荷兰、美国、日本等国引进到中短期服务的专家1697人（次）。

解决各方面反映强烈、严重制约人才发展的重点难点问题。比如，人才评价上的标准不健全、方法不科学问题，人才流动中的户籍、档案、身份、社会保障等体制性障碍问题，人才激励中的平均主义、"大锅饭"问题，等等。解决问题取得了明显成效，在以政策突破带动人才体制机制创新方面积累了很多有益经验。

以人才特区建设推进人才制度优先创新

加强人才特区建设是我国推进人才制度优先创新的重大举措，也是突破人才体制机制障碍的有效途径。人才特区是我国推进人才制度优先创新的"试验区"，选择一些难度大的体制机制问题、一时拿不准的政策性问题，在人才特区先行试点，探索形成与国际接轨的科学研究、科技开发和科技创业新机制，取得经验后再逐步推开，以点上的突破带动面上的创新。2011年，中组部等15个部委与北京市共同印发了《关于中关村国家自主创新示范区建设人才特区的若干意见》，提出13项创新人才政策，支持中关村在人才引进、人才评价、人才流动、人才激励等方面制定特殊政策，采取特殊机制，实行特事特办，率先确立人才优先发展战略布局，构建与国际接轨、与社会主义市场经济体制相适应、有利于科学发展的人才体制机制。继北京之后，上海浦东、天津滨海新区、重庆两江新

"未来科技城"成为海外高层次人才集聚高地

中央企业目前正在北京、天津、浙江杭州、湖北武汉集中建设名为"未来科技城"的人才基地，旨在建设符合国际惯例、具有中国特色、吸引国际一流人才的科研创新平台，全面建成后将成为入驻央企的研发中心、成果转化中心。四地"未来科技城"都出台了一批鼓励企业入驻和人才引进的创新政策并不断加大投入资金。如天津"未来科技城"围绕引才、平台建设和成果转化等出台了保障土地供给、给予机构编制支持和所得税奖励等34条优惠政策，湖北"未来科技城"协议投资309亿元。截至2012年6月底，有15家中央企业参加北京"未来科技城"建设，其中2家企业人才基地已投入使用，另有9家企业即将参与建设。航天科技等8家央企已分别入驻天津"未来科技城"和湖北"未来科技城"。参建央企现已引进"千人计划"专家111人。

区、江苏南京、无锡和湖北武汉东湖高新区及福建平潭综合试验区等地也积极开展了人才特区建设，在签证居留、技术移民、金融支持、财税优惠、股权激励、社会保障等方面采取一系列特殊政策措施，创造"类海外"创新创业环境，形成一套有利于人才成长和发挥作用的体制机制，极大地激发了各类人才干事创业的热情。当前，我国各地建设人才特区的积极性普遍高涨，也产生了一批创新实践和先进经验，形成以点带面、从特惠到普惠、以"小环境"逐步影响改变"大系统"的渐进改革局面。

一是人才特区体现政策创新活力，各地着眼解放思想、解放人才、解放科技生产力，围绕用好用活人才，完善政府宏观管理、市场有效配置、单位自主用人的人才管理体制，出台了一系列人才培养开发、评价发现、选拔使用、流动配置和激励保障政策，探索建立国际通行的科学研究和科技开发、创新创业扶持政策机制，充分体现出人才政策创新的活力。武汉出台《东湖高新区建设人才特区若干意见》，在科技人才股权期权激励、人力资本出资入股、所得税返还、风险创投、建设国际学校等方面制定出台了一系列突破性政策。广东深圳市从 2011 年起，在未来 5 年每年投入 3 亿—5 亿元，用于海外高层次人才配套服务和创新创业专项资助。人才特区的生动实践表明，通过完善充满活力、富有效率、更加开放的人才政策体系，在全面创新人才工作体制机制方面发挥了有效的示范引路作用。

典型案例

探索引才用才新机制

北京低碳清洁能源研究所是由神华集团 2009 年投资创办、与清华大学合作共建的研究机构，是首批国家级海外高层次人才创新创业基地。该所聘请 18 位世界能源化工领域的顶尖科学家和工业界资深专家组成学术技术委员会。面向全球招聘著名研究人才。截至目前已引进 9 名国际能源领域顶尖人才，其中 7 人入选国家"千人计划"，与近 10 家海内外著名大学、研究机构建立了合作关系。

二是人才特区体现出制度创新活力。人才特区处在人才发展改革的最前沿，体制机制创新的要求也最迫切、最集中，反映的突出问题最强烈，破解难题的办法和途径很具体，与国外条件相近、机制相通。不断积累人才创业扶持、鼓励科技创业、市场化流动配置、知识

典型案例

北京：《加快建设中关村人才特区行动计划（2011—2015)》

北京市制定《加快建设中关村人才特区行动计划（2011—2015)》，重点落实 10 项具体政策。一是加大高端人才投入力度，明确奖金奖励及财政扶持、深化股权激励两项扶持政策；二是明确高校、科研院所与企业开展人才联合培养，高端人才兼职两项扶持政策；三是强化对高端人才的服务，在居留与出入境、落户、进口特需科研教学物品税收优惠、医疗、住房、配偶安置等 6 个方面，提出具体扶持政策。北京市有关部门建立联动机制，确保 10 项政策落到实处。

产权保护等方面的经验，推进了人才特区的运行体制和机制直接与国际对接，海内外优秀人才能够心无旁骛地创新创业，初步形成了更加灵活、更加开放、更加有效的人才体制机制。

推进人才工作法制化建设

经典语录

　　要坚持用法制保障人才，健全人才工作法律法规，推进人才管理工作科学化、制度化、规范化，形成有利于人才发展的法制环境。

——胡锦涛

　　坚持用法制保障人才，是依法治国方略的基本要求，也是党管人才的重要方式。实施人才强国战略，很重要的一项任务就是要建立和完善有利于人才成长和充分发挥作用的法律法规体系，特别是探索建立适应市场经济规律，符合国际规范的人才政策法规体系，推进人才工作法制化建设。

　　人才发展规划提出要制定人才开发促进法，就是要通过立法来突破制约人才发展的体制机制性障碍，为解放人才、保护人才、促进人人成才提供法律依据。加强人才工作法制化建设，是当前推进人才管理体制机制创新的根本举措。重点是抓紧研究制定人才开发促进法，为制定其他各项人才法律法规提供方向指引和原则依据。同时，研究制定终身学习、事业单位人事管理、人力资源市场管理、人才类签证等方面的法律法规，完善保护人才合法权益、维护国家重要人才安全的法律制度，形成有利于人才发展的法制环境。创新和完善人才培养引进、流动配置、科研管理、创业扶

相关链接

　　2007年1月，云南出台了《云南人才资源开发促进条例》，这是全国第一部有关人才资源开发的地方性法规。2009年7月，宁夏出台了《宁夏回族自治区人才资源开发条例》。

持、知识产权保护等方面的政策法规，更好地用法制保障人才，建立健全政府宏观管理、市场有效配置、单位自主用人、人才自主择业的人才管理体制，提供优质公共服务，营造有利于人才创新创业的制度环境。

构建人才发展法制环境也是我国

发达国家的人才法律法规体系

美国：《移民法》、《国防教育法》、《成人教育法》、《工作培训合作法》、《美国2000年教育目标法》、《美国竞争力法案》等法案为提高美国劳动力质量、储备美国需要的人才、确保美国在世界上的经济与技术领袖地位发挥了重要作用。

日本：《国立、公立大学任用外籍教师的特别措施法》、《研究交流促进法》、《外国科技人员招聘制度》等。

韩国：《国家技术人员咨询法》、《技术人员雇佣法》等。

应对国际人才竞争的迫切需要。世界各国人才竞争力的强弱越来越取决于人才制度的优劣。一个好的人才制度，就能造就大批优秀人才；反之，一种没有竞争力的人才制度，就不可能在激烈的国际人才竞争中取胜。我们要进一步开阔眼界、开阔思路、开阔胸襟，不断破除束缚人才成长和发挥作用的思想观念和制度障碍。要坚定不移地推进识人选人用人制度的改革，把成熟的改革经验上升为制度规范，把普遍有效的重要政策纳入国家法律法规。①

推动人才制度改革创新的规范化、法制化进程，建立符合中国特点、适应国际惯例的人才政策法规体系。通过完善立法，将人才资源建设的措施法制化，为促进人才强国战略的实施提供法律保障。

① 参见李源潮在2011年12月全国人才工作座谈会上的讲话，载《求是》2012年第3期。

3. 培育全社会创新文化

　　坚持把改革创新作为人才发展的根本动力，必须大力培育全社会创新文化。要坚持解放思想、实事求是、与时俱进，遵循人才资源开发规律，着眼经济社会发展的现实需要和长远需要，发展创新文化，培育全民族创新精神，为改革创新提供强大的精神动力和良好的文化氛围，从而形成每个人的创新梦想都能得到尊重、创新举措都能得到支持、创新才干都能得到发挥、创新成果都能得到认可的良好局面。

知识连线

创新文化的特点

　　在组织一个机构或者一个集团时，人们共享一些非常有特点的态度、价值观、目标和实践的时候就会形成文化，这些价值观、目标和实践是创新文化的组成部分，而创新文化从最小的规模到最大的规模有7个共同的特点：1. 有一个完全致力于创新的领导层，这是至关重要的；2. 这种创新的文化削减了决策的层级结构，各自职责非常清晰；3. 这些创新文化有共同的可持续目标，创新就是实践；4. 他们尊重各类人才的才能，而这些人将价值和创新的纬度加入到创新和创业中；5. 他们拥有形成创意的决心，进行创新，并且挑战传统的思维；6. 他们愿意快速反应，也愿意随时作出调整；7. 他们接受失败，失败并不可耻，他们认为失败是创新的一个组成部分。

　　　　　　　　　　　　—— ［美］丹·莫特（马里兰大学校长）

人才发展规划纲要提出："发展创新文化，倡导追求真理、勇攀高峰、宽容失败、团结协作的创新精神，营造科学民主、学术自由、严谨求实、开放包容的创新氛围。"这进一步明确了创新文化的内涵，指明了营造有利于创新文化环境的方向。

培育改革创新精神动力

在当今世界，创新日益成为经济社会发展的主要驱动力，创新驱动发展成为不可逆转的发展趋势。对一个国家来说，最持久的竞争优势，就是全社会拥有普遍的创新精神。培育改革创新的精神动力，激发人的创造力、促进人的全面发展，是社会充满发展活力的重要前提。

要营造尊重创造、鼓励创新、勇于竞争的社会氛围。人才是社会主义事业发展的谋划者、组织者和实践者，只有不断激发各类人才的改革创新活力，我们的民族、国家才能永葆生机。要培育尊重创造的社会

相关链接

为潜在的创新力提供良好的机会，这对一个社会来说是生死攸关的事……如果社会没有让杰出的创新能力发挥出效能，那就是对其成员的失职。

——［英］阿诺德·汤因比（历史学家）

理念。大力提倡敢为人先、敢冒风险的精神，大力倡导敢于创新、勇于创造的精神；无论政府、社会还是个人，都要逐渐形成尊重科学创造，重视保护知识产权，认可创新成果价值的统一认识。要树立鼓励创新的价值导向。广泛利用各种宣传教育途径和大众传媒，动员科技工作者和人文社会科学家，在社会上普遍倡导尊重创新、鼓励创新的风气，树立创新的文化价值观，使追求创新成为全社会的价值导向。要倡导勇于竞争的进取精神。树立与社会主义市场经济体制相适应的进取意识、竞争观念和法制观念，发展重公平、重竞争、重实践、重能力和"能者上、平者让、庸者下"的人才管理

新文化，在全社会形成见贤思齐、争先创优、奋发努力的良好氛围。让各层次、各方面的人才在创造性劳动中找到人生的坐标，在竞争性开拓中实现自身的价值。让创新者有更多的机会和平台，让创业者有更多成功的希望。

要倡导追求真理、宽容失败、团结协作的创新精神。要提倡追求真理的科学精神。鼓励坚持真理、大胆怀疑、敢于批判的科学勇气，培养独立思考、勇于超越、孜孜以求的学术精神，营造勇攀高峰、奋发向上的文化氛围，厚植创新的文化土壤。要倡导尊重个性、宽容失败的创新精神。改革创新文化的精神内核是尊重个性、尊重科学探索规律。创新是充分发挥个人潜力、智力和能动性的创造性活动，是突破原有思维与行为模式的创举。因此，尊重个性、张扬特长是创新的基本要求。古今中外，大凡创新天才，都有着超乎常人之处，创新

相关链接

哈佛大学重视人才通识培养

哈佛大学明确规定，所有本科生要像学习人文社会科学那样，接受一定深度和广度的自然科学教育，最低标准是能读懂《科学》和《自然》等专业科学期刊文章。为克服大学教育过分专业化倾向，哈佛大学将核心课程分为外国文化、历史研究、文学和艺术、道德伦理、定量推理、科学、社会分析等7类11个领域。其中一些核心课程是：《法国社会的讽刺幽默》、《东亚的工业化进程》、《中国的家庭、婚姻、亲属关系：一个世纪的变化》、《亚瑟王的故事》、《耶路撒冷：神圣的城市》、《地球表面的变化》……

的火花正是出自于标新立异的思维，有被常人不能理解之处。如有的人才华横溢，但性格直率坦诚，不惧世俗权威，不循规蹈矩。他们在某一方面有超众之长，但在其他方面则可能有常人之短。尊重个性，就是要扬长避短，把每个人的特长发挥出来，把创新的愿望和潜力发掘出来、调动起来，形成新思想、新成果竞相涌现的局面。要宽容失败，提倡敢为人先、敢冒风险的精神。创新的过程本身就是一个

具有不确定性、充满风险的过程，有风险难免有失败。创造—失败—再创造—直至成功，这是科学探索的规律，也是创新活动的规律。要为创新人才努力营造宽松的环境、包容的氛围，支持人们鼓足

相关链接

美国重视创业教育

美国多数大学开设了创业教育课程，鼓励学生参加创业活动。马里兰大学要求学生每学期写一份创业计划书，并参加学校商业创业设计竞赛，前3名可获得5万至10万美元奖金。美国高校的创业教育中心可为学生提供创业种子基金和孵化器服务，该机构帮助学生向风险投资家进行游说，取得投资并创办公司。

勇气，解放个性，不怕失败，积极探索。坚持文化的多元发展和对外开放，在不同文化的交流融合中拓展创新创业的思想源泉。要大力推进文化创新，增强文化发展活力，以丰富多彩的社会文化生活和"百花齐放、百家争鸣"的文化氛围，让人才更加充满创新创业的激情与灵感。要倡导密切配合、团结协作的团队意识。现代科技创新离不开团队合作。要把握当今产业发展组织方式、科研组织方式、社会组织方式的变化趋势，创新合作机制，培育合作文化。重视不同部门、不同单位、不同地区间的合作，重视优势互补的团队建设，借合作之力提升人才的创新创业能力，提升用人单位的综合竞争力。建立健全科研活动行为准则和规范，加强科研诚信和科

典型案例

宝钢集团：尊重职工的首创精神

宝钢集团以全国钢铁业6%的产量，实现了全行业约30%的利润，其成功的法宝来源于创新。宝钢式创新最大特色是"蓝领创新"：每天产生专利4件，50%由一线工人创造。一线职工的岗位创新已成为企业的核心竞争力，一批工人因为善于创新，领上了50万元高年薪。正是尊重职工的首创精神，让"千万双手动起来，千万个脑袋转起来"，为宝钢带来了巨大效益。

学伦理教育，发挥科研机构和学术团体自律功能，构筑充满活力、包容兼蓄、和谐有序、开放互动的创新生态系统。

要在全社会形成热爱科学、崇尚创新、渴望创造的良好风尚。培育改革创新的精神动力，要发展创新文化，培育全社会改革创新的良好风尚。一是在全社会形成热爱科学的良好风尚。要在全社会广为传播科学知识、科学方法、科学思想、科学精神，使广大群众更好地接受科学技术的武装，更多了解和运用科技知识，弘扬中华民族创新精神，在全社会进一步形成讲科学、爱科学、学科学、用科学的浓厚氛围和良好风尚，提高全民族科技素质，激发全社会创新活力。二是在全社会形成崇尚创新的良好风尚。从青少年入手培养创新意识和实践能力，积极改革教育体制和改进教学方法，大力推进素质教育，在基础教育中鼓励、引导创新，改变应试教育体制，培养青少年自信、自立、自强的独立人格，培育创新意识和创新思维。大学教育要围绕培育创新精神进行创新、创业教育，增强高等教育的探索性、研究性和实践性。鼓励青少年参加丰富多彩的科普活动和社

相关链接

创新人才对国内科研环境存在问题的认知

国内科研环境存在的主要问题	提及率
研究风气不好，把很多时间花在学术之外的"公关"活动上	49.0%
科研项目审批不透明，存在拉关系、走后门现象	45.9%
人际关系太复杂	40.1%
存在行政化、官本位现象	36.3%
科研经费使用制度不合理	26.4%
项目的资助强度和时间期限不够，经费申请和项目汇报过于频繁	18.8%
科研项目申报手续复杂，周期过长	12.7%
升迁晋升机制有问题	8.9%
信息获取难	7.4%
科研设备落后	5.8%
收入与课题费挂钩	5.3%
出国交流机会太少	3.0%

资料来源：《"千人计划"问卷调查报告综述》，载中央组织部人才工作局：《人才工作通讯》2011 年第 7 期。

"思想自由，兼容并包"

当年蔡元培先生担任北京大学校长后，确立"思想自由，兼容并包"的治学方针，进行大刀阔斧的改革，聘请全国一流的专家、学者任教员，只问学问、能力，不问思潮、派别。既聘激进民主主义者陈独秀、李大钊、鲁迅、刘半农，也请主张发扬国故的国学大师刘师培、黄季刚，复辟派的辜鸿铭；既聘主张白话文的胡适，也请反对白话文的黄侃；既聘"只手打孔家店"的吴虞，也请坚持尊孔复古的陈汉章。蔡元培不仅延揽众多学问大家教授学生，而且聘请高明的管理人才助理校务，请蒋梦麟作总务长，成为最佳搭档。北大的群星灿烂、声名鹊起，靠的正是蔡元培先生倡导的"思想自由，兼容并包"精神。

会实践。制定国家科学技术素质教育标准，从源头上提高人才的科学素养、创新精神和创新能力。三是要在全社会形成渴望创造的良好风尚。人才是我国社会中最积极、最有生气、最富创造力的力量，每一种时代精神里都包含着各类人才的创造性社会实践。"历尽天华成此景，人间万事出艰辛"。要紧密结合全面建设小康社会的伟大实践，在不断认识和把握客观规律的基础上，努力培养各类人才的创新意识、创造能力，充分发挥各类人才的创造潜能，有效转化各类人才的创新成果，在全社会形成渴望创造、勇于创造、善于创造的良好风尚。

完善改革创新文化环境

人才发展，动力是改革创新，核心在环境氛围。如果把创新文化比作"空气"、创新精神比作"沃土"，那么，只有具备洁净的空气和肥沃的土壤，作为"树木"的人才才能茁壮成长。推动人才发展应该规划环境、净化空气、培植土壤，让树木自由生长，为"良种"提供"肥沃的土壤"和"充足的阳光"。

营造科学民主的创新文化环境。在人类历史上，民主与科学总是并进的，科学是对现实世界的规律性认识，中国传统文化把知识当做"手段"或"工具"，缺少对科学"求真"、"求美"的精神，导致原始性创新不足。要提倡科学民主的价值观，倡导科学面前人人平等的思想，不以权威压制人，不以名望排挤人，不以资历轻视人。克服"等级服从"、"循规蹈矩、中庸保守"、"枪打出头鸟"、"木秀于林、风必摧之"等不良文化的影响，破除一切禁锢人们创新思维，压抑个人好奇心和创造力的政策制约，提倡冒险，鼓励冒尖，发挥科学民主精神在学术研究、科技创新中的主导作用。

营造学术自由的创新文化环境。学术自由是创新人才成长必备的社会环境条件。要鼓励学术自由，倡导"百家争鸣、百花齐放"，允许不同的学术观点自由讨论，不同的学术流派自由发展，形成相互切磋、取长补短、平等交换意见的学术环境，倡导富有生气、不受约束、敢于发明和创造的学术氛围，建立人才为本、自主管理、充分支持的科研体制和学术机制，充分调动各类人才的积极性和主动性，提高科研效率，为各类人才创新创造提供充分施展才能的平台。

营造严谨求实的创新文化环境。严谨求实

相关链接

德国为教学和科研提供国家保障和充分自由

1810 年，当普鲁士还在向拿破仑支付巨额的战争赔款时，柏林洪堡大学诞生了。国王把豪华的王子宫殿捐献出来作为大学校舍。他接受了大学提出的一个"苛刻"要求：国家必须对教学和科研活动给予物质支持，但是不得干涉教育和学术活动。同时拥有国家的保障和充分的自由，成就了德意志的科学家。在洪堡大学主楼的长廊里，挂着许多黑白照片，他们都是在各个领域里取得了重要成就的本校教授，其中的 29 位获得诺贝尔奖。创新文化改变了德国的崛起之路。学术自由为德国培养了高素质的国民，为德国带来了创造和发明，智力支持，直到今天德国依然站在世界科学技术发展的前沿。

是创新的首要条件。既要"仰望星空",志存高远,坚定理想信念,珍惜机遇,勇敢地承担起时代使命和责任;又要"脚踏实地",遵循科学规律,遵守科研道德,追求真理,严谨治学,持之以恒,求实创新。无论从事什么研究,

相关链接

长期以来,我一直认为人才吸引资本远比资本吸引人才更为有效,效果也更能持续。最有创造力的人希望居住在保护个人自由、鼓励多样性、提供丰富文化机遇的地方。一个希望吸引创新者的城市,必须提供能够培育新理念、催生创新的肥沃土壤。

——[美] 迈克尔·布隆伯格
（纽约市长）

越是严谨,越是容易做出学术成果。在科学的道路上,创新总是属于严谨、踏实的人。背离了严谨求实这一原则,学术道德和学风建设无从谈起,创新更是难以落到实处。路甬祥曾强调:"创新文化是先进文化在研究团体内的一种反映,它不仅为科学创新提供了很好的基础条件、精神氛围和客观环境,同时也是约束科技团队,约束科学技术负面影响的一个重要的道德力量。"随着我国科技预算经费大幅度增加、机构规模扩大和科技管理的复杂性提高,对创新文化建设也提出了更高的要求。根据调查,科研人员参与科研活动时间减少是一个普遍现象。对全国 4 个领域 11 家科研院所的 374 位科学家调查后发现:44.1% 的调查对象作研究的时间只占正常工作时间的 1/2;16.5% 的调查对象的科研时间只占工作时间的 1/3 甚至更少。另外,90.6% 的调查对象认为,除科研外的其他工作时间主要用在争取项目上。这固然与我国现行的科研管理体制弊端有关,但也不能不承认还是缺少一种吸引人才潜心研究的文化氛围。必须改变对科学研究急功近利、要求限期出成果甚至出大成果的不良倾向,制定政策鼓励科技人才潜心研究。

营造开放包容的创新文化环境。创新具有很强的风险性和不可预见性,要允许和宽容科技创新失败,关心和爱护在探索中受挫的科技人才,支持他们在总结经验教训的基础上继续前进。改革创新本身就

相关链接

毛泽东反对"金要足赤、人要完人"

1975 年 10 月 15 日，胡乔木在载有《学部老知识分子出席国庆招待会的反映》的《政工简报》第 31 期上批示，"送主席看看"。10 月 16 日，毛泽东在这份简报上写下批语："打破'金要足赤'、'人要完人'的形而上学错误思想。可惜未请周扬、梁漱溟。"①

是对原有规矩的变革，要开放包容、不拘一格、宽容失败，尊重人才个性和知识创新，激发人才的冒险精神和创新热情。将人才看做是发展的目的而不是手段，着眼于增强人的能力，实现人才可持续开发，可持续创造创新，形成开放性社会环境，营造全社会见贤思齐、奋发努力的良好风尚，造就一大批世界一流的创新创业人才。

---

① 引自逄先知、金冲及：《毛泽东传》，中央文献出版社 2011 年版，第 136 页。

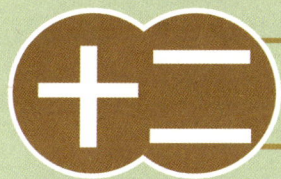

十二　走向人才强国

当今世界正处在大发展大变革大调整时期。世界多极化、经济全球化深入发展，科技进步日新月异，知识经济方兴未艾，我国现代化建设正面临着前所未有的战略机遇期，也将面临着可以预料、难以预料的严峻挑战与考验，

> 全党同志必须从全局和战略的高度，充分认识实施人才强国战略的重要性和紧迫性，自觉增强大局意识和忧患意识，以高度的政治责任感和历史使命感，把实施人才强国战略作为党和国家一项重大而紧迫的任务抓紧抓好。
> ——胡锦涛

实现创新驱动，加速中国崛起，走向民族复兴，赢得世界未来，都在强烈呼唤着加快建设人才强国，依靠人才发展引领科学发展。

1. 拉开人才强国的帷幕

人才强国战略是我国实现现代化的基础战略、核心战略。把人才开发提到强国战略的高度，体现了邓小平关于"更广大地开源"的战略思想，是我们党立足国情、面向未来，为建设富强民主文明的社会主义现代化国家而采取的一项战略举措。[①]2010年

---

① 参见曾庆红：《牢固树立和认真落实科学发展观人才观和正确政绩观》，载《人民日报》2004年3月2日。

4月党中央、国务院颁布《国家中长期人才发展规划纲要（2010—2020年）》对实施人才强国战略进行了总体规划和全面部署。这标志着我国经济社会发展进入了一个人才优先发展的新时期，我国人才发展进入了在人才大国基础上建设人才强国的新阶段，也标志着我国走向人才强国迈出历史性步伐。人才发展规划提出了中国进入世界人才强国行列的战略目标："到2020年，我国人才发展的总体目标是：培养和造就规模宏大、结构优化、布局合理、素质优良的人才队伍，确立国家人才竞争比较优势，进入世界人才强国行列，为在本世纪中叶基本实现社会主义现代化奠定人才基础。"这是党中央、国务院加快推进社会主义现代化、实现中华民族伟大复兴而作出的又一重大战略决策，是我国坚定不移走科学发展之路的战略举措。

相关链接

人才强国战略的由来

2000年，党的十五届五中全会提出，要把培养、吸引和用好人才作为一项重大的战略任务切实抓好。2001年，国家"十五"计划提出实施人才战略、壮大人才队伍。2002年，中办下发《2002—2005年全国人才队伍建设规划纲要》，首次明确提出实施"人才强国战略"。2003年，胡锦涛总书记在全国人才工作会议上强调，要把实施人才强国战略作为党和国家一项重大而紧迫的任务抓紧抓好。2007年，党的十七大要求更好实施人才强国战略，并把人才强国战略写入党章。

新中国成立60多年来，我国现代化建设取得了历史性成就，国家统计局数据显示，2003年至2011年，中国经济年均增长10.7%，而同期世界经济的平均增速为3.9%。中国经济总量占世界经济总量的份额，从2002年的4.4%提高到2011年的10%左右；中国经济总量在世界的排序，从2002年的第6位，上升至2010年的第2位，2011年依然保持着这一位置。但必须看到，由于人才发展滞后于经济社会发展，国家核心竞争力不是高新技术产业与知识经济，不是人才的创新与创意，而是廉价的劳动力与土地以及低端制造业，并付出了环境高污染、资源高消耗的代价。"中国制造"总体上还处在全球

相关链接

"十二五"教育事业发展规划主要指标

1. 基本普及学前一年教育，农村学前一年毛入园率达到80%左右；

2. 义务教育巩固率达到93%，农村义务教育阶段学校标准化率达到50%以上；

3. 基本普及高中阶段教育，毛入学率达到87%；

4. 高等教育毛入学率达到36%；

5. 新增劳动力平均受教育年限达到13.3年左右；

6. 进城务工人员随迁子女在公办学校接受免费义务教育的比例达到85%以上。

产业链的中低端，与国际先进水平差距很大，发达国家的技术优势和发展中国家的成本优势，都对我们传统的竞争优势提出了严峻挑战。在我国现代化建设进入科学发展的关键时期，迫切需要新的驱动力引领我国发展在世界经济舞台上实现"华丽转身"：从人口红利转向人才红利；从"中国制造"转向"中国创造"、"中国设计"；从招商引资转向招才引智；从投资拉动转向人才拉动；从资源密集型转向知识密集型经济增长；从重视科技创新转向科技、经济、社会创新并重；从主要开发国内人才资源转向国内国际两种人才资源开发等。人才发展规划的出台，吹响了建设人才强国、实现科学发展的进军令，大力提高国家整体人才素质，进入世界人才强国行列，培育新的国际竞争优势，从而推动我国由区域大国变为世界大国，由经济大国变为经济强国，为实现中华民族伟大复兴奠定坚实的人才基础。

2. 实施人才强国
战略规划

人才发展规划是更好实施人才强国战略的总体规划和顶层设计，是当前和今后一个时期推动我国人才发展的指导性文件。制定实施人才发展规划是贯彻落实党的十七大提出的更好实施人才强国战略总体要求的重要举措，是关系社会主义现代化建设全局、具有战略意义的一件大事。

走向人才强国的路线图

人才发展规划对我国未来 10 年人才发展总的战略目标、指导方针、重点任务和战略举措进行了总体规划，并提出了具体的目标要求：第一，人才总量稳步快速增长，队伍规模不断扩大；第二，人才素质大幅度提高，结构进一步优化；第三，人才竞争比较优势明显增强，竞争力不断提升；第四，人才使用效能明显提高。人才发展规划是我国走向人才强国的行动纲领。

到 21 世纪中叶将我国建设成为人才强国，不仅有明确的路线图，而且有现实可能性。经过 30 多年改革开放，我国由人才大国走向人才强国的经济、社会、政治条件已经基本具备：

第一，我国已经初步建立社会主义市场经济体制，形成了空前统一的、巨大规模的、比较公平的、充分流动的、充分竞争的人才市场机制，为绝大多数人才提供了"天生我材必有用"的空前大舞台。改革开放以来，我国人才流动的规模和总量保持着快速的增长趋势。1994 年登记要求流动人员为 155.86 万人，实现流动 46.2 万人；到 2007 年登记要求流动人员上升至 3012.29 万人，实现流动 1344.83 万人，分别是 1994 年的 19.3 倍和 29.2 倍，登记要求流动人员年均增长率 27.9％，实现流动人才的增长率为 32.5％。人

相关链接

中国迈向人才强国"三步走"

第一步，完成"十二五"规划目标。

第二步，实现《国家中长期人才发展规划纲要（2010—2020 年）》提出的 2020 年目标。

第三步，到 2030 年，人才资源总量达到 2.7 亿人，占总人口的比例为 18％，占就业人口的比例为 35％，即高技能人才占技能劳动者的比例达到 35％；每万名劳动力中研发人员达到 55 人/年，比 2008 年翻一番；主要劳动年龄人口受过高等教育的比重达到 30％；人力资本投资占 GDP 比重达到 18％；人才贡献率达到 40％。

——胡鞍钢等：《2030 中国：迈向共同富裕》

才流动率不断增加，由 1995 年 0.6％上升到 2006 年的 11.2％。同时，人才流动效益大幅提升，效益水平从 1996 年的百亿元数量级（109.97 亿元）提升到 2006 年的近万亿元数量级（8679.20 亿元），2006 年全

相关链接

2006 年	1184 万人
2007 年	1204 万人
2008 年	1113 万人
2009 年	1102 万人
2010 年	1168 万人
2011 年	1221 万人

2006 年	505 万人
2007 年	515 万人
2008 年	500 万人
2009 年	514 万人
2010 年	547 万人
2011 年	553 万人

2006—2011 年城镇新增就业人数

2006—2011 年城镇失业人员再就业人数

资料来源：《光明日报》。

十二 走向人才强国

何谓人才流动效益?

人才流动效益是指在人才资源的有序流动过程中,由于人才所携带的知识创新和技术应用而不断引起的增值,从而不断产生的新的经济、社会效益。

国人才流动经济效益占我国当年 GDP 的 4.14%。我国还初步形成了覆盖城乡的公共就业服务体系,市场机制在人力资源配置中的基础性作用得到更好发挥,劳动者自主择业、市场调节就业和政府促进就业的市场就业新格局业已形成并逐步走向完善。2007 年至 2011 年间,全国城镇新增就业 5808 万人,到 2011 年底全国城乡就业人员达到 76420 万人。

第二,中国教育迅猛持续发展,主要指标已居各发展中国家前列,正在逐步形成世界最大规模的全民学习、终身学习、灵活学习的学习型社会,也为"人人成才"提供了良好的人力资本基础和社会环境。中央财政教育支出 2012 年与 2005 年相比增加了近 10 倍,每年毕业的大学生就有 600 多万,中国网民从近 6000 万到超过 5.38 亿,农民工数量从不到 1 亿到超过 2.5 亿。全国中等和高等职业教育年招生已经超过 1200 万,每年参加各种类型培训的超过 1.5 亿人次。

第三,我国科研实力极大增强,企业日益成为技术创新主体,创新型国家建设取得积极进展。目前,我国科技人力资源总量、研发人员数量已跃居世界第一位,高技术产业产品出口额跃居世界第一位,高技术产业增加值跃居世界第二位,国际科技论文数跃居世界第二位,2011 年我国被引用次数居于前 1% 的论文(即"高被引论文")数量已跃居世界第 6,处于全球领先水平。本国人发明专利授权量跃居世界第三位,研究与发展经费投入跃居世界第三位。2011 年公布的《全球创新指数 2011》排名中,我国从第 43 位跃居到第 29 位,是排名前 30 个国家(地区)中唯一的发展中国家。截至 2012 年 6 月底,国家知识产权局累计受理发明专利数量达到 311.4 万件,发明专利累计授权量达到 100 万件,其中,国内发明专利为 51.8 万件。企业发明专利年度授权量从 2000 年的 0.1 万件增长到 2011 年的 5.8 万件，增加了 57 倍。我国科技水平和创新能力大幅提升，已经成为当之无愧的科技大国。科技对经济社会发展的支撑和引领作用前所未有，从"神舟"飞天到"蛟龙"探海，创新之光耀动寰宇；从超级杂交稻到高速铁路，创新成果普惠民众。企业在技术创新中的主体地位不断增强，过去 5 年，中央企业科技投入年均增幅达到 28.5%，远高于同期销售收入和利润增幅。2011年，企业研发经费支出占全国的 74%，企业研发人员占全国68.4%，高新技术产业规模占 GDP 比重已达 8.8%。建设创新型国家步伐进一步加快，"十二五"期间，全社会研发投入占国内生产总值的比重将提高到 2.2%，大中型工业企业平均研发投入占主营业务收入的比例提高到 1.5%，科技进步贡献率达到55% 左右，每万名就

相关链接

中国成为科研人才第一大国

世界由 200 多个国家和地区组成，其中 11 个国家人口过亿，但是只有两个国家有超过 100 万科学家和工程师在从事研究和开发工作。研发人数列第一的是中国（2009 年 182 万），第二是美国（2007 年 141 万）。[1] 与此类似，中国和美国是仅有的两个受过大学教育的科学和工程劳动力超过 1000万的国家：中国 2009 年有 2000 万这样的技术工作者，而美国 2007 年有 1660万。[2] 中国在科学与技术领域的人力资源，将使它成为世界最大的创新型或知识型社会之一。

业人员的研发人力投入达到 43 人年；公民具备基本科学素质的比例超过 5%。

第四，人才强国战略上升为国家核心战略，加速了人才队伍规模的扩大，提升了人才队伍质量，形成了不同层次人才结构的新格局。我国在人才规模、素质、效能和国际竞争力等多方面已经具备建设

---

① 《中国统计摘要 2010》，中国统计出版社 2010 年版，第 177 页。

② 资料来源：科技部：《2010 年科技统计资料汇编》。

相关链接

五大经济体全时研发的科学家和工程师数
占世界总量的比重（1995—2030）

单位：%

年份	1995	2000	2005	2007	2020	2030
中国	10.2	10.1	13.5	19.7	30.0	35.0
美国	18.3	18.4	16.5	19.8	15.0	12.0
欧盟	19.6	15.8	15.7	20.1	15.0	15.0
日本	18.4	15.2	12.3	14.6	10.0	8.0
俄罗斯	10.5	7.3	5.6	6.5	5.0	5.0

计算数据来源：（1）1995 年和 2000 年数据根据 World Bank, World Development Indicator 2010 中百万人口研究人员数折算；（2）2007 年数据引自 UNESCO, Science, Technology and Gender: An International Report；（3）2020 年和 2030 年数据系作者估算。

资料来源：胡鞍钢等：《2030 中国：迈向共同富裕》。

人才强国的雄厚基础。一是从人才规模看，经过多年的发展和建设，我国已从一个人才资源相对匮乏的国家发展成为人才资源大国。到 2010 年底，全国人才资源总量已达 1.2 亿人。预计到 2020 年，将达到 1.8 亿人，居世界首位。二是从人才素质看，2010 年，我国主要劳动人口中受过高等教育的比例达到 12.5%，到 2020 年将达到 20%，接近主要发达国家水平；2010 年，我国每万劳动力中研发人员为 33.6 人年／万人，到 2020 年，将达到 43.1 人年／万人，与中等发达国家目前水平相当。三是从人才效能看，2010 年人才贡献率达到 26.6%，位居发展中国家前列。到 2020 年，人才贡献率将提升到 35%。接近发达国家 40% 的平均水平。四是从人才国际竞争力看，根据有关专家对全球 118 个国家和地区的人才核心竞争力的研究预测，我国人才国际竞争力将在 2017 年进入世界前 10 位，2020 年将达到世界第 8 位的水平。据此，到 2020 年，我国进入世界人才强国行列的目标经过努力是可以实现的。

第五，我国对国际化人才的吸引力、影响力越来越显著，正由"人才流失国"逐渐扭转成为全球最主要的"人才回流国"。全球化的进程，必然推动作为高级生产要素的人才形成世界市场，并带动知识、技术、资本的全球化流动。人才发展规划颁布以来，中央和地方的吸引人才举措加大了人才回流力度。截至 2011 年底，全国共引进 12 万海外高层次人才，其中吸引"千人计划"专家 2263 人，并带动了一大批海外人才踊跃回国来华创新创业。2011 年，我国留学回国人员人数达 18.62 万人，创历史新高。从 1978 年到 2011 年底，留学回国人员总数达到 81.84 万人。中国现代化建设事业的蓬勃发展也为外国专家和海外华人来华创新创业提供了更多的机遇和舞台。从 2001 年到 2010 年的 10 年间，每年来中国工作或交流合作的外国专家有 30 万人次，许多是国际高水平学术机构或知名跨国企业、获得国际重要奖项、具有重要国际学术影响力的著名专家学者。截至 2011 年底持外国人就业证在中国工作的外国人共 24.19 万人，持台港澳人员就业证在内地工作的台港澳人员共 9.46 万人。

我国走向人才强国的战略举措也引来举世瞩目。美国最知名的智库布鲁金斯学会在我国人才发展规划发布的 2010 年连续两次召开有关中

相关链接

中国、美国、世界平均受教育年限及中国相对美国的追赶系数（1950—2030）

年份	中国	美国	世界	中国／美国（％）
1950	1.0	8.38	3.17	11.9
1960	2.0	9.15	3.65	21.9
1970	3.2	10.77	4.45	29.7
1980	5.33	12.03	5.29	44.3
1990	6.43	12.14	6.09	53.0
2000	7.85	12.71	6.98	61.8
2010	9.0	12.2	7.76	73.8
2020	10.0	12.3	8.5	81.3
2030	12.0	12.5	9.2	96.0

计算数据来源：（1）1950—2010 年美国和世界数据引自 Robert J.Barro, Jong-Wha Lee, A New Data Set of Educational Attainment in the World, 1950-2010, NBER Working Paper No.15902, 2010；（2）1950—2010 年中国数据系作者估算；（3）2020—2030 年数据系作者估算。

资料来源：胡鞍钢等《2030 中国：迈向共同富裕》。

中国创新效率排名第一

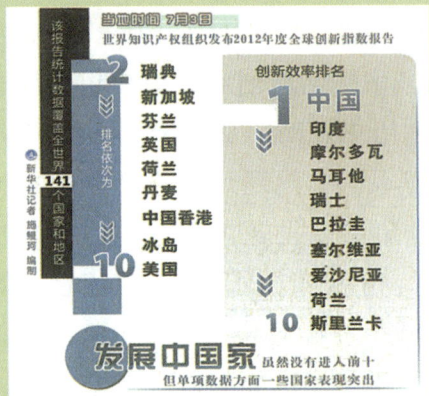

当地时间 7月3日
世界知识产权组织发布2012年度全球创新指数报告

该报告统计数据覆盖全世界
排名依次为 141 个国家和地区

2
瑞典
新加坡
芬兰
英国
荷兰
丹麦
中国香港
冰岛
美国
10

创新效率排名

1
中国
印度
摩尔多瓦
马耳他
瑞士
巴拉圭
塞尔维亚
爱沙尼亚
荷兰
斯里兰卡
10

新华社记者 姚斌岳 编制

发展中国家 虽然没有进入前十
但单项数据方面一些国家表现突出

资料来源：世界知识产权组织：《2012 年度全球创新指数报告》。

国人才发展研讨会，美国俄勒冈大学副校长西蒙教授说，中国实施人才强国战略，必定会增强对世界范围内人才的吸引力。国际组织世界银行指出这是一个令人振奋的中国人才发展计划，是中国从重视硬件建设到也重视软件发展的重要标志，其影响广泛，将涉及中国发展的各行各业。在 2010 年的达沃斯年会上，中国人才成为热点话题。中国汉语的"人才"二字已经成为国际学术界直接引用的专业术语"Rencai"。

落实人才发展规划重点任务

人才发展规划是我国第一个中长期人才发展规划，它明确了新时期建设人才强国的指导方针、战略目标和总体部署，提出了加强人才队伍建设、创新人才体制机制、完善重大人才政策、实施重大人才工程的主要任务。落实人才强国战略任务要充分发挥重大人才工程对人才发展的引领带动作用。

第一，要以实施重大人才工程为载体，更好体现人才工作服务科学发展大局的战略定位。要把实施人才重大工程作为人才工作深入贯彻落实科学发展观的战略抓手，着眼于服务科学发展大局，围绕转变经济发展方式、促进产业结构调整、提高自主创新能力、实施国家重大发展战略，明确各项人才重大工程的战略定位和工作重点，找准切入点和着力点，充分发挥人才对经济社会发展的引领和支撑作用，使人才重大工程的实施更加有效地服务科学发展大局。

第二，要以实施重大人才工程为载体，在整合资源中形成人才工作合力。重大人才工程包括规划设计、组织实施、管理服务等多个方面，涉及人才培养、引进、使用等各个环节，不可能靠哪一个部门单独完成，必须充分整合各方面资源，形成合力，共同推进。既要充分发挥人才工作领导（协调）小组的统筹协调作用，又要注重发挥人才工作部门的职能作用，更要发挥用人单位的主体作用，形成密切配合、协调高效的工作机制，整合各方面力量，齐心协力推动重大人才工程的实施。

第三，要以实施重大人才工程为载体，贯通人才培养、引进、使用三个环节，体现人才工作的整体效益。树立和落实"以用为本"的人才工作理念，把培养、引进、使用融为一体，把发展人才、实现人才价值贯穿工程实施全过程，努力提高人才工作整体效益。坚持使用与培养相结合，强化培养功能，实行"大师＋团队"的组织模式，做到以才带才、以才育才。推动引进与使用一体化，把重大人才工程作为吸引、凝聚海内外领军人才的高端平台，通过强有力的经费支持和系统的政策扶持，为他们发挥作用创造良好条件。

相关链接

**国家人才发展规划实施的
12 项重大人才工程**

序号	重大工程
1	创新人才推进计划
2	青年英才开发计划
3	企业经营管理人才素质提升工程
4	高素质教育人才培养工程
5	文化名家工程
6	全民健康卫生人才保障工程
7	海外高层次人才引进计划
8	专业技术人才知识更新工程
9	国家高技能人才振兴计划
10	现代农业人才支撑计划
11	边远贫困地区、边疆民族地区和革命老区人才支持计划
12	高校毕业生基层培养计划

第四，要以实施重大人才工程为载体，打造示范工程，引领人才队伍建设整体上水平。重大人才工程要基本涵盖主要领域人才队伍建设，在实施过程中要通盘考虑，精心设计，充分考虑各级人才队伍建设的整体性、层次性和差异性，体现重大人才工程的示范带动作用，使之成为"龙头"工程、"样板"工程，引领带动各级各类人才队伍建设。同时，通过示范引导，带动各地各部门实施一大批特色鲜明、影响带动力强的人才工程，形成点面结合、整体推进的人才资源开发格局。对于适合同步推进的人才工程，坚持配套联动、一体化推进，形成上下贯通的工作体系。

第五，要以实施重大人才工程为载体，推进人才工作体制机制创新，营造良好的人才发展环境。重大人才工程不仅是人才队伍建设的重要抓手，而且是人才工作体制机制和政策创新的重要载体。例如，国家在实施"千人计划"这个重大人才工程中，对海外人才吸引实行了一系列的制度创新，包括出入境、人才签证、绿卡、国家科学基金重大课题第一申请人资格许可等。在组织实施重大人才工程过程中，要结合开展人才管理改革试验区或人才特区试点，探索创新人才培养开发机制、评价发现机制、选拔使用机制、流动配置机制、激励保障机制和人才管理体制的有效途径，重大创新成果率先在人才工程实施中推行、试验，积累经验，总结推广，发挥人才重大工程在人才工作体制机制创新中的引领示范作用。

相关链接

创新人才推进计划

着眼于培养造就一批世界水平的科学家，在我国具有相对优势的科研领域设立100个科学家工作室；瞄准世界科技前沿和战略性新兴产业，每年重点支持和培养一批具有发展潜力的中青年科技创新领军人才；着眼于推动企业成为创新主体，每年重点扶持1000名科技创新创业人才；依托一批国家重大科研项目、国家重点工程和重大建设项目，建设若干重点领域创新团队；以高等院校、科研院所和高新技术产业开发区为依托，建设300个创新人才培养示范基地。

完善监测、评估和考核机制

建立有效的监测、评估、考核机制，既是推动人才发展规划顺利实施的重要手段，也是人才发展规划实施过程的重要环节。监测是对人才发展规划实施情况的动态了解，是一个跟踪过程，它重点关注人才发展各项指标的变化，可以据此判断目标进展情况，是否按预期目标进行。评估是一个尽可能系统、客观地衡量人才发展规划实施结果及采取干预措施的工作过程，主要目的是及时总结经验教训，对干预措施进行改进，确保人才发展目标的实现。考核主要是通过对人才发展规划实施过程进行考察，了解人才政策、重大工程、任务计划的执行情况，对实施过程中存在的偏差予以纠正，对执行中遇到的问题给予指导和帮助。贯彻落实好人才发展规划，必须建立科学有效的监测、评估、考核机制。完善人才发展规划实施的监测、评估和考核机制可以从以下几个方面入手：

第一，建立人才发展规划实施情况的监测指标体系。确立监测指标，要着重于对目标实施状况进行定量描述和判断，重点围绕总目标对具体目标进行分解。监测指标既包括结果指标也包括过程指标。国家人才发展监测与评价主要指标共有46项，除国家人才发展主要指标、人才队伍建设指标和重点领域人才资源指标外，还包括人才资源综合评价、规模与素质、投入与效能以及状况等方面的若干指标。各地各部门可根据实际，研究建立本地区本部门人才发展监测统计指标体系，使之更好地满足国家监测统计需要，符合各地各部门人才规划的要求，更加客观、准确地反映人才发展规划确定目标的实现程度。

第二，开展人才发展规划实施情况评估。人才发展规划实施情况评估包括中期评估和后期评估。开展中、后期评估，都应制定评估方案，明确评估的目标、对象、内容、工作步骤和评估的组织方式。中期评估主要是对中期目标实现的进度，特别是对约束性指标的进展情况进行评估分析，客观判断人才发展规划实施的成效、存在问题及原因，总结推广好的经验做法，提出进一步推动人才发展规划实施的对策与建议，包括对规划相关内容是否需要进行调整等。对进度较慢的目标任务，要加大工作力度，加强督促检查，保障人才发展规划各项任务的完成。后期评估主要是对人才发展规划提出的人才发展目标、体制机制和政策、重大工程实施和落实情况进行评估，为制定下一个规划提供依据。

第三，加强对人才发展规划实施情况的考核。各级人才工作领导（协调）小组是人才发展规划监测、评估、考核的领导机构，负责组织专门力量开展这项工作。要科学分解责任，制定人才发展规划任务分工方案，明确重点任务和责任分工，提出具体工作要求。要统筹协调，切实发挥好专家和有关部门的作用，加强对规划实施的指导。要创新工作方式，把听取汇报与实地考察、单项考核与综合考核、中期评估和日常督导有机结合起来，实现考核工作的科学化、规范化、制度化。要积极探索采用第三方开展监测评估工作办法，确保监测评估结果客观、准确。

第四，加强对人才发展规划实施工作的督促检查。要建立健全抓落实的长效机制，切实加强对人才发展规划贯彻实施工作的督促检查，做到有计划、有部署、有督促、有检查。要深入实际，及时了解贯彻落实工作的进展情况、重点项目方案制定及实施情况，及时掌握、指导解决人才发展规划实施过程中遇到的新情况、新问题，通过加强指导和督促检查，切实推动国家和各地各部门人才规划各项任务按时保质完成。

3. 构建开放的人才工作体系

随着经济全球化的深入发展，作为"第一资源"的人才在全球

相关链接

> 按照联合国的统计，全世界有超过 2 亿人在出生国以外生活与工作，而且每年以 3% 的速度增长。联合国秘书长报告指出，2006 年全世界大约 30 个国家制定了便利高技能人才入境的政策或计划，其中约 17 个是发达国家。

范围加快流动。推进人才国际化，就是要树立与人才国际化相适应的新观念，按照国际通行的人力资源规则和惯例，在全球范围内开发和配置人才资源，全面参与国际人才竞争与合作，把各方面优秀人才集聚到党和国家各项事业中来。

走向人才强国是一个庞大而又复杂的工程。其中，通过国家形象塑造、构建软实力、体制创新、文化输出、国际交流、吸引海外人才等，打造一个面向世界的"中国梦"是必不可少且不可替代的一环。

这一个"中国梦"必然是一个让全球人才愿意来中国发展，也愿意到中国安家的梦想；一个认为在中国能赚到钱，但又愿意把赚到的钱留在中国，并愿意自己在中国的发展机遇中实现自己的"中国梦"。这个"中国梦"不仅仅是获取物质财富的"中国机会"，也是留下精神财富的"中国归宿"。

相关链接

> 中国早在春秋战国时期就是人才无国界流动，孔子就曾周游列国。数千年前李斯上书，就已经援引荀子的话忠告过：人才没有"异国"："泰山不让土壤，故能成其大；河海不择细流，故能就其深……是以地无四方，民无异国……此五帝三王之所以无敌也。"

树立与人才国际化相适应的新观念

全面提升我国国际竞争力，实施人才国际化战略极为紧迫。后国际金融危机时代，世界经济进入调整期，生产、贸易国际化程度呈加快调整的趋势，很多国家和地区为在经济全球化中占据主动，都力图拥有更多资源特别是人才资源。改革开放30多年来，我国坚定不移地推进对外开放战略，各方面全方位发展处于国际化快速提升期，进一步深化全方位、多层次、宽领域对外开放，实现开放条件下广纳天下人才为我所用，必须加快建设一支能够胜任参与国际竞争的高素质人才队伍。在全球化时代成为世界人才大国，一方面必须能培养应对各类全球竞争的顶尖人才；另一方面还要能够集聚来自全世界各地的顶尖人才。美国培养了全世界1/3的诺贝尔奖得主，聘用的却是全世界70%的诺贝尔奖得主，这样才使它成为世界超级大国。

在新的起点上树立与人才国际化相适应的新观念，加快人才国际化步伐刻不容缓。所谓人才国际化，主要是指人才竞争、人才流动、人才素质、人才构成等方面的国际化，

相关链接

引智工程支撑创新型国家建设

"十二五"时期我国将依托国家重大科研项目和重大工程、重点学科和重点科研基地、国际学术交流合作项目，实施三大创新型国家建设引智工程。

一是"千人计划"高层次外国专家项目。利用10年左右时间，引进500至1000名高层次外国专家。

二是科技创新人才引进项目。支持有实力的研究单位引进外国专家，建设50个高水平的科技创新团队；以服务国家重大科研项目、国家重点工程和重大建设项目为重点，引进1000名国际著名专家、新技术领头人。

三是学科创新人才引进项目。提升高校综合实力和国际影响力，继续实施高等学校创新引智计划，建设250个高校学科创新引智基地，引进1000名高校学科创新人才；实施"重点支持计划"，引进2000名专业水平高、教学科研成果突出的拔尖人才。

三大引智工程的实施将建设若干国际高端人才集聚基地，引进一批重点领域国际化创新团队，带动创新人才和青年人才的培养，为建设创新型国家提供有力的国外智力支持。

它与经济全球化相伴相随，共生共存。随着经济全球化的迅速发展，人才国际化趋势也进一步加强。中国作为经济全球化最大的受益国之一，要积极参与经济全球化的进程，就必须大力推进人才国际化。这是我国提升人才核心竞争力和综合实力，提高对外开放水平的重要保证。

相关链接

浙江：为海外高层次人才发放"红卡"提供便利

对来浙创业创新、硕士以上学位的海外高层次人才，发放《居住证》。持证人可在创业、保险、购房、职称评定、子女入学等方面与本地居民享受同等待遇，并在落户、出入境签证、申请长期居留等方面享受便利。

但是，目前人才国际化与经济全球化的要求还存在一些不相适应的地方。一是人才开发国际化理念还没有在社会上真正树立起来，人才开发形式单一，层次较低；二是人才自主创新能力较弱；三是国外智力和海外人才的引进工作虽然取得了一定成效，但具有国际水平的人才构成比例不高；四是各类专业人才，尤其是各级领导干部对国际通行规则和专业知识了解不够；五是人才开发机制，如职业资格互认、人才市场准入、人才薪酬价格等还没有真正达到国际水平。因此，我们必须采取有效措施，加快推进人才国际化步伐。

树立与人才国际化相适应的新理念，使人才国际化与经济全球化协调发展、相互促进。各级党委、政府要从落实科学发展观的高度，重视加强人才国际化的工作。要明确人才国际化不仅仅是人才工作职能部门的事，也是各级党委、政府的事，是经济工作职能部门的事，是全社会的事。在此基础上，要树立"四个理念"：一是树立外资外贸外经和外智同步进行的理念。必须进一步丰富对外开放的内涵，在部署外资、外贸、外经"三外"工作的同时，积极考虑"外智"工作，努力实现"四外"同步推进。二是树立经济结构和人才结构同步调整的理念。人才发展规划要紧紧围绕国家和本地本部门经济发展重点，放眼全球，确定人才结构调整的具体思路，使人才更好地为经济建设服务。三是树立产业招商与产业招才同步实施的理念。坚持一手抓产业招商、一手抓产业招才，既要招商引资，还要招才引智，哪里有引资项目，哪里就有引智项目。四是树立既提高国际化人才的存量和增量，又促进国际化人才在城乡、区域、产业、行业和不同所有制之间的合理分布的理念。提升行政人才、企业经营管理人才、专业技术人才国际化水准，促进各类人才协调发展。按照经济全球化的总体要求，准确把握人才国际化的客观规律和人才开发的方式方法，着力研究如何提高各类人才创新创业创优的能力，如何提高各类人才复合、通用、交流的能力等。

树立与人才国际化相适应的新理念，还需要加强理论研究，为全面实施人才国际化战略提供理论支撑。只有准确把握人才国际化的客观规律，掌握国际通行的人才开发理念和方式方法，制定科学的人才政策体系，才能保证人才国际化的顺利实施。

实施更加开放的人才政策

相关链接

我国立法增加 "人才引进" 签证类别

2012年，第十一届全国人大常委会第二十七次会议审议并通过《出境入境管理法》，在普通签证类别中增加了"人才引进"一类。根据该法规定，对因工作、学习、探亲、旅游、商务活动、人才引进等非外交、公务事由入境的外国人，签发相应类别的普通签证。普通签证的类别和签发办法由国务院规定。

人才发展规划提出"实施更加开放的人才政策"，是应对世界范围内日趋激烈的人才竞争，不断提升我国人才国际竞争力的重要政策措施。更加开放的人才政策具有鲜明的国际化特征，内容涉及人才构成的国际化、人才素质的国际化、人才活动空间的国际化，主要包括社会经济发展总体水平和基础教育、继续教育的完备程度；人才结构的跨文化容量，即吸收和容纳不同国家各类人才的数量和质量；不同文化背景人员之间，是否保持良好的沟通、理解和合作共事，并具有较高的工作效率；人才总体实力及其在全球经济、社会、科学技术领域的创造发明能力和国际交流能力。更加开放的人才政策，要求对

云南：为引进高层次人才构筑绿色通道

云南省出台《引进高层次人才绿色通道服务暂行办法》和《引进高层次人才绿色通道服务指南》，通过构建引进人才服务的"绿色通道"，实现人才"引得进、留得住、用得好"。

人才的评价采用国际上的通行标准，以能力和业绩为主要尺度，人才的流动、使用、分配、管理机制等与国际接轨，人才的素质、技能、结构等力争达到世界先进水平，人才的工作环境、生活环境、人文环境、法治环境等满足国内外各类人才创新、创业和发展的需要。实施更加开放的人才政策，重点抓好以下四个方面：

第一，充分发挥"千人计划"和"外专千人计划"等国家级引进人才计划的示范效应，大力吸引海外高层次人才回国（来华）创新创业，制定完善出入境和长期居留、税收、保险、住房、子女入学、配偶安置、承担重大科技项目、参与国家标准制定、参加院士评选和政府奖励等方面的特殊政策措施。完善国家特聘专家制度。鼓励海外留学人员回国工作、创业或以多种方式为国服务。加强留学回国人员创业园区建设，提供创业资助和融资服务。建立统一的海外高层次人才信息库和海外人才需求信息发布平台。

第二，吸引外籍高层次人才来华工作，加大引进国外智力工作力度，完善外国人永久居留权制度，探索实行技术移民和投资移民。完善国外智力资源开发利用的政策措施，制定国外智力资源供给、发现评价、市场准入、使用激励、绩效评估、引智成果共享等办法。扩大国家公派出国留学和来华留学规模。支持高等学校、科研院所与海外高水平教育科研机构建立联合研发基地。推动我国企业设立海外研发

相关链接

广州："一站式"服务全球精英

广州市出台包括《关于鼓励海外高层次人才来穗创业和工作的办法》、《关于加快吸引培养高层次人才的意见》及配套 10 个政策文件，针对吸引培养高层次人才工作中存在的岗位聘用、职称评定、经费支持、安家入户、住房解决、医疗保障、子女入学、配偶就业等突出"瓶颈"问题，均提出了"一站式"具体扶持措施。

机构。推荐优秀人才到国际组织任职。加强博士后国际交流。发展国际人才市场，培育一批国际人才服务机构。制定维护国家重要人才安全的政策措施。

第三，加快推进国内人才素质国际化。人才素质国际化要求人才具有国际化的观念和视野，通晓国际规则，具备跨文化沟通能力，能够适应国际发展的需要。要加大吸引国际化人才到体制中来，推动人才素质国际化，要以提高创新能力为目标，深化国内教育体制改革，大力推行素质教育、终身教育。要通过开发国（境）外优质教育培训资源，完善出国（境）培训管理制度和措施，加强与国外教育培训机构的交流与合作。要学习借鉴国际上先进的人才培养模式和经验，结合我国国情，采取学历教育和非学历教育相结合、国内教育与国外教育相结合、长期培养与短期培训相结合的方式，加快我国人才素质国际化进程。

第四，加强人才开发的国际交流与合作，建立国际人才流动的新秩序。加强与各国政府、国际组织、国际高水平人力资源机构和行业机构等的交流与协作，推动国际职业能力资格标准互认工作，促进国际职业能力资格考试等本土化，在人才评价标准上对知识产权人才培养和管理提出了更高要求。要立足高校建立若干国家知识产权人才培养基地，形成适合我国经济社会发展需要的知识产权教育和人才培养体系，完善吸引、使用和管理知识产权专业人才的相关制度，优化人才结构，促进人才合理流动。

加大吸引国际化人才工作力度

走向人才强国，提高人才国际化水平势在必行。吸引国际化人才，扩大国际人才智力开放合作是当今世界发展的大趋势，我国正在成为全球优秀人才实现创新创业梦想的热土。

加强人才国际交流合作是推动世界科技进步与共同繁荣发展的需要，我国现代化建设事业的蓬勃发展将为外国专家来华创新创业提供更多的机遇和舞台。我们将实施更加开放的人才国际化政策，以优惠条件和与国际接轨的办法大力引进外裔高层次人才。如2011年启动实施的"外国专家千人计划"项目，对引进的外国专家，除享受"千人计划"现有政策外，还将提供国民待遇、特殊照顾、事业平台、经费支持等优惠政策，提供更加便捷高效的优质服务。

大力吸引国际化人才，要突出工作重点，建立完善符合人才国际化特点的政策法规体系和人才开发机制。要尽快完善人才国际化的政策法规体系，努力营造有利于海外高层次人才创新创业的法治环境。在此基础上，要按照前瞻性、时代性、针对性、导向性和可操作性的原则，重点健全"四个机制"。

一是围绕"人才流动国际化"，建立人才资源的引进机制。着眼于构建来去自由的流动体制，实行人才流动体制"柔性化"。疏通党政人才、企业人才和科技人才之间的贯通渠道，打通体制内外人才之间的、国内外人才之间的贯通渠道。有条件的地方和部门可以组

典型案例

美国敢于用外国人才

美国近20年所有成立的高科技公司有四分之一是外国人，其中：世界搜索公司的创始人布兰是前苏联移民，火星探险车着陆系统首席工程师李炜与计划飞行主任陈哲辉是中国出生的华人，古巴出生的卡洛斯·古铁雷斯成为布什政府的商务部长，外国移民留学生的儿子奥巴马成为总统。

建国际人才市场，建立国际人才库，加大吸引海外高层次人才工作力度，整合国内外人才资源，推进国内和国际人才市场的融通，提升人才市场国际化程度。

二是围绕"人才素质国际化"，建立人才资源的培养机制。构建终身教育体系，多层次全方位地办教育。加大教育对外开放的力度，鼓励有条件的高校拿出重点学科、专业与国外高校同类强项学科、专业进行国际化合作办学。就像当年改革开放初期为了搞活经济推行对外教育，当前为了搞好教育，培养好国际化人才，我们也必须实行对外开放与合作。根据各类人才的不同特点，还可以采取依托境外培训机构和高等院校等形式，加大国际化培训力度。加强国际人才合作与联合培养。

典型案例

山东重工：探索国际化引才之路

山东重工集团成立以来，配合集团国际化战略的推进实施，不断加大海外高端人才的引进力度。集团成立之初，就明确"国际重工"的战略定位和"视野全球化、人才国际化"的人才战略。放开招才引才视野，瞄准产业最前沿，针对世界排名前三的企业总部、研发中心等人才集聚地，进行专业化、经常化招聘。2009年以来，山东重工集团在美、法、德、日等国家举办了20多场招聘会，引进海外高端人才67名，其中2人入选国家"千人计划"，8人入选山东省泰山学者海外特聘专家。2011年12月，在美国底特律举办招聘会，参加面试的32人中，有26人表达了签约意向，目前已有12人进入签约程序。重工潍柴集团实施WOS（潍柴运营体系）项目，聘任了康明斯前资深总裁法兰克·麦当劳先生等4位专家，对集团制造、物流、质量进行了系统改进，初步形成了与国际接轨和具有自身特点的运营体系，同时培养了1300多名业务骨干。

三是围绕"人才价值国际化"，建立人才资源的薪酬机制。国际人才具有全球人才全球定价的特性。在各行各业尤其是高新技术领域实行以年薪制、期权制、职工持股等股份化分配方式，大力推进知识管理、技术、人力资本等生产要素参与分配的制度，从根本上解决人才分配问题。大幅度提高特殊专业技术人才的待遇，特别是高新技术领域，岗位工资水平要努力达到国内同类岗位甚至国际市场水平。

相关链接
**深圳："孔雀计划"
重金引进海外高层次人才**

深圳"孔雀计划"重金引进海外高层次人才。从2011年开始，深圳市在未来5年每年投入3亿至5亿元，用于海外高层次人才配套服务和创新创业专项资助。

四是围绕"人才使用国际化"，建立人才资源的评价机制。大力引进国际通用的职业资格认证制度。培养选拔适应国际职业发展和技术标准的专业技术人才，逐步建立起以国家职业资格制度为主干、以引进国际通用职业资格认证为补充的专业技术人员职业资格制度体系。

目前，从总体上看，我国人才构成、人才素质、人才开发的国际化水平还比较低，特别是具有全球思维、国际经验、创新和创业能力的高素质人才紧缺。我们要围绕人才强国的战略目标，把推进人才国际化放到经济社会发展的突出位置，以打造国际化人才高地建设引领整个人才队伍建设，以人才国际化优势构筑未来的竞争优势和发展优势。

相关链接
西安高新区在6国设人才工作站

西安市高新区在6国设人才工作站。高新区在美国、日本、加拿大、英国、荷兰、澳大利亚6国分别设立海外人才工作站，作为在该国人才引进的窗口和平台。

要坚持统筹推进，加快人才国际化进程。推进人才国际化，对于一个国家和地区来说，不仅包括人才培养、人才素质、人才构成要向国际水平提升，也包括人才政策体系、人才开发机制、人才发展环境

十二 走向人才强国

等与国际接轨，并具有比较优势。要更宽领域引进国际高端人才和创新团队。积极参与人才国际竞争，把引进海外智力作为提高人才国际竞争力的有效途径。要更高层次构筑国际化人才创新创业平台，为各类国际化人才创新创业提供最大化支持。

要改进人才管理方式，鼓励地方和行业结合自身实际建立与国际人才管理体系接轨的人才管理改革试验区，设立建设"人才特区"的战略目标，就像当年改革开放建立"经济特区"推动了中国过去30年的大发展，建立"人才特区"可以推动中国未来30年的大发展，起到积极探索人才管理创新模式、创新人才工作机制、优化人才环境、聚集海内外人才的作用。

4. 坚持党管人才原则

加快建设人才强国，加强和改进党对人才工作的领导是根本保证。要坚持党管人才原则，完善党管人才工作格局，创新党管人才领导体制机制，改进党管人才方式方法，不断提高党管人才科学化水平。

建设人才强国的组织保证

建设人才强国，是党中央站在全面建设小康社会和实现中华民族伟大复兴的高度作出的一项重大战略部署。坚持党管人才原则是建设人才强国的根本组织保证。"党管人才就是党爱人才，党兴人才，党聚人才，通过制定政策、营造环境、整合力量、提供服务，为一切有

相关链接

南通："项目＋人才＋资金"三位一体人才引进模式

江苏省南通市以项目为媒介，用项目揽人才，引进创新人才，提升创新能力。以人才为载体，带动引进资金与项目。建立招商引资与招才引智工作联动机制，招商引资和招才引智同步推进，实现在招商中引智、在招才中引资，促进人才、项目、资金一起落户。

志成才的人提供更多发展机遇和更大发展空间。"① 人才开发和人才队伍建设是一项艰巨复杂的系统工程，涉及方方面面，只有坚持党管人才原则，充分发挥党的思想政治优势、组织优势和密切联系群众优势，才能形成推动人才强国建设的强大合力。第一，发挥党的思想政治优势，为建设人才强国提供思想保证。思想解放、理念创新是建设人才强国的先导。要加大人才优先发展、以用为本、人人皆可成才等科学人才观的宣传、研究和普及，让这些新思想新理念深入人心，为广大群众所了解，为广大干部所熟知，为广大人才工作者所运用，形成建设人才强国的良好社会氛围。第二，发挥党的组织优势，为建设人才强国提供力量保证。注重加强党的各级组织建设，善于发挥党的组织优势，是我们党领导革命、建设、改革事业不断取得胜利的一条重要经验。建设人才强国需要统筹协调方方面面的力量，把各类人才凝聚到党和国家各项事业中来，必须坚持党管人才原则，充分发挥党的组织优势，发挥组织部门牵头抓总作用，加强统筹规划和宏观指导，整合全社会力量，落实建设人才强国的各项任务，把党的组织优势转化为推进人才强国建设的政治优势。第三，发挥党密切联系群众的优势，为建设人才强国提供决策保证。始终坚持一切为了群众、相信群众、依靠群众，从群众中来，到群众中去，是党的根本工作路线

① 曾庆红：《牢固树立和认真落实科学发展观人才观和正确政绩观》，载《人民日报》2004年3月2日。

和工作方法，也是我们党实现决策科学化、民主化的一大法宝。建设人才强国是一项涉及人民群众切身利益、需要人民群众广泛参与的宏伟事业，更需要集中人民群众的智慧、汲取人民群众的基层实践经验。这些年来，人才工作很多好的政策措施，都来自于基层的创造，比如柔性引才政策、"项目＋人才＋资金"培养模式等。建设人才强国，要着眼于解决束缚人才发展的热点难点问题，广泛听取广大人才意见建议，特别是尊重基层首创精神，及时总结推广基层创造的新鲜经验和做法，把经过实践检验比较成熟的政策措施，提炼上升为国家层面的政策。

完善党管人才领导体制和工作格局

2012年8月，中央制定出台了《关于进一步加强党管人才工作的意见》，对进一步健全党管人才领导体制和工作格局提出了明确要求。要进一步强化党委统一领导，发挥党委在人才工作中的领导核心作用，保证党的人才工作方针政策全面贯彻落实。各级党委要从经济社会发展全局出发，把人才工作摆在突出位置，确立人才优先发展布局，科学制定人才工作的任务措施，及时解决人才发展中的重大问题，重点抓好全局性问题调研、综合性政策论证、跨部

典型案例

山东：专项考核人才工作
推动"一把手"抓"第一资源"

2011年，山东省出台《实行人才工作目标责任制考核的意见（试行）》，对全省各市、县及有关单位的人才工作进行专项考核，推动"一把手"抓"第一资源"。考核工作实施一年来，省内11个市调整为由市委书记担任人才工作领导小组组长，8个市新设立人才工作专项资金，市县两级全部成立人才工作机构；312个省管企业、高校、院所和园区成立了由"一把手"任组长的人才工作领导小组。

门工作统筹等。要建立人才工作目标责任制，提高各级党政领导班子综合考核体系中人才工作专项考核的权重，突出强调党政主要负责同志带头抓好人才工作，党委常委（党组成员）按照分工抓好分管领域或系统的人才工作，推动各级领导班子像重视抓经济工作一样重视抓人才工作，形成"一把手"亲自抓、分管领导具体抓、班子成员一起抓的领导责任体系。要建立人才工作领导机构，当前，县级以上地方党委都应建立人才工作领导小组，铁路、交通、海关等一些行业系统内人才规模比较大的职能部门，也应建立人才工作领导小组，切实加强对人才工作的组织领导。

要充分发挥组织部门牵头抓总作用。组织部门要在党委领导下，坚持有所为、有所不为，在当好参谋、创新实践、整合资源、示范引领上下工夫，坚持牵头不包办，抓总不包揽，统筹不代替，积极支持和配合其他部门在职责范围内开展工作。近年来，各地在牵头抓总方面进行积极探索实践，形成了一些有效做法，概括起来为"六个抓"：即，抓好战略思想研究，总结经验，

典型案例

江西：率先推行人才工作目标责任制

2005年，江西省制定出台了《关于实行市、县（市、区）人才工作目标责任制考核的意见》。考核对象包括市、县（市、区）党委、政府及人才工作领导小组。考核结果作为对党政领导干部实行奖惩的重要依据之一。

典型案例

吉林：以人才项目建设为抓手落实组织部门牵头抓总职能

2004年以来，吉林省以"人才项目"为抓手，落实组织部门牵头抓总职责，先后组织实施了"人才服务国企改制"、"新农村建设人才支持工程"、"创新型人才建设工程"、"产业科技创新团队建设"等一批重点人才工程和项目，推动人才向重点产业、重点企业、重点项目、重点区域集聚。

把握规律，创新中国特色人才理论；抓好总体规划制定，根据经济社会发展需要，对人才队伍建设进行科学分析和预测，分层分类制定规划；抓好重要政策统筹，制定和完善重大人才政策，指导和协调各地各部门制定相关配套政策，形成良好的政策和体制机制环境；抓好创新工程策划，设计并组织实施重大人才工程，整合力量，集中资源，引领和带动各类人才队伍建设；抓好重点人才培养，以高层次人才和高技能人才为重点，统筹推进人才队伍建设，指导各级党委直接联系一批高级专家，做好服务工作，充分发挥他们的作用；抓好重大典型宣传，注意发现和总结各地各部门人才工作的新经验，大力宣传先进典型，树立引领人才队伍建设的标杆。

要促进人才工作职能部门各司其职、密切配合。党管人才不是组织部门一家管人才。人力资源管理、教育、科技、文化、经济等部门以及科研机构等，都是重要的人才工作职能部门，一方面要更加积极主动地抓好各自领域、系统的人才工作；另一方面要加强相互之间的联系、沟通与合作，构建左右衔接、上下贯通的工作运行机制。人力资源社会保障部门要在制定人才政策法规、构建人才服务体系、培育和发展人才资源市场等方面积极发挥作用。要克服部门利益、局

典型案例

浙江：探索组织部门牵头抓总的途径和方法

2006年，浙江省在全国率先制定出台《关于组织部门在人才工作中发挥牵头抓总作用的意见》，完善组织部门关于人才工作牵头抓总的实现途径和方法，推进全省人才工作创新发展。一是加强宏观指导和宏观调控；二是建立完善统分结合、协调高效的人才工作运行机制。把人才工作列入党政领导班子和领导干部综合考核评价的重要内容；三是组织重大活动和协调解决人才工作中的重点难点问题；四是完善优化人才的服务、保障。建立多元化人才投入机制，设立人才工作专项资金，进一步健全专家决策咨询制度，充分发挥专家在重大决策中的参谋咨询作用。

十一 走向人才强国

部利益对人才资源的不合理分割，克服部门之间人才政策相互脱节、相互掣肘的现象，按照统一领导、分类管理原则，科学划分人才工作职能部门职责，解决职责不清、多头管理、力量分散等体制性问题，形成推进人才工作的整体合力。

典型案例

南京：加强人才工作机构建设

2011 年，南京市下发《市人才工作办公室主要职责、内设机构和人员编制规定的通知》，决定成立南京市人才工作办公室，承担统筹协调全市人才工作和推进实施人才强市战略的责任。人才工作办公室与市委组织部合署办公。

要充分调动人民团体、企事业单位、社会中介组织等社会力量广泛参与人才工作的积极性。人才发展涉及经济社会发展的方方面面，涵盖各级党政机关、企业、事业单位和社会组织，社会力量广泛参与是做好工作的重要基础。要强化用人单位开发人才的主体地位，通过宣传教育和政策引导，促使各类用人单位认真学习贯彻党的人才工作方针政策，积极主动地做好本单位的人才工作，更好地发挥在人才培养、吸引、使用中的主体作用。各级工会、共青团、妇联、科协等社会团体和人才中介机构，在联系人才、团结人才、服务人才等方面具有独特优势，要通过多种途径充分发挥工会、共青团、妇联和科协等群团组织密切联系人才的优势作用，重视民主党派、工商联以及各类协会组织的桥梁纽带作用，形成全社会关注和参与人才工作的强大合力。

健全党管人才工作运行机制

健全党管人才工作运行机制，是推进人才发展体制机制创新、创新党管人才方式方法、提高人才工作科学化水平的必然要求。人才发展规划提出，要"形成统分结合、上下联动、协调高效、整体推进的人才工作运行机制"。统分结合，就是要坚持党对人才工作的统一领

黑龙江：健全党管人才工作领导体制

2011年，黑龙江省出台《关于建立健全党管人才工作领导体制和运行机制的意见》，着力构建党管人才工作新格局，为推进人才工作创新发展提供体制机制支持。领导体制主要包括5方面内容：一是建立健全各级党政领导班子和领导干部人才工作目标责任制；二是加强党委人才工作机构建设；三是发挥组织部门牵头抓总作用；四是科学确定有关部门在人才工作和人才队伍建设上的职责分工；五是动员社会各方积极参与人才工作。注重发挥工、青、妇等群团组织在制定人才政策、部署人才工作、开展重大人才活动过程中的独特优势和桥梁作用；充分发挥行业协会、中介机构等社会组织在人才统计、监测、联络等工作中的基础作用。

导，各地区、各部门、各单位在党委的统一领导下展开各领域、各行业的人才工作。人才工作的宏观指导与具体工作、综合任务与专项工作要紧密结合，有统有分，以统带分。上下联动，就是要坚持全国"一盘棋"，充分调动方方面面开展人才工作的积极性、主动性、创造性，中央与地方之间，各行业、各系统上下之间，要围绕人才工作的重要政策、重点工作、重大工程，形成纵向的整体合力。协调高效，就是要坚持整合人才工作资源，党委与政府及其职能部门之间，按照不同的工作定位和职责分工搞好协调配合，形成横向的整体合力。整体推进，就是人才工作的各个环节、各个门类、各个层次的人才队伍建设、重点工作与一般工作、单项改革与全面改革、点上的工作与面上的工作，等等，要统筹规划、统筹实施，既要注重突出重点、局部突破，也要注重以点带面、全面推进。

建立完善人才工作运行机制要重点健全"四个机制"。一是建立科学决策机制。正确决策是做好人才工作的前提。完善党委人才工作领导小组会议制度，凡是涉及人才工作的重要文件、重大活动等，应先提交党委人才工作领导小组会议进行审议。提请领导小组会议审议的事项，要事先充分征求各成员单位的意见。涉及经济社会发展全局的人才工作重大事项，应面向社会广泛征询意见。建立调查研究制度，由党委人才工作领导小组定期组织开展人才工作专项调研，及时研究解决工作中存在的突出问题。实行重大决策专家咨询制度，对人才工作重大决策部署，要广泛听取专家意见建议。二是完善分工协作机制。建立工作任务分工制度，将人才工作重大部署、年度工作要点及时分解，并提出工作质量和时间进度要求。各部门要细化任务分工，增强协作意识，统筹抓好工作落实。三是建立沟通协调机制。做好沟通协调是提高人才工作效率的重要方法。要在党委的统一领导下，充分发挥人才工作领导（协调）小组的作用，善于通过人才工作领导（协调）小组积极开展工作。建立人才工作领导（协调）小组成员单位例会制度、人才工作联络员制度、人才信息交流制度，以及重大工作进展通报制度等，加强与各成员单位的联系和协作，定期交流工作情况，协调落实有关工作，研究分析工作中的重点、难点问题，提出推进工作落实、解决矛盾和问题的对策建议。四是形成督促落实机制。抓好督查是人才工作落到实处的重要手段。建立检查通报制度，由党委人才工作领导小组采取年度检查与日常检查相结合的方式，对各地各部门人才工作重点任务落实情况进行检查，检查结果要以适当形式通报。建立重点工作专项督查制度，加强跟踪指导，解决存在问题，督促工作落实。

创新党管人才方式方法

习近平在2010年全国人才工作会议上强调指出："要坚持和完善党管人才原则，切实改进党管人才方法，真正做到解放人才、发展人才、用好用

经典语录

要形成开放、灵活的人才市场配置机制，打破单位、部门壁垒，鼓励人才合理流动，培育并形成与其他要素市场相贯通的人才市场。

——江泽民

活人才。"党管人才同党管干部相比，对象更广泛、层次更多样，用传统的管干部的方式来管人才已经不能适应新形势下开展人才工作的需要。在新的历史时期开创人才工作新局面，必须在科学人才观指导下，遵循市场经济规律、人才资源开发规律和人才成长规律，大胆改革，不断创新党管人才方式方法。

要更加注重加强和改进人才资源开发的宏观调控。改进人才资源开发宏观调控是坚持党管人才原则，整合社会力量，提高人才工作成效的重要手段。通过做好人才发展的顶层设计和战略规划，使人才发展有明确目标、有工作重点、有措施保障。通过政策和机制创新，营造良好发展环境，激发人才的积极性和创造性，把人才优势转化为知识优势、科技优势和产业优势。通过及时发布人才供需信息，引导人才根据自己专业特长和优势，向西部地区流动，向基层一线流动，向国家布局的主体功能区流动，促进人才合理分布，发挥人才队伍的整体功能。

典型案例

江苏：分类制定专项人才政策

江苏省近年先后制定出台了《关于加强高层次人才引进工作的意见》、《关于加强高层次创新创业人才队伍建设的意见》、《关于进一步加强高技能人才队伍建设的意见》、《关于加强苏北地区人才队伍建设的意见》、《关于加强民营经济组织人才队伍建设的意见》、《关于加强现代服务业人才队伍建设的意见》等一系列人才政策文件，有效促进了区域和行业人才队伍建设。

要更加注重人才培养开发和吸引使用的分类指导。随着对外开放不断扩大、社会主义市场经济的深入发展，我国社会经济成分、组织形式、就业方式、利益关系和分配方式日益多样化，各类人才分布领域也日益广泛、人才需求差别化明显。这就需要我们改变以往一个模式培养人才、一种办法激励人才的做法，不断总结发现各地各部门的新探索、新做法、新经验，根据不同行业、不同类型、不同地域、不同层次人才成长规律和特点，因地制宜制定人才培养开发和吸引使用

典型案例

天津：构建统一开放的人才市场体系

　　2006 年，天津市出台《关于人才市场与劳动力市场相互贯通的意见》，加快统一开放的人才市场体系建设，为用人单位和广大人才提供良好服务。《意见》统一了人才市场与劳动力市场服务标准；制定并推行统一规范的诚信要求、准则和承诺，明确对人才市场与劳动力市场在诚信方面的考评办法，促使人才中介机构与职业中介机构把诚信贯穿于服务和经营活动的始终。《意见》还提出建立人才市场与劳动力市场信息交换机制，实现人才中介机构和职业中介机构网站主页间的相互链接，提高人才市场与劳动力市场信息服务的质量和效率。

政策，使人才各得其所、各尽其能。

　　要更加注重各类人才队伍建设的统筹推进。促进经济社会全面协调可持续发展需要方方面面优秀人才作支撑。许多地方人才行业分布、层次结构、专业结构不合理，发达地区、大城市的人才相对过剩，而欠发达地区、农村地区和基层一线的人才短缺问题突出。解决这些问题，需要对人才队伍建设整体规划、统筹推进，既突出培养创新型科技人才，开发经济社会发展重点领域急需紧缺专门人才，又要注意统筹国内国际两个市场，推进城乡、区域、产业、行业和不同所有制人才资源开发，实现各类人才队伍协调发展。

　　要更加注重发挥市场配置人才资源的基础性

相关链接

京津冀区域三地联动形成
人才合作新态势

　　2011 年 4 月，北京、天津、河北三省市签署《京津冀区域人才合作框架协议书》，三方承诺在贯通人才市场与人才服务、共享高层次人才智力资源、共建人才创新创业载体、建立相互包容的社会保障制度、实现人才政策互通共融等方面紧密合作、加强联系。

作用。市场是配置人才资源最有效的手段。现在许多人才作用发挥不充分，主要就是由于市场机制不健全。在我国传统的人才管理体制中，人才单位所有，严格受地域、户籍、部门和身份等限制，难以跨部门、跨单位进行人才资源整合，已经不能适应现代人才发展的客观需要，也与我国经济社会发展的现实要求相背离。因此，要加快建设统一规范的人力资源市场，突破行政区划界限和机关、企业、事业单位各类人才之间的身份壁垒，突破人才流动中的地区、部门、所有制、身份、城乡等制度性障碍，完善体制内外人才评价、吸引、使用、待遇、保障等方面的政策及其衔接，实现人才顺畅有序流动，使市场在人才资源配置中更好地发挥作用。

要更加注重发挥用人单位的主体作用。用人单位是人才作用发挥和价值实现的平台和载体。目前，许多地方存在单位用人积极性不高的问题，不愿用、不会用、不能用人才，影响了人才作用有效发挥。要鼓励企事业单位和社会组织建立人才发展基金，通过税收、贴息等优惠政策，鼓励引导用人单位投资人才资源开发。改革事业单位行政化的人才管理方式，减少人才聘用、选拔、评价、激励等过程中的行政干预，落实高等学校、科研院所等单位的用人自主权，充分调动用人单位积极性。

要更加注重运用法律手段推进人才管理工作。人才工作法制建设，是创新人才管理体制、管理方式，推进人才管理工作科学化、规范化的重要内容，是实施人才强国战略、贯彻党管人才原则的法律保障。但目前人才立法缺失、层次不高，主要靠部门规章和政策文件来开展工作的情况普遍存在，严重制约了人才工作健康发展。要加大人才工作立法力度，建立健全涵盖国家人才安全保障、人才权益保护、人才市场管理和人才培养、吸引、使用等人才资源开发管理各个环节的人才法律法规，推进人才管理工作科学化、规范化、制度化，形成有利于人才发展的法治环境。

主要参考文献

1.《马克思恩格斯文集》，第一至十卷，人民出版社 2009 年版

2.《马克思恩格斯选集》第一卷，人民出版社 1995 年版

3.《列宁全集》第三十七卷，人民出版社 1986 年版

4.《毛泽东文集》第七卷，人民出版社 1996 年版

5.《毛泽东选集》第四卷，人民出版社 1992 年版

6.《邓小平文选》第三卷，人民出版社 1994 年版

7.《江泽民文选》第三卷，人民出版社 2006 年版

8. 江泽民：《全面建设小康社会，开创中国特色社会主义事业新局面——在中国共产党第十六次全国代表大会上的报告》，人民出版社 2002 年版

9. 胡锦涛：《切实做好人才工作 加快建设人才强国》，《党政干部参考》2010 年第 7 期

10. 胡锦涛：《在庆祝中国共产党成立 90 周年大会上的讲话》，人民出版社 2011 年版

11. 习近平：《坚持实事求是的思想路线——在中央党校春季学期第二批入学学员开学典礼上的讲话》，《学习时报》2012 年 5 月 28 日

12.《中共中央 国务院关于进一步加强人才工作的决定》，人民出版社 2004 年版

13.《国家中长期人才发展规划纲要（2010—2020 年）》

14.《国家中长期人才发展规划纲要（2010—2020 年）学习辅导百问》，党建读物出版社 2010 年版

15.《国家中长期教育改革和发展规划纲要（2010—2020 年）》

16.《国家中长期科学和技术发展规划纲要（2006—2020 年）》

17. 李源潮：《认真学习贯彻全国人才工作会议精神，扎实抓好人才规划纲要落实工作——在贯彻落实人才规划纲要座谈会上的讲话》，《党建研究》2010 年第 7 期

18. 李源潮：《全面落实国家中长期人才发展规划，为实现"十二五"目

标提供人才支撑——在 2010 年全国人才工作座谈会上的讲话》,《中国人才》2011 年第 1 期

19. 李源潮:《大力宣传和普及科学人才观努力提高人才工作科学化水平》,《求是》2012 年第 3 期

20. 曾培炎:《伟大的历程 辉煌的成就 宝贵的经验》,《求是》2012 年第 11 期

21. 中共中央组织部、人事部:《毛泽东 邓小平 江泽民论人才》,党建读物出版社 2003 年版

22. 中共中央组织部人才工作局:《百名专家谈人才》,党建读物出版社 2012 年版

23. 国务院新闻办公室:《中国的人力资源状况》,人民出版社 2010 年版

24. 财政部:《人才投入机制研究课题报告》(2009 年)

25. 国家统计局:《2011 年国民经济和社会发展统计公报》

26. 全国老龄工作委员会办公室:《2009 年度中国老龄事业发展统计公报》

27. 胡鞍钢、鄢一龙、魏星:《2030 中国:迈向共同富裕》,中国人民大学出版社 2012 年版

28. 胡鞍钢:《中国 2020:一个新型超级大国》,浙江人民出版社 2012 年版

29. 胡鞍钢、熊义志:《大国兴衰与人力资本变迁》,《教育研究》2003 年第 4 期

30. 王通讯:《人才资源论》,中国社会科学出版社 2001 年版

31. 吴江等:《建设世界人才强国》,党建读物出版社 2011 年版

32. 徐颂陶:《人才鉴要——中国人才思想原典》,中国人事出版社 2011 年版

33. 迟福林、殷仲义:《后危机时代发展方式转型与改革:新兴经济体的新挑战、新角色、新模式》,华文出版社 2010 年版

34. 桂昭明:《人才资源经济学》,蓝天出版社 2005 年版

35. 叶忠海:《人才科学开发研究》,高等教育出版社 2009 年版

36. 潘晨光:《中国人才发展 60 年》,社会科学文献出版社 2009 年版

37. 萧鸣政、黄锡生:《区域人才开发的理论与实践》,中国劳动社会保障出版社 2009 年版

38. 钟祖荣等:《外国人才研究史纲》,蓝天出版社 2005 年版

39. 赵光辉:《中国古代管理思想的现代应用》,科学出版社 2012 年版

40. 张曙光：《人的世界与世界的人：马克思的思想历程追踪》，北京师范大学出版社 2009 年版

41. 周绍森、胡德龙：《现代经济发展内生动力论——科学技术与人力资本对经济贡献的研究》，经济科学出版社 2010 年版

42. 陈其荣、廖文武：《科学精英是如何造就的》，复旦大学出版社 2011 年版

43. 董振华：《创新实践论》，人民出版社 2012 年版

44. 何传启：《第六次科技革命的战略机遇》，科学出版社 2011 年版

45. 肖兴志：《中国战略性新兴产业发展研究》，科学出版社 2011 年版

46. 涂文涛、方行明：《知识经济的人才战略》，中国时代经济出版社 2003 年版

47. 申漳：《简明科学技术史话》，中国青年出版社 1981 年版

48. 易达武：《解放创造力》，九州出版社 2012 年版

49. 胡雪梅：《大国崛起制高点——科学人才观的理论与实践》，人民出版社 2011 年版

50. 涂子沛：《大数据：正在到来的数据革命，以及它如何改变政府、商业与我们的生活》，广西师范大学出版社 2012 年版

51. 张维为：《中国震撼："一个文明型国家"的崛起》，世纪出版集团、上海人民出版社 2011 年版

52. 霍福广、陈建新：《中美创新机制比较研究——兼论粤港澳地区完善创新机制的对策》，人民出版社 2004 年版

53. 戴园晨、姚先国：《新经济时代人力资本开发与管理战略》，中国劳动社会保障出版社 2001 年版

54. 刘同舫：《马克思人类解放理论的演进逻辑》，人民出版社 2011 年版

55. 杨鲜兰：《经济全球化条件下人的发展问题研究》，中国社会科学出版社 2006 年版

56. 王林辉：《要素贡献和我国经济增长来源识别》，经济科学出版社 2010 年版

57. 郑道文：《人力资本国际流动与经济发展》，中国财政经济出版社 2004 年版

58. 毛大立：《引领未来——"十二五"上海人才发展若干重点问题研究》，

上海社会科学院出版社 2011 年版

59. 秦剑军：《知识经济时代的人才强国战略》，中国社会科学出版社 2011 年版

60. 朱岩梅、陈强：《创新的力量：中国经济增长新路线》，中信出版社 2011 年版

61. 金东海：《教育学》，甘肃教育出版社 2010 年版

62. 江海潮：《国家竞争力：经济增长与均衡》，中国经济出版社 2010 年版

63. 肖知兴：《中国人为什么创新不起来》，中国人民大学出版社 2010 年版

64. 洪银兴：《创新型经济：经济发展的新阶段》，经济科学出版社 2010 年版

65. 李燕萍：《人才强国战略与中国特色的人才资源开发》，科学出版社 2010 年版

66. 姚益龙：《创新与人才开发》，广东经济出版社 2010 年版

67. 陈京辉：《人才环境论》，上海交通大学出版社 2010 年版

68. 韩庆祥：《建设人才强国的行动纲领》，中共中央党校出版社 2010 年版

69. 赵恒平、雷卫平：《人才学概论》，武汉理工大学出版社 2009 年版

70. 雷劈：《发展心理学》，中国人民大学出版社 2009 年版

71. 邱询旻：《可持续竞争力论》，中国经济出版社 2009 年版

72. 林崇德：《创新人才与教育创新研究》，经济科学出版社 2009 年版

73. 文魁等：《中国人力资源和社会保障发展研究报告》（2008），中国社会劳动保障出版社 2008 年版

74. 陈炜华：《国际化人才：世界沟通的桥梁》，中国传媒大学出版社 2007 年版

75. 房列曙：《中国历史上的人才选拔制度》，人民出版社 2005 年版

76. 张忠元、向洪：《人才资本》，中国时代经济出版社 2002 年版

77. 中央电视台《国情备忘录》项目组：《国情备忘录》，万卷出版公司 2010 年版

78. 本书编写组：《科学人才观简明读本》，江苏人民出版社 2011 年版

79. 孙素丽、林爽：《人人都可以成才》，《求是》2009 年第 15 期

80. 赵常伟：《论邓小平的人才强国战略思想》，《聊城大学学报》2005 年第 4 期

81. 陆璟：《韩国：后发国家追赶的典型》，《教育发展研究》2003 年第 2 期

82. 张珏:《日本:教育对日本现代化起了主要作用》,《教育发展研究》2003 年第 2 期

83. 孔庆乐:《从"学历本位"到"能力本位"——以"四不唯"重建人才标准》,《中国人力资源开发》2005 年第 5 期

84. 黄堃:《统筹、市场、投入——英国力促科技创新与经济协同发展》,《科技日报》2012 年 6 月 8 日

85. [美] 谢德荪:《源创新:转型期的中国企业创新之道》,五洲传播出版社 2012 年版

86. [美] 斯丹凝、[英] 曹聪:《中国科技崛起的人才优势》,科学出版社 2012 年版

87. [美] 兰斯·A.伯杰、[美] 多萝西·R.伯杰编著:《人才管理》(第二版),北森管理人才研究院译,中国经济出版社 2012 年版

88. [美] 戴安娜·法雷尔:《提高生产率:全球经济增长的原动力》,商务印书馆 2010 年版

89. [美] 罗伯特·费尔德曼:《发展心理学》,世界图书出版公司 2007 年版

90. [美] 霍华德·威亚尔达:《非西方发展理论——地区模式与全球趋势》,北京大学出版社 2006 年版

91. [美] 理查德·维尔特 (Richard H.K Vietor):《国家竞争力》,中信出版社 2009 年版

92. [美] G.M.格罗斯曼 (G.M.Grossman)、E.赫尔普曼 (E.Helpman):《全球经济中的创新与增长》,中国人民大学出版社 2009 年版

93. [美] 戴维·蓝普顿:《中国力量的三面:军力、财力和智力》,新华出版社 2009 年版

94. [美] 戴维·沃尔什:《知识与国家财富——经济学说探索的历程》,中国人民大学出版社 2010 年版

95. [英] 克利斯·弗里曼、罗克·苏特:《工业创新经济学》,北京大学出版社 2004 年版

96. [日] 尾崎春生:《中国的强国战略》,东方出版社 2012 年版

97. [印度] 阿玛蒂亚·森、[阿根廷] 贝纳多·科利克斯伯格:《以人为本——全球化世界的发展伦理学》,长春出版社 2012 年版

98. [挪威] 法格博格等:《牛津创新手册》,知识产权出版社 2009 年版

后　记

　　为深入宣传和普及科学人才观，帮助广大干部群众系统学习和深入理解科学人才观的思想内涵、精神实质和基本要求，更好地指导人才工作创新实践，我们按照全面系统、科学规范的原则，从理论与实际的结合上对科学人才观的重要理念进行了深入解读。

　　中央领导对本书的编写高度重视。中央、国家机关，企事业单位，高等院校和科研院所等有关部门对本书的编写给予大力支持。白春礼、王伟光、衣俊卿、胡鞍钢、纪宝成、薄贵利、李强、吴江、王通讯、沈荣华等领导和专家对书稿进行了认真审读，并提出宝贵意见。

　　本书由中央人才工作协调小组副组长、中央组织部副部长李智勇同志审定，中央人才工作协调小组办公室主任、中央组织部人才工作局局长孙学玉同志组织编写并统修全书。中央组织部人才工作局李志刚同志负责具体编写工作。参加编写工作的有：刘忠群、王辉耀、王振、钟祖荣、占德干、赵光辉、周义程、沈广和、梁莹、饶伟国、范巍、田永坡、朱旭峰、赵磊、杨金鹏、李晓东、林元苍、许科杰等。参加修订工作的有：王振、钟祖荣、占德干、赵光辉等。

中共中央组织部人才工作局

2012 年 8 月

封面设计：郁　茂
责任编辑：茅友生
责任校对：张　彦

图书在版编目（CIP）数据

科学人才观理论读本／中共中央组织部人才工作局　编.
　－北京：人民出版社、党建读物出版社，2012.9
（科学人才观丛书）
ISBN 978－7－01－011070－7

I.①科… 　II.①中… 　III.①人才学－中国－学习参考资料　 IV.① C964.2

中国版本图书馆 CIP 数据核字（2012）第 165474 号

科学人才观理论读本
KEXUE RENCAIGUAN LILUN DUBEN

中共中央组织部人才工作局　编

人民出版社
党建读物出版社　出版

（100706　北京市东城区隆福寺街 99 号）

北京新华印刷有限公司印刷　新华书店经销

2012 年 8 月第 1 版　2012 年 9 月北京第 3 次印刷
开本：720 毫米 × 1020 毫米 1/16　印张：21.75
字数：398 千字　印数：100,001 – 200,000 册

ISBN 978－7－01－011070－7　定价：49.00 元

邮购地址 100706　北京市东城区隆福寺街 99 号
人民东方图书销售中心　电话（010）65250042　65289539